PapyRossa
Hochschulschriften 8

Jörn Ahrens

Rassismus und Mythologie

Zum Zusammenhang von Rassismus und mythologischer Weltdeutung

PapyRossa Verlag

Wer rupft mich da, wo mir kein Haar gewachsen ist, innen an meiner Hand? Der kennt die Kunst der ganz besonders feinen Griffe. Wenn ich von solchen Nöten "aua" schreie - das sieht dem Geist, den ich begreife, ähnlich. Will ich denn dort die treuen Gewißheiten finden, wo sie gekonnt verschwinden, wie Feuer in brandendem Wasser, wie Tau von der Sonne?

Wolfram von Eschenbach,
Parzival

für Malou und Lerke
trotz dem

(c) 1995 by PapyRossa Verlags GmbH & Co. KG, Köln
Alle Rechte vorbehalten
Herstellung: Print Shop, Strullendorf

Die Deutsche Bibliothek - CIP-Einheitsaufnahme
Ahrens, Jörn:
Rassismus und Mythologie : zum Zusammenhang von
Rassismus und mythologischer Weltdeutung / Jörn Ahrens. -
Köln : PapyRossa-Verl., 1995
   (PapyRossa-Hochschulschriften ; 8)
   ISBN 3-89438-100-0
NE: GT

INHALT

Prolog -
über das Schwimmen ohne Rettungsring 6

1. Einleitung 7

2. Entzauberung und Verzauberung -
Zum Zusammenhang von bürgerlicher Gesellschaft und
rassistischem Diskurs 13

Über die mittelalterlich/traditionale Gesellschaft und die Rolle des Mythos in ihr 14

Die Verdrängung des Mythos und die Rationalisierung von Gesellschaft und Weltbild 23

Zur Genese des Nationalstaats 33

Über den nationalen Mythos 37

Der Wandel des Naturbildes im modernen Mythos 44

Das Phänomen des Rassismus und sein Rekurs auf den Mythos 50

3. Weltdeutung als Ressentiment -
Zur mythischen Struktur des Rassismus 62

3.1. Freund und Feind 64
3.2. Natur und Geschichte 88
3.3. Diskurs und Ritual 110

4. Versuch auf die Gegenwart -
Zum Standort einer rechten Intelligenz 130

5. Schlußbetrachtung 140

Epilog -
als Apologie 148

Bibliographie 149

Prolog -
über das Schwimmen ohne Rettungsring

Wer Studien betreibt, ist Schiffbrüchiger.

Er treibt dahin auf einem endlosen Ozean, voll hilfloser Hoffnung sich klammernd an jedes Treibgut, das er zu fassen bekommt. Das Schiff, das er bereiste und das ihn übers Meer tragen sollte, wird niemals mehr zu einem Ganzen sich zusammenfügen. Geheimnisvoll ruhen seine Bestandteile auf dunklem Grund.

Das Flimmern der Szene und die Kälte des Wassers haben die Sinne des Treibenden getrübt. Daran, wie sein Schiff aussah, kann er sich nicht erinnern. Aus geeigneten Wrackstücken wird er, wenn er Glück hat, sich ein Floß zurechtzurren, das ihn, unablässig Ausschau haltend, über die Weite bringen soll - wider den Hunger, wider die See, wider den Sturm.

Und nicht ein anderes, neues Schiff ist nun sein Traum, sondern eine Insel zum Verharren.

1. Einleitung

> *Zu Information, Inserat und Feuilleton:*
> *Der Müßiggänger muß mit Informationen versorgt werden,*
> *der Kaufmann mit Kunden und der kleine Mann mit einem Weltbild.*
>
> Walter Benjamin (1982, S.484)
>
> *Der Mensch ist das nachlässigste Geschöpf seines Traumes,*
> *darum kann er sich selber nicht glauben.*
>
> Franz Baermann Steiner (1988, S.20)

Die vorliegende Arbeit, so umfangreich sie ausgefallen sein mag, ist eine Skizze; sie versucht die Zusammenhänge zwischen einem mythisch aufgeladenen Weltbild und dem Rassismus als einer originär modernen Ideologie zu skizzieren. Dabei soll gezeigt werden, daß der Mythos als eine spezifisch irrationale und vormoderne Weltsicht, dessen Funktion vorrangig darin liegt, den übermenschlichen Schrecken der Welt und ihrer Natur erfahrbar und greifbar zu machen und damit die Menschen handlungsfähig werden zu lassen, innerhalb der "entzauberten" Moderne keineswegs obsolet ist. Im Gegenteil, jener findet in dieser seinen Platz, um sie für die Subjekte erst wieder gangbar zu machen. So wird zu sehen sein, daß die Moderne, um ihrer eigenen Konstitution willen, gerade auf das Moment zurückgreift, daß sie scheinbar zu überwinden trachtet: den transzendenten, übergeschichtlichen, schicksalstiftenden Mythos. Erst die Grundierung in einer mythischen Genealogie, wie sie sich charakteristisch im Nationalmythos zeigt, gibt die Dynamik der Moderne frei.

Freilich steht das Thema des Mythos damit in einem ganz anderen Rahmen, als dort, wo er originär Welt begründet. Hier tut er es nur noch als Instrument. Die moderne, mythisch aufgeladene Genealogie mündet schließlich u.a. in die Ideologeme des Antisemitismus und des Rassismus ein. Beides sind spezifisch moderne Varianten eines zur Unversöhnlichkeit gesteigerten Ressentiments. Beide vollziehen sie auch die gänzliche Rückkehr in mythische Begründungszusammenhänge, ohne doch den Diskurs der Moderne je ganz zu verlassen. Mehr noch: sie sind seine Geschöpfe und mithin wäre jener ohne sie kaum denkbar; bzw. verhält es sich so, daß insbesondere die Praxis des Rassismus im 20. Jahrhundert untrennbar verbunden ist mit allen wichtigen Errungenschaften der Moderne.

Folgendes soll daher zu einer Parallelität entfaltet werden: Die moderne Gesellschaft entfaltet unterm Druck des Tauschprinzips eine soziale Entfremdung, die mit einer Instrumentalisierung der Vernunft einher geht. Die emanzipativen Potentiale der Moderne werden zunehmend abgedrängt ins Private oder Widerständige. Dabei greift die Dynamik der Moderne auf archaische Momente zurück und nimmt sie in Dienst. Der Mythos des Rassismus ist die Ideologie par excellence einer sich selbst entfremdeten Moderne. Als Herrschaftsmittel ist er ebenso gnadenlos wie dankbar. In dieser Konstellation offenbart sich zudem das Phänomen einer sich überlappenden, nicht-linearen, kontingenten Geschichte. Geschichte ist nicht ein sich entwickelnder Fluß, wie es die mythologische Deutung darstellt, sondern Fragment, Scherbengericht.

So bleibt, das ist das Thema dieser Arbeit, der Mythos zumindest unterirdisch unentwegt ein Bestandteil der Moderne, der sie grundiert, vorantreibt und ihre Ambivalenzen aufreißt. Daß dem so ist, bedeutet nicht, daß das "Projekt Aufklärung" damit ad acta gelegt werden könnte. Daß die durch die Aufklärung angeschobenen Geschichtsprozesse sich nicht allein in einer emanzipativen, progressiven Weise entwickelt haben, wie man lange Zeit gern glauben wollte, sondern ebenso Abgründe der Gewalt auftaten, tut den Postulaten der Aufklärung wenig Abbruch. Nach wie vor kann kein menschliches Dasein hinter ihre Prämissen zurück und harren diese ihrer Einlösung. Der Glaube an die Linearität von Geschichte, ist der an ein ihr inhärentes Ziel. Geschichte aber hat kein Ziel, sie verliert sich im Endlosen. Ihr ein Ziel aufzugeben, ist der verzweifelte Versuch, das Unbegreifbare begreifbar zu machen. Sich aber auch die ihr eingegebenen Ambivalenzen klarzumachen, zu denen in der kapitalistischen Moderne sowohl die technische Perfektionierung der Gewalt, als auch die Renaissance verschiedenster Archaismen gehören, mag unter Umständen einen realistischeren Blickwinkel auf das "Projekt Aufklärung" zulassen. Auch Aufklärung kann schließlich der Barbarei den Weg bereiten; sich darüber zu besinnen, könnte eine Gewähr zum besseren Umgang mit Aufklärung selbst sein.

Eingerahmt von Einleitung und Schlußteil ist die vorliegende Untersuchung in drei Abschnitte unterteilt. Das zweite Kapitel wagt einen knappen Abriß des abendländischen Rationalisierungsprozesses; das Augenmerk liegt dabei, wie in der gesamten Arbeit, stets auf der deutschen Entwicklung. Besondere Berücksichtigung erfährt in diesem Zusammenhang natürlich die Transformation des in diesen Prozeß verwobenen Mythischen vom eigens weltgestaltenden Prinzip hin zum Instrument moderner Ideologie.

Anzumerken bleibt, daß, wo vom Ressentiment dem Anderen gegenüber die Rede ist, dies am Beispiel des Antisemitismus erfolgt, da hierzu die meisten und gründlichsten Studien vorliegen. Daß der Rassismus in Deutschland sich jedoch traditionell schon immer auch gegen Sinti und Roma gewandt hat, soll nicht verschwiegen werden. Ihre offizielle Diskriminierung durch das Deutsche Reich geht bis ins Ende des 19. Jahrhunderts zurück; ihre soziale Diskriminierung und Verfolgung als "Zigeuner" hält bis heute an. Dabei steht das Ressentiment gegen Sinti und Roma im Zusammenhang mit dem Thema dieser Arbeit. Der darin "zutage tretende Haß ist ein Haß auf den Fortschritt, genauer: ein gegen die Kosten dieses Fortschritts gerichteter Haß. Er stempelt diejenigen zu Sündenböcken, die den beschwerlichen Prozeß der Zivilisation angeblich unterlaufen. Dies ist der historische Kern des Ressentiments, sozusagen das Thema, das in den Zeitläuften die verschiedensten Variationen erfährt" (Maciejewski, 1994, S.3).

Unter Kapitel drei geht es um das zum Ressentiment erstarrte, moderne rassistische Weltbild, dessen mythisch geprägter Gehalt in drei Teilbereichen abgehandelt wird. Zunächst geschieht das an dem dichotomischen Konstrukt der "Freund"-"Feind"-Beziehung, die sich anschickt, die Ambivalenzen der Welt zu tilgen und ihr spezifisches "Feind"-Objekt im jeweils für das dominante Sozialkollektiv befremdlichen Anderen findet.

Sodann möchte ich mich der Umformung von Geschichte in Natur widmen, wie sie der Rassismus vollzieht und sich damit an originär mythische Vorstellungen angleicht. Geschichte als sich bewegender, kontingenter und der Gestaltungsmöglichkeit der Menschen zumindest partiell anheimgegebener Prozeß, wird im Rassismus getilgt und stattdessen in organischer Weise als eine aus einem benennbaren Ursprung quellende und ein spezifisches Schicksal austeilende Macht aufgefaßt.

Schließlich wird davon zu reden sein, daß die mythische Weltdeutung des Rassismus, so sie sich etabliert, ihren ganz eigenen Diskurs ausbildet und sich damit dem der Moderne mental weitgehend entzieht. Dieser Entzug birgt ein Potential nicht nur an Verselbständigung, sondern auch an Verweigerung dem gängigen Diskurs gegenüber. Die auf mythologische Gewißheiten rekurrierende Weltdeutung ist für rationale Argumentationen und Überzeugungen kaum mehr zugänglich.

Zuletzt soll in einem vierten Kapitel der Versuch gemacht werden, die im Verlauf der Studie herausgearbeiteten Strukturmerkmale, Zusammenhänge und Thesen in einen aktuellen Bezug zu bringen. Die Frage, die sich hier stellt, ist, ob eine mythologische Weltdeutung im o.g. Sinne noch von Bedeutung, oder ob sie mittlerweile zur Marginalie heruntergekommen ist. Die Betonung in diesem Abschnitt liegt aber auf dem Wort "Versuch". Es handelt sich keineswegs um eine dezidierte Analyse, sondern vielmehr um ein Streiflicht. Ich möchte Rassismus jedoch nicht ineins gesetzt wissen mit Heterophobie. Die Angst vor dem Fremden hat es immer gegeben, der Rassismus dagegen ist relativ jung. Das macht die Gewalt, die sich in der Heterophobie ganz genauso ausdrückt, nicht besser, bedeutet aber, daß Heterophobie im Gegensatz zum Rassismus keine geschlossene Ideologie bildet, sondern eher ein Ressentiment darstellt, das sich in Gefühlen und Überzeugungen gründet, die, obzwar von diffuser Natur, für sich je allein genommen durchaus rassistischer Art sein können aber nicht müssen. Albert Memmi hat diese fließende Übergangslinie recht gut herausgearbeitet. "Immer wenn jemand mit einem anderen oder einer Gruppe von Individuen in Berührung kommt, die anders sind als er oder die er kaum kennt, reagiert er auf eine Weise, die den Rassismus anklingen läßt" (Memmi, 1992, S.31). Dies bedeutet, daß, sofern nicht genügend Selbstreflexion geübt wird, eine Rassismusdisposition in jedem steckt. Rassismus ist alles andere als das Privileg von Unterprivilegierten. Das Besondere am Rassismus gegenüber der Heterophobie, die jedes soziale Verhalten, jede soziale Gruppe zum Gegenstand haben kann, ist nun, daß er vermeintliche oder tatsächliche Unterschiede mit biologischen in Deckung zu bringen versucht. Faktisch ist das zwar unmöglich, als Konstrukt aber, wie sich erwiesen hat und noch erweist, durchaus wirksam. Rassismus kann daher mit Memmi als "die verallgemeinerte und verabsolutierte Wertung tatsächlicher oder fiktiver biologischer Unterschiede zum Nutzen des Anklägers und zum Schaden seines Opfers (...), mit der eine Aggression gefaßt werden soll" (ebd., S.151), gefaßt werden. Diese gesamte soziale und Weltbildkonstruktion, die sich im Rassismus manifestiert, geht freilich über die von ausschließlich biologischen Unterschieden weit hinaus.

Das theoretische Material, das ich in dieser Arbeit benutze, ist vielfältig. Es vereint zum einen die politische Philosophie Hannah Arendts, einige Analysen der Kritischen Theorie und Gedanken Foucaults. Zur Durchdringung des Mythos stütze ich mich zudem vorrangig auf die Erkenntnisse Blumenbergs und Eliades, weniger auch auf Barthes. Die Kennzeichnung von Rassismus und Antisemitismus erfolgt primär anhand einiger Studien Mosses, Poliakovs und Arendts, die wohl als klassisch gelten dürfen. Eine Fülle weiterer Literatur ist in die Arbeit eingegangen, die jedoch bei weitem nicht die Dominanz der o.g. AutorInnen erlangt. Darüberhinaus habe ich mich bemüht, gewissermaßen "Originalgedanken" sprechen zu lassen. Diese entnehme ich zu einem großen Teil zwei verdienstvollen Dokumentationen von Ernst Loewy und George L. Mosse. Besonderen Raum widme ich innerhalb des dritten Kapitels jedoch auch den Theoremen Carl Schmitts, Oswald Spenglers und Alfred Rosenbergs.

Es liegt auf der Hand, daß diese von mir vorgenommene Auswahl des Materials, so reich sie erscheinen mag, nicht annähernd erschöpfend ist. Allein zum Gebiet des Mythos liegt bspw. eine nicht überschaubare Fülle von Literatur vor. Sich zu bescheiden gerät angesichts solcher Verhältnisse von der Notwendigkeit zum Zwang und schließt die Willkür ein, die möglicherweise wichtige Anregungen übersehen läßt.

In diesen Ausführungen klingt auch bereits ein zentrales Merkmal der vorliegenden Untersuchung an - es handelt sich um die eklektizistische Methode, nach der hier verfahren wird, und die einige, sich scheinbar fremde Analyseansätze, zueinanderkommen läßt. Ein Eklektizismus jedoch, der augenscheinlich kongruente Gedanken verschiedener Theorien aufnimmt, bzw. solche, die sich im gegebenen Zusammenhang ergänzen mögen und sie miteinander zu vermitteln versucht, um darüber einen neuen Gedanken zu erschließen oder ein theoretisches Problem zu lösen, erscheint mir geradezu unabdingbar. Denn Wahrheit bleibt partiell gebunden. Sie liegt nicht in einem Theoriegebäude beschlossen, was ihre Öffnung notwendig macht. Die Beschränkung auf einen Erklärungsansatz allein, aus der Angst heraus, diesen mit anderen, teilweise zuwider laufenden Theorien in Verbindung zu bringen, ist weniger stringent, als eindimensional. Sie birgt selbst den Mythos in sich. Denn sie geht, auch implizit, davon aus, mit einer Geschichte die Welt deuten zu können. Die Welt aber ist gekennzeichnet durch ihre Pluralitäten.

Das zweite charakteristische Merkmal der Arbeit liegt wahrscheinlich in ihrer Form. Ich habe eine vorwiegend essayistische Form gewählt und auf Fußnoten weitgehend verzichtet. Jeder einzelne Abschnitt dieser Arbeit kann auch als eigenständiger Essay gelten und gelesen werden. Ich halte den Essay nicht im mindesten für unwissenschaftlich. Im Gegenteil bietet er die Möglichkeit, dem Denken den Rahmen einer theoretischen Durchdringung des Gegenstandes zu geben, der zum einen schon von der Form her ein hohes Maß an intellektueller Freiheit bietet und zum anderen sich nicht für endgültig abgeschlossen erachtet; der Essay verbürgt Denken als Prozeß. Zudem liegt im Essay die Chance einer anderen literarischen Qualität einer wissenschaftlichen Untersuchung. Denn auch wissenschaftliche Studien sollten sich immer als Literatur betrachten und nicht nur als Anhäufung zweckmäßiger Erkenntnisse.

Der im folgenden ausgeführte Ansatz ist knapp. Es handelt sich allein darum, zu untersuchen, inwieweit mythische Elemente in die rassistische Weltdeutung

Aufnahme fanden, bzw. in dieser transformiert wurden. Auf ökonomische Betrachtungen wird, von Randbemerkungen abgesehen, weitgehend verzichtet; psychologische Einsichten fehlen, so wichtig sie im einzelnen sein mögen, ganz. Diese Beschränkung scheint notwendig, um dem spezifischen Erkenntnisinteresse der Arbeit zureichenden Raum geben zu können und um das Thema nicht ins uferlose zu treiben.

Wer nun meint, die vorliegende Thematik habe nichts mit den aktuellen Artikulationen des Rassismus zu tun, wie sie sich derzeit in der bundesdeutschen Gesellschaft offenbaren, irrt. Versucht sie doch, ein Phänomen wie den Rassismus im Kontext seiner geschichtlichen Genese und im Entschlüsseln seiner historischen Traglast und Verwicklungen zu verstehen als eine spezifische, antimodernistische Erscheinung innerhalb der Moderne selbst. Der heute beliebte, alleinige Blick auf rein gegenwärtige, soziale Dispositionen des Rassismus bzw. der Fremdenfeindlichkeit verkürzt schließlich auch da, wo die daraus resultierenden Einsichten nicht der Stichhaltigkeit entbehren. Sie bleiben bleich, weil sie ihren Gegenstand nur an den Kontext seiner aktuellen Ausprägungen anbinden, ohne ihn in dem weiteren, den derzeitigen Kontext erst konstituierenden, historisch-sozialen Prozeß zu sehen. Aber auch diejenigen, die nicht bestrebt sind, das Phänomen des Rassismus als sozial-ökonomische Folgeerscheinung zu beschwichtigen, sondern die handelnd eingreifen, sollten den möglichen Wert einer theoretischen Untersuchung in dieser Zeit nicht gering schätzen. Als Bemühen um die Durchdringung dessen, was ist, bleibt Theorie schließlich stets notwendiger Bestandteil von Praxis selbst.

Diese Arbeit soll daher einen Beitrag dazu leisten, den Rassismus als einen Gegenstand zu veranschaulichen, der sowohl selbst eine geraume Geschichte hat, auf deren Rezeption sein Verständnis nicht verzichten kann; als er auch seit gewiß 200 Jahren den Verlauf der Geschichte mit beeinflußt hat. Auch das heutige Sozialgeschehen ist in diesen Prozeß verwoben. Wie kaum eine andere Erscheinung markiert der Rassismus die Ambivalenz der Moderne zwischen Emanzipation und Gewalt. Das Verständnis solcher Ambivalenz könnte helfen, zu Strategien dem Rassismus gegenüber zu gelangen, sowie diesen verwirrenden Zug der Moderne zu erschließen. Auflösen können wird man ihn freilich nicht - auch nicht in einer Utopie der beliebigen Postmoderne, wie sie Baumann zur Befriedung der Ambivalenzen der Moderne vorschlägt (vgl. Baumann, 1992b).

2. Entzauberung und Verzauberung - Zum Zusammenhang von bürgerlicher Gesellschaft und rassistischem Diskurs

> *Die Geschichte ist irrational, alle Gesellschaften sind irrational*
> *oder enthalten eine Menge Irrationales (...)*
> *Die Gesellschaft kann nicht völlig rational sein,*
> *sie ist es nie gewesen und wird es nicht sein,*
> *und damit muß man sich abfinden.*
> Claude Lévi-Strauss (1980, S.241)

> *Einst gingen sie zum Nächsten, er solle ihnen helfen, Gott zu ertragen,*
> *dann zu Gott, er solle ihnen helfen, den Nächsten zu ertragen,*
> *und jetzt sagen sie, dieses war ein Fortschritt.*
> Franz Baermann Steiner (1988, S.91)

Daß der Rassismus kein Phänomen ist, das sich konstant durch die Geschichte zog, erscheint heute als Gemeinplatz. Etwa innerhalb der letzten 200 Jahre entstanden, hat die rassistische Ideologie die europäische Geschichte der Moderne maßgeblich mit beeinflußt. Mittlerweile liegen zahlreiche Abhandlungen vor, die die Geschichte des Rassismus bis zu seinen ersten Ausprägungen zurückverfolgen und somit seine Historizität als eine künstliche Gewordenheit innerhalb eines spezifischen sozialen Diskurses herausstellen.

An dieser Stelle jedoch soll noch weiter zurückgegangen werden. Es soll der Versuch unternommen werden, die Ursprünge des Rassismus, mithin seine Genealogie, freizulegen. Denn obwohl der Rassismus kein natürliches Ding ist, das aus anthropologischen Gründen schon immer seinen Platz unter den Menschen gehabt hätte, so ist er doch auch nicht gleichsam eine "Erfindung", die, von listigen Zeitgenossen ersonnen, als streitbare Ideologie aufgebaut wurde. Sondern die Entstehung des Rassismus ist nur zu verstehen vor dem Hintergrund seines historischen Materials, das selbst bereits geschichtlich determiniert ist. Nicht allein ist er daher Ausdruck eines neuen Denkens und Empfindens innerhalb der ihn hervorbringenden Gesellschaft, sondern ebenso ist er Ausdruck von deren geschichtlicher Lage und Problematik. So finden sich im Rassismus besonders stark Verarbeitungsstrategien bzgl. der im 17. und 18. Jahrhundert voranschreitenden Rationalisierung der Lebenswelten und des Durchdringens des Kapitalismus wieder. Seine Artikulation stand von Anbeginn in Verbund zur konservativen Zivilisationskritik, die sich gegen die kulturellen Folgen der Industrialisierung stemmte und der ihre bündig vertraute Weltsicht scheinbar abhanden gekommen war.

George L. Mosse deutet bereits an, was hier ausgeführt werden soll: Der Rassismus, wenn er sie nicht sogar gänzlich neu schafft, reaktiviert Mythologeme. Inmitten einer sich rationalisierenden, Verwaltungsorganisationen und Marktgesetze ausbildenden Welt schafft er so einen Rückbezug auf ein organisches Verhältnis zur Natur und zu den Menschen, sowie ein quasi transzentales Verhältnis zur Welt überhaupt: "Mythos und Symbol schufen eine empfindende lebendige Welt, die nicht abstrakt war, sondern durch ein Ritual, mit dem sich die Leute ausagieren konnten, objektiviert wurde, oder durch vertraute Artefakte, die sie sehen oder berühren konnten" (Mosse, 1990, S.33). Mosse zufolge sollte die Natur "als Symbol des Echten und Unwandelbaren dem Menschen wieder Macht über eine Welt geben, die schon fast unrettbar dem Chaos anheimgefallen war" (ebd., S.15).

Es scheint insofern angebracht zu sein, zunächst das Weltbild traditionaler Gesellschaften nachzuzeichnen, das in breiten Bevölkerungsschichten noch stark durch mythologische Denkmuster geprägt war. Daran anschließend soll die mit der Renaissance einsetzende Ablösung solcher Weltsichten durch den Rationalisierungsprozeß dargestellt werden. Gleichzeitig soll deutlich werden, daß mythologische Ausdeutungen und mythisch orientierte Kollektivbindungen auch in der Moderne noch wirksam und teilweise sogar unabdingbar sind. Der Mythos gerinnt hier zum wichtigen integrativen Element, das sich bis in die Konstitution des Rassismus hinein fortsetzt.

Über die mittelalterlich/traditionale Gesellschaft und die Rolle des Mythos in ihr

Im Laufe der Geschichte hat die Sicht der Menschen auf die Welt erhebliche Wandlungen erfahren. Eine der einschneidensten Zäsuren für die abendländische Gesellschaft wird allgemein mit der "Geburt der Neuzeit" (Bauer/Matis) gesetzt, die die Periode des Mittelalters beendet und im Vollzug der Renaissance-Epoche zu sich kommt[1]. Noch im ausgehenden **Mittelalter** war die Stellung des

---

[1] Zwar ist die Renaissance eine Epoche, die ganz West- und Mitteleuropa betrifft, tritt in den einzelnen Ländern jedoch zeitlich sehr versetzt auf. Insgesamt reicht sie vom ausgehenden 14. Jahrhundert bis ins 16. Jahrhundert hinein. Insofern ist auch der Terminus vom "ausgehenden Mittelalter" als regional spezifisch zu betrachten. In Italien, dem im 13./14. Jahrhundert wirtschaftlich am weitesten entwickelten Land Europas, mit seinen reichen, kulturell ambitionierten, urbanen Machtzentren, nahm die Renaissance ihren Ausgang. Kulturell ist zunächst die Wiederbelebung des in Italien sehr greifbaren antiken Erbes gemeint, die v.a. in der Architektur und in der Malerei betrieben wird. Gleichzeitig jedoch drückt sich in der Entwicklung der Renaissance die Entstehung der kapitalistischen Gesellschaft im Schoße der Feudalordnung und

Menschen in der Welt und zu ihr wesentlich als statisch empfunden worden. Die Subjekte definierten sich als eingebettet in den festen Rahmen einer Gesellschaft, deren Traditionen, Riten und Bräuche ihnen Identität verliehen. Insofern besitzt hier die Macht der Geschichte, das So-Gewesene erhebliche Dominanz gegenüber dem Handlungsspielraum des Einzelnen. Dieser wird zwar nicht ausgeschlossen, sondern im Gegenteil gibt es bspw. eine blühende und unternehmungsfreudige Handelskultur; er findet seine Grenzen jedoch an der Macht des Hergekommenen, Gottes und, v.a. im niederen Volke verbreitet, diverser anderer übernatürlicher Mächte. Das, was Giddens als die "longue durée" bezeichnet[2], herrscht hier vor über den Versuch des Individuums, seine Biographie autonom zu entfalten.

Solch **traditionale Gesellschaften** bezeichnen Bauer/Matis, verglichen mit den neuzeitlich/kapitalistischen, als statisch und in sich ruhend. Ihre Ordnung gilt noch als transzendent, also von Gott gestiftet, nicht aber als von den Menschen selbst hergestellt. In einer solchen, die autonome Gestaltung von Realität durch die Subjekte weitgehend ausschließenden, auf einen göttlichen Willen fixierten Gesellschaft, ist es naheliegend, daß die vorherrschenden Normen und Wertvorstellungen primär auf Bewahrung und Kontinuität gerichtet sind. Die Einbindung des Einzelnen in die soziale Gemeinschaft wiederum gewährleistet den Fortbestand der weltlichen Ordnung, sowie Sicherheit gegenüber jener unerreichbaren transzendenten Mächtigkeit. Ein jeder steht also innerhalb des sozialen Gefüges auf einem festen Platz. Bauer/Matis machen darauf aufmerksam, daß es sich bei der von ihnen sog. "traditionalen Gesellschaft" keineswegs um eine einheitliche Kultur handelt, sondern daß unter der gehobeneren Schriftkultur der Herrschenden sich "ein ganzer Kosmos von Lebens- und Glaubensformen mit zum großen Teil heidnischen Bräuchen, von Arbeitsbedingungen unter Mühe und

---

vor dem Hintergrund einer vergleichsweise hoch entwickelten Warenproduktion in den mittelalterlichen Städten aus. Zwar galt auch in der Renaissance das Individuum überwiegend noch als austauschbar, wurde in der Tat überhaupt der menschlichen Natur wie auch der Vernunft Mißtrauen entgegen gebracht; doch vollzieht sich hier ebenso die Abgrenzung zwischen dem Heiligen und dem Profanen im ganzen gesellschaftlichen Leben und erstarkt das Subjekt als sozialer Faktor.

[2] Giddens unterscheidet, in Anlehnung an die französische Historikerschule der "Annales", drei Zeitläufe: zunächst die "Dureé der Alltagserfahrung" von der "Lebensspanne des Individuums"; beides wiederum wird überlagert von der "Longue Dureé der Institutionen". Im Gegensatz zu den ersten beiden wirkt letztere über-individuell, indem sie das Dasein und die Entwicklung der sozialen Institutionen verkörpert. "Die reversible Zeit der Institutionen ist sowohl die Bedingung als auch das Ergebnis der Praktiken, die in der Kontinuität des täglichen Lebens organisiert sind (...)" (Giddens, 1988, S.89). Als solche geht sie "dem Leben der in einer bestimmten Gesellschaft geborenen Individuen sowohl voraus (...), als sie es auch überdauert" (ebd, S.223). Interessant für den hier behandelten Zusammenhang ist, daß Giddens als Bindemittel von der dureé des Alltagslebens zur longue dureé der Institutionen gerade das Wirken der Tradition als geeignetes Medium ausmacht (s. ebd, S.256). Sie, obwohl innerhalb der Alltagserfahrung modelliert und genutzt, überdauert dieselbe doch und geht, zumindest intentional, als fester Bestandteil ein in das ewige Fließen der Zeit.

Plage, aber auch Riten, Festen und Spielen mit einer eigenen Gefühls- und Erlebniswelt" (ebd., S.18) auftat.

Es gibt also eine Dichotomie zwischen herrschender Klasse und dem gemeinen Volk, das noch weitaus stärker einer übernatürlichen, mythischen Erfahrungswelt zugewandt ist. Indes macht Johan Huizinga in seinem großen Werk vom "Herbst des Mittelalters" deutlich, daß auch die Oberschichten, zumindest aus den christlich-religiösen Symbolismen, sowohl ihre Identität als auch ihre Stellung zur Welt schöpften. Das ganze Mittelalter neigte zu Formen exzessiver Religiosität, ja war von religiösem Bewußtsein durchtränkt. "Es gibt kein Ding und keine Handlung, die nicht fortwährend in Beziehung zu Christus und dem Glauben gebracht werden" (Huizinga, 1975, S.210). Huizinga geht in seiner Charakterisierung des mittelalterlichen Lebens gar so weit, zu behaupten, daß, ob dessen Vollgesogenheit mit Religion, "der Abstand zwischen dem Irdischen und dem Heiligen jeden Augenblick verlorenzugehen drohte" (ebd., S.217), da gerade für den "Alltagsglauben der großen Menge" die bloße Gegenwart eines sichtbaren Bildes den intellektuellen Beweis für dessen Wahrheitsgehalt überflüssig erscheinen ließ (vgl. ebd., S.229). Die Welt ist, wie es Ernst Bloch für die Philosophie Scotus Erigenas pointiert, der sichtbar gewordene Gott (vgl. Bloch, 1985, S.21).

In einem solchen Zusammenhang verläuft Denken und Sinngebung schlechthin in Symbolen, die dem was ist, eine übernatürliche Weihe zuschreiben. Natur an sich wird aufgehoben in ihrer Besetzung mit göttlicher oder mythischer Bedeutung. Sie, wie alles Bestehende, alle Tradition, die die gesellschaftlichen Strukturen determiniert, ist Ausdruck eines transzendentalen Wirkens. In dieser mittelalterlichen Welt kann jedes Ding, jedes Geschehen, Ausdruck eines göttlichen oder übersinnlichen Symbols sein, und andererseits erlangt in ihr jedes Symbol wiederum einen quasi gegenständlichen Wert. Auf diese Fülle verborgenen Sinns, von Geistern und geheimnisvollen Mächten in der Welt, macht auch Huizinga aufmerksam, wenn er herausstreicht, das ganze Leben sei so von Religion durchtränkt gewesen, "daß der Abstand zwischen dem Irdischen und dem Heiligen jeden Augenblick verlorenzugehen drohte" (Huizinga, 1975, S.217).

Daß die Menschen in einer derart von transzendentaler Mächtigkeit und anderem übersinnlichem Wirken überfrachteten Wirklichkeit, die noch dazu von einer allzu extremen Emotionalität geprägt war (vgl. ebd., S.268ff), kaum anders als wunderglaubig haben leben können, um als rein irdische Gestalten überhaupt in ihr zu bestehen, liegt da nicht fern. Bei Huizinga findet man erläutert, daß die Menschen im Mittelalter auch im täglichen Leben in denselben Formen denken, wie in ihrer Theologie, den Unterschied zwischen materieller Realität und geistigen Formen also nicht oder nur marginal kennen. "Alles, was sich im Leben einen festen Platz erobert, was zur Lebensform wird, gilt als geheiligte Ordnung, die gewöhnlichsten Sitten und Gebräuche so gut wie die höchsten Dinge in Gottes Weltplan" (ebd., S.326). Darüberhinaus neigt man noch sehr dazu, jeder Qualität Selbständigkeit zuzuerkennen, d.h. sie als Idee zu betrachten. Diese Wahrnehmungsweise, die dem o.g. Symbolgehalt entspricht und die zwischen jedwedem Phänomen, jeder Assoziation entweder wesentliche oder mystische Zusammenhänge herzustellen in der Lage ist, nennt Huizinga "das primitive Denken". "Für den primitiven Geist nimmt alles, was benennbar ist, sofort Wesen an, seien es neue Eigenschaften, Begriffe oder was auch immer" (ebd., S.289f). Denn jenes Denken "kennzeichnet sich durch eine Schwäche in der Wahrnehmung der Identitätsgrenzen zwischen den Dingen; es verleibt der Vorstellung eines bestimmten Dinges alles das ein, was durch Ähnlichkeit oder Zugehörigkeit nur irgend in Verbindung damit gebracht werden kann. Die symbolisierende Denkweise hängt damit aufs engste zusammen" (ebd., S.288).

Auch Weber bezeichnet mit Blick auf traditionale Gesellschaften, das Heilige als "das spezifisch Unveränderliche" (Weber, 1980, S.249). Womit er meint, daß im Zuge der Zuschreibung von transzendenter Wesenhaftigkeit für alle möglichen Gegenstände, diese symbolisch derart überhöht werden, daß es nunmehr notwendig scheint, die Macht, die sich in solchen "Symptomen oder Symbolen" äußert, "durch Mittel, die zu einem Geist oder einer Seele sprechen, also etwas 'bedeuten'" (ebd. S.,248), zu beeinflussen. Da dies wiederum nur über Symbole geschehen könne, begrabe "eine Flutwelle symbolischen Handelns (...) den urwüchsigen Naturalismus unter sich" (ebd.). Mit mythischer "Bedeutsamkeit" werden so immer mehr Dinge und Vorgänge, zusätzlich zu ihrer empirischen Wirklichkeit, aufgeladen. Fast seufzend fügt Weber an, daß von daher versucht werde, durch bedeutsames Tun reale Wirkungen zu erzielen.

Diese Vorstellung von "Bedeutsamkeit" ähnelt der Blumenbergs, der sie allerdings positiv wendet, indem er erklärt, die Bedeutsamkeit des Mythos befriedige intelligente Erwartungen, auch bei verminderten Ansprüchen an Gewißheit oder Glauben. "Die Ausstattung mit Bedeutsamkeit ist ein der Willkür entzogener Vorgang. Auch wenn gilt, daß der Mensch die Geschichte macht, so macht er doch wenigstens eine ihrer Nebenwirkungen nicht, die in der 'Aufladung' von Bestandsstücken der menschlichen Welt mit Bedeutsamkeit besteht" (vgl. Blumenberg, 1990, S.78). Insofern sei innerhalb mythischer Bedeutsamkeit, auch wenn die subjektive Komponente überwiegen sollte, die objektive immer noch vorhanden. Eine dementsprechende Denkweise, die "dem voll entwickelten symbolistischen Vorstellungskreis zugrunde liegt", so Weber, habe man "als 'mythologisches Denken' bezeichnet (...)" (Weber, 1980, S.249). Von daher rührt es auch, daß die erste und grundlegende Einwirkung religiöser Vorstellungen auf die Lebensführung und die Wirtschaft generell stereotypisierend wirken. "Jede Änderung eines Brauchs, der irgendwie unter dem Schutz übersinnlicher Mächte sich vollzieht, kann die Interessen von Geistern und Göttern berühren" (ebd.). Es bleibt damit vorerst die Frage offen, wie solch mythisches Denken genauer aussehen mag. Dem soll nun nachgegangen werden. Dabei ist vorerst der ursprüngliche Mythos Gegenstand der Betrachtung. Dessen Potentiale werden im modernen, mithin rassistischen Mythos sodann aufgenommen und teilweise und in entscheidenden Punkten einer Transformation unterworfen[3]. Zunächst einmal geschieht im **Mythos** die Depotenzierung einer als übermächtig, unberechenbar und undurchschaubar empfundenen Natur. Der Mythos ist somit Geschichte im zweifachen Sinn. Zum einen kreiert er eine Erzählung seines Gegenstandes, bebildert ihn gewissermaßen und macht ihn damit erfahrbar; zum anderen bildet er die Grundlage für ein bewußtes zeitliches Kontinuum, das dieser Gegenstand seit seinen Anfängen durchlaufen haben soll - also für Geschichte überhaupt. Indem der Mythos sich den Phänomenen und der Gewalt der Natur, wie auch des Übersinnlichen annimmt, stellt er einen Zusammenhang zum menschlichen Dasein her, welches nun als Bestandteil, nicht allein als Opfer, ins Naturhafte eingebettet scheint. Die Hegemonie des Unbenennbaren, Erfahrungslosen, blind über die Menschen Hereinbrechenden wird damit gebrochen und bis zu einem gewissen Grade anthropomorphisiert. Eine dem Menschen als übermächtig, als dunkel drohend gegenübertretende Natur setzt sich leichthin absolut; sie bildet einen "status naturalis" (Blumenberg) klassischer Art. Dieser "Absolutismus der Wirklichkeit", wie Blumenberg es nennt, "bedeutet, daß der Mensch die Bedingungen seiner Existenz annähernd nicht in der Hand hatte und, was wichtiger ist, schlechthin nicht in seiner Hand glaubte" (Blumenberg, 1990, S.9). Um ihn im Zaum zu halten, bedarf es daher der Arbeit des Begriffs. Der gibt dem Menschen seine Existenz, mitsamt der Möglichkeit, sie vorausschauend zu gestalten, in die eigenen Hände. Denn "durch Namen wird die Identität solcher Faktoren belegt und anghebar gemacht, ein Äquivalent des Umgangs erzeugt. Was durch den Namen identifizierbar geworden ist, wird aus seiner Unvertrautheit durch die Metapher herausgehoben, durch das Erzählen von Geschichten erschlossen in dem, was es mit ihm auf sich hat" (ebd., S.11f).

Die Überwindung jenes "Absolutismus' der Wirklichkeit", der das Grauen übermächtiger Natur über die Ohnmacht des Menschen festzuschreiben schien, geschieht als eine Anstrengung des menschlichen Bewußtseins, das durch den

---

[3] Einige entscheidende Aspekte solcher Transformationen werden in Kapitel 3 behandelt.

Mythos dem scheinbar Übermächtigen Gestalt und Geschichten gibt und es dadurch erfahrbar und, in einem bestimmten Rahmen, auch erklärbar macht. Der Mythos betrieb den Abbau jenes Absolutismus' dadurch, daß er einen "Block opaker Mächtigkeit, über dem Menschen und ihm gegenüber, auf viele einander ausspielende bis aufhebende Gestalten" (ebd., S.20) verteilte. In solcher begrifflich definierter Pluralität kann der Mensch schließlich die Differenzen entweder gegeneinander ausspielen oder aber zu ihren Ursprüngen zurückverfolgen, in jedem Fall aber sie an einen strikt definierten Ort bannen. In dieser Überschaubarkeit der Phänomene liegt Beruhigung für den Geist und die Ermächtigung zum Handeln innerhalb ihrer. Schon hier stellt sich deshalb heraus, daß die moderne Grenzlinie zwischen Mythos und Logos imaginär ist. Der Mythos selbst, als ein Abtragen des Absolutismus der Wirklichkeit und als ein Instandsetzen des Menschen als bewußt handelndes Subjekt, "ist ein Stück hochkarätiger Arbeit des Logos" (ebd., S.18). Auch Weber billigt schließlich religiös oder magisch motiviertem Handeln zu, ein "mindestens relativ rationales Handeln" zu sein: "wenn auch nicht notwendig ein Handeln nach Mitteln und Zwecken, so doch nach Erfahrungsregeln (...) Das religiöse oder magische Handeln oder Denken ist also gar nicht aus dem Kreise des alltäglichen Zweckhandelns auszusondern, zumal auch seine Zwecke selbst überwiegend ökonomische sind" (Weber, 1980, S.245).

"Die Mächte des Mythos", wird es von Klaus Heinrich denn auch bündig definiert, "sind (...) Ursprungsmächte" (Heinrich, 1983, S.12). Sie erschließen die Anfänge im o.g. Sinn einer Depotenzierung und führen die Menschen doch gleichzeitig auf einen Ursprung zurück, der ihnen im Kontext der Welt eine Identität verleiht, aus der sie sich kaum mehr lösen können. Insofern ist der Mythos nicht allein ein bewußtes Instrument der Machtausübung über die Wirklichkeit, sondern er entfaltet ebenso seine eigene Macht über die ihm anhängenden Individuen, indem er ihnen seine eigene Wirklichkeit ausbreitet. So gesehen ist es nicht verwunderlich, daß das, was als mythisch besetzt und erfahren wird, zwar einerseits in einen überschaubaren Kontext einzuordnen ist, andererseits aber von der Aura nicht zu entschlüsselnder, unberechenbarer Mächtigkeit umhüllt bleibt, die weiterhin den Menschen Ehrfurcht, wenn nicht gar blanke Furcht einflößt. Auch das vom Begriff erfaßte mag weiterhin schrecklich sein; allein der Schrecken ist nicht mehr maßlos. So beschreibt Heinrich die zentrale Funktion des Mythos als die, "die Macht der heiligen Ursprünge zu übertragen auf das von ihnen Abstammende, aus ihnen Abgeleitete" (ebd.).

Diese Konstituierung von Sinn, die damit vollzogen wird, ist gleichwohl niemals eine abgeschlossene. Im Gegensatz zum Logos, dessen Denken bestrebt ist, allem auf den letzten Grund zu gehen, bleibt die Begegnung mit dem Mysterium des numinosen Wesens, durch welches ein Mythos definiert ist - ohne daß es darin aufginge - "eine entscheidende mythische Erfahrung (...) Kein Ereignis, keine Handlung, kein Umgang mit der Natur und unter den Menschen, die nicht durch ihn bestimmt und geregelt worden wäre" (Hübner, 1989, S.47). Folgerichtig sieht der Mythos, wie schon bei Huizinga angedeutet, überall das Walten von Göttern, durch die alles geordnet und geformt ist. "Für den Mythos ist alles Materielle zugleich als etwas Ideelles bestimmt und umgekehrt" (ebd., S.39): Gott oder Zeichen für die Wirksamkeit eines Gottes. Dabei ist der Mythos durchaus genügsam. "Göttlich ist schon die dem Menschen überlegene Macht, aber sie muß nicht alles, sondern 'über alles etwas' vermögen. Dieser mythologische Komparativ gilt auch für die Behauptungen über den 'Anfang'; es geht nie um das absolut Erste, man verweilt bei den Anfängen" (Blumenberg, 1971, S.43). So macht der Mythos über einem Anfang den Anfang schlechthin vergessen, sein Bestreben ist es nicht, Letztendlichkeit zu begründen. Vielmehr enthält er "eine elementare Disposition, sich nicht an den Abgrund des Absoluten treiben zu lassen" (ebd., S.44), dem er ja gerade entronnen ist und demgegenüber er in seiner Gestalt eine spielerische Grazie entwickelt. Blumenberg pointiert diese Überlegungen in dem Satz, daß der Mythos genaugenommen "kein Kontext (ist), sondern ein Rahmen innerhalb dessen interpoliert werden kann; darauf beruht seine Integrationsfähigkeit, seine Funktion als 'Muster' und Grundriß, die er noch als bloß durchscheinender Vertrautheitsrest besitzt" (ebd., S.51).

In dieser Undeterminiertheit und Verspieltheit liegt denn auch der entscheidende Unterschied vom reinen Ursprungsmythos, der weder vor Entscheidungen stellt, noch Verzichte fordert, zum christianisierten Mythos. Der Ursprungsmythos enthält im Gegenteil ja sogar ein Potential an Freiheit, das er den Subjekten zur Gestaltung von Welt in die Hand gibt; er fordert vom einzelnen Individuum aber keinerlei Loyalitätsbeweise. "Erst die philosophische Theologie hat eingebracht, daß der Gott als oberstes Prinzip keinen Namen hat und keinen Namen braucht, daß er nicht auf seinen Namen besteht. Damit entfaltet sich freilich zugleich die Dogmatik seiner Attribute, denn jener Gott, der keinen Namen hatte, brauchte keine determinierbaren Eigenschaften zu haben wie der philosophische Gott: man mußte den richtigen haben, nicht das Richtige über ihn wissen" (ebd.). Die Tendenz des zum Götterglauben rationalisierten Geisterglaubens, so Weber, wie sie sich vorrangig in der prophetischen und universalistischen jüdischen und christlichen Religion vollzieht, "formt aus den magischen, lediglich mit der Vorstellung des bösen Zaubers operierenden Vorschriften die 'religiöse Ethik': Verstoß gegen den Willen Gottes wird jetzt eine ethische 'Sünde', die das

'Gewissen' belastet, ganz unabhängig von den unmittelbaren Folgen" (Weber, 1980, S.267). Indem der Begriff vom Gegenstand genommen und durch Attribute ersetzt wird, wird das befreiende Moment im Mythos deformiert. Wiederum rankt er sich um etwas Unfaßbares, das diesmal jedoch seine Agenten und Statthalter innerhalb der menschlichen Gesellschaft besitzt. So wird, indem den Beherrschten der Mythos nur noch als ein begriffsloser belassen wird, dieser in ein hierarchisches System der Herrschaft eingeordnet und gewinnt an eben dem Schrecken wieder dazu, den er einst selbst abzutragen half. Lediglich ist der Mythos nun funktionalisiert zum Zwecke der Beherrschung und damit ein Element innerhalb der Festschreibung sozialer Klassen.

Es liegt auf der Hand, daß derartige geistig-spirituelle Grundhaltungen eine gewisse Statik der gesellschaftlichen Verhältnisse bedingen und sie gegen Veränderungsprozesse abzuschließen suchen. Daraus resultiert die Negierung der Möglichkeit einer sozialen Fortentwicklung, da irdischer Wandel als gleichbedeutend mit Unordnung gilt. Die Stoßrichtung eines gesellschaftlichen Systems wie des mittelalterlichen, geht denn auch in erster Linie auf Bewahrung und Kontinuität. Deren Legitimation findet sich nicht zuletzt in jenem Rekurs auf göttliches Gebot und göttliche Determination und ist damit dem Legitimationszwang ebenso wie der Kritikfähigkeit entzogen. Dennoch wäre es falsch, anzunehmen, daß eine Gesellschaft wie die traditionale gänzlich statisch und gegen jede Veränderung gefeit sei. Sie erscheint bloß vergleichsweise stabil; ihr Begriff von Geschichte ist ein statischer, kein dynamischer insofern, als deren Vollzug nicht vom Einwirken der Subjekte, sondern von äußerer Notwendigkeit abhängt. Es ist daher kein Zufall, daß der Gedanke einer Veränderbarkeit der Welt, wie Bloch es formuliert, "ursprünglich rein negativ gefaßt" (Bloch, 1985, S.78) wurde, da etwas notwendiges sich eigentlich nicht verändern kann, also auch nicht verändert werden kann. Erst die Anerkennung eines Momentes an Zufall bietet "eine der Voraussetzungen für Möglichkeit" (ebd.), also für positive Veränderbarkeit. "Es macht das Glück der Welt, daß Zufall darin ist" (ebd.).

"Harmonie und Ordnung, Koordinierung des sozialen Geschehens durch Gewohnheit, Brauchtum und Traditionen mythisch-religiöser und metaphysischer Herkunft sind" aus diesem Grunde für Bauer/Matis "die Grundnormen eines Gesellschaftsdenkens, das menschliche Vergesellschaftung als etwas Naturhaft-Unveränderliches begreift" (Bauer/Matis, 1988, S.20f). In einer derartigen Ordnung muß Gesellschaftskritik fast zwangsläufig als Ketzerei erscheinen. Vielmehr nimmt in ihr alles Dasein und alle soziale Ordnung seinen "natürlichen Ort" (Bauer/Matis) ein. In seinem Ergebnis führt das anthropomorphe Weltbild daher zu einer gedanklichen Gleichsetzung von menschlichem und politischem

Organismus. In diesem Zusammenhang ist auf den hohen Stellenwert ritualisierter Gewohnheiten und Verhaltensweisen innerhalb der traditionalen Gesellschaft zu verweisen. Die in ihr betriebene extreme Einbindung der Einzelnen in Institutionen mit tradiertem Symbolgehalt ist der in Stammesgesellschaften durchaus vergleichbar - im Gegensatz zur modernen Gesellschaft, die zur Integration ihrer Mitglieder wesentlich der öffentlichen Legitimation bedarf. Zwar schafft auch diese sich, wie noch zu sehen sein wird, ihre Gründungsmythen, doch das Heraustreten des Einzelnen aus der auf Tradition und mythologischen Erzählungen basierenden Korsage allzu enger Verhaltensnormen wird selbst im Faschismus nur bedingt rückgängig zu machen sein.

Einer der Hauptunterschiede der modernen zur traditionalen Gesellschaft ist offensichtlich der von industrieller zu primär agrarischer Produktionsweise. Während die Industrie schon um der technologischen Effektivität halber nach einer rationalistischen Ordnung und Verwaltung verlangt, treten in der an die rohe Natur gebundenen agrarischen Gesellschaft Probleme ganz anderer Art auf. Sie ist beinahe permanent mit Ertragsschwankungen und natürlichen Unwägbarkeiten konfrontiert, also mit Phänomenen, die in der Regel nicht "rational" steuerbar sind. Aus diesem Grunde haben in ihr religiöse und mystisch-magische Vorstellungen auch eine große Bedeutung für den Umgang mit den Phänomenen der Lebenswelt. Für das Lebensgefühl, das aus der ständigen Konfrontation mit solchen archaischen Naturgewalten erwächst, hat Huizinga eine anschauliche Beschreibung gegeben: "Das Volk kann sein eigenes Los und die Ereignisse jener Zeit nicht anders fassen denn als eine unaufhörliche Abfolge von Mißwirtschaft und Aussaugung, Krieg und Räuberei, Teuerung, Not und Pestilenz. Die chronischen Formen, die der Krieg anzunehmen pflegte, die fortwährende Beunruhigung von Stadt und Land durch allerlei gefährliches Gesindel, die ewigen Bedrohungen durch eine harte und unzuverläsige Gerichtsbarkeit und außerdem noch der Druck von Höllenangst, Teufels- und Hexenfurcht hielten ein Gefühl allgemeiner Unsicherheit wach, das wohl dazu angetan war, den Hintergrund des Lebens schwarz zu färben" (Huizinga, 1975, S.33). "Es ist eine böse Welt. Das Feuer des Hasses und der Gewalt lodert hoch empor, das Unrecht ist mächtig, der Teufel bedeckt mit seinen schwarzen Fittichen eine düstere Erde" (ebd, S.35).

Die Verdrängung des Mythos und die Rationalisierung von Gesellschaft und Weltbild
Eine erste Veränderung zeichnet sich im 13. und 14. Jahrhundert ab. Zumindest in Italien und von dortaus sukzessive auch im restlichen West- und Mitteleuropa wird nun, gleichsam als Ankündigung der Frührenaissance, die "Entdeckung" der Fülle des Einzelnen getan. Die ökonomischen und sozialen Umwälzungen der Zeit, so Bloch, weckten Existenzängste. Es war eine "außerordentlich gequälte Zeit mit Verzweiflung, mit Zerfall, mit dem Gefühl stärkster Bedrohtheit von außen, von innen und überirdisch" (Bloch, 1985, S.65). Aber "in solcher Schreckenszeit" erwachte auch das Individuum und "erhob seine Ansprüche gegen das geltende Allgemeine" (ebd., S.66), das sich bisher durch überweltliche Determination beinah unanfechtbar gedeckt sah. Was sich hier abzuzeichnen beginnt, ist die Ablösung der vita contemplativa durch die vita activa, wie sie sich im Vollzug der Renaissance endgültig durchsetzen wird: "Nur durch Tätigkeit läßt sich verdienen, nicht durch Betrachtung" (ebd.). In solcher Sichtweise, so Bloch, kündige sich kaufmännische Moral an, in der der Primat des Willens sich über den Verstand erhebe.

Im Vollzug der **Renaissance** wird der Einzelne endgültig auf breiter kultureller und gesellschaftlicher Ebene als Träger des sozialen Geschehens anerkannt und setzt sich in Szene. Die Allgegenwart des Himmlischen verblaßt vor dem Erwachen des seiner selbst bewußten Individuums. Dieser Prozeß drängt dazu, die Welt zu verstehen, sie erklärbar zu machen; die traditionale, spiritualistische Weltschau weicht daher einem materialistisch orientierten Erkenntnisinteresse. Reizvoll für das menschliche Augenmerk wird nun das Diesseits; vom bisher im Bewußtsein dominanten Jenseits oder Göttlichen wird sich sukzessive abgewandt, die Bedeutungen der Dinge genügen zunehmend in ihrem irdischen Gehalt. "Der Mensch vergewissert sich des Diesseits, er vergewissert sich der von wunderbaren Kräften durchwalteten Welt (...) Hier steht nicht die Sonne in der Mitte der Welt, sondern der Mensch, damit er die Welt als seinen eigenen Hintergrund habe, worin er sich heimatlich fühlen kann. Die Welt ist nicht um seinetwillen geschaffen, ist aber von seinem Fleisch und Blut, so daß keine Unbehaustheit mehr vorhanden, keine Fremde, keine Angst. Die Dämonen, vor denen sich die mittelalterlichen Menschen gefürchtet hatten, rasen in den Abgrund, und mit ihnen das Kreuz, das gegen sie errichtet zu sein schien" (ebd., S.131).

Dieser Umbruch in der Erkenntnis, im Begreifen von Welt, korrespondiert mit den den Beginn der Neuzeit ankündigenden Eruptionen im kulturellen, ökonomischen und sozialen Bereich. Tätigkeit, so Bloch, sei das neue Signal: "es entsteht der arbeitende Mensch als einer, der sich seiner Arbeit nicht mehr schämt"(ebd., S.125), d.h. hier liegt der Anbeginn der frühkapitalistischen Wirtschaftsweise. Doch darf man diesen "Geist der Arbeit" (Weber) keineswegs als schlichte Weltfreude mißverstehen. Vielmehr drückt er ursprünglich im Protestantismus ein originär religiöses Ethos aus. Dennoch gilt nach Weber "jener große religionsgeschichtliche Prozeß der Entzauberung der Welt, welcher mit der altjüdischen Prophetie einsetzte und, im Verein mit dem hellenischen wissenschaftlichen Denken alle magischen Mittel der Heilsuche als Aberglaube und Frevel verwarf" (Weber, 1988a, S.94f), mit der Durchsetzung der protestantischen, rationalen Lebensführung als abgeschlossen. Fortan ist nicht nur kein magisches Mittel, sondern gar keines mehr für den vorhanden, dem Gott die Gnade versagt. Die "Ausschaltung der Magie als Heilsmittel" (ebd., S.114) findet hier ihren Höhepunkt und wird laut Weber durch eine zum System gesteigerte Werkheiligkeit ersetzt. "Die ethische Praxis des Alltagsmenschen wurde so ihrer Plan- und Systemlosigkeit entkleidet und zu einer konsequenten Methode der ganzen Lebensführung ausgestaltet" (ebd., S.125). An Stelle des alten Ziels transzendenter Seligkeit zum Heilserwerb tritt nun die Praxis der "aktiven Selbstbeherrschung" (Weber) als entscheidendes puritanisches Lebensideal. Nun geht es darum, ein waches, tüchtiges Leben zu führen und die Unbefangenheit des triebhaften Genusses zu vernichten. Darüberhinaus ist der Anschub der bürgerlichen, ökonomisch-rationalen Lebensführung durch die puritanische Lebensauffassung nicht zu unterschätzen. Diese drückt sich v.a. in der Ausbildung eines spezifisch bürgerlichen Berufsethos aus - eine Tatsache, die nach Meinung Webers "natürlich weit wichtiger (ist) als die bloße Begünstigung der Kapitalbildung" (ebd., S.195).

Die beginnende Industrialisierung, der Wandel im Tauschverhältnis auf eine vom Äqivalent Geld hin dominierte Organisation, also die Herausbildung einer warenproduzierenden Gesellschaft, erfordert eine gänzlich neue Strukturierung der gesellschaftlichen Verhältnisse. Die Orientierung an göttlichen Determinanten muß in diesem Zusammenhang der an den sozialen Notwendigkeiten weichen. Die vielgepriesene Entdeckung des Subjekts durch die Renaissance, seine Herauslösung aus dem Korsett einer mythisch überhöhten, durch das Schicksal gebundenen Natur, drängt es nun in Abhängigkeiten ständischer und ökonomischer Art. Dabei geht die Bezogenheit auf die alten Mythologeme keineswegs verloren. Noch durch die gesamte Renaissance zieht sich ein starker Bodensatz von mythologischer Weltschau, um nur Böhme, Paracelsus, aber auch Campanella zu nennen[4]. Gerade Huizinga hat darauf hingewiesen, daß bei Eintritt

---

[4] Campanelleas utopischer Entwurf etwa kann als frühe Synthese von Mythos und Rationalität gelten, die schließlich im totalitären System des "Sonnenstaates" kulminiert.

der Neuzeit noch keine der mittelalterlichen Denkformen schon abgestorben sei: "(...) die Renaissance als Ganzes bleibt noch der alten Haltung treu ergeben und glaubt an die Autorität. Erst Descartes ist hier der Wendepunkt" (Huizinga, 1991, S.60). Ebenso hat es bereits im Mittelalter bedeutende Ausprägungen von Individualität gegeben; erst die Renaisance jedoch hat sie gesellschaftlich bestimmend gesetzt. Und auch Weber hat eingeräumt, daß eine mystisch gewendete Religiosität oft sogar eine direkte Stütze des realistischen Wirklichkeitssinns sein und und einer rationalen Lebensführung geradezu zugute kommen könne (vgl. Weber, 1988a, S.107f).

Max Horkheimer hat in seinem Aufsatz "Egoismus und Freiheitsbewegung" diese Entwicklung auf den Punkt gebracht. Darin zeichnet er nach, daß mit der Ausbreitung bürgerlicher Freiheiten stets auch die nach Innen verlegte Reglementierung der Subjekte über eine rigide Moralisierung und Affektkontrolle einher geht. Gerade das, was im Grunde kennzeichnend für die kaufmännisch/bürgerliche Identität ist - der Egoismus und seine Grundgestalt des gemeinen Genusses -, wird zunehmend tabuiert und verdammt. So etabliert sich Herrschaft neu auf subtilere Art, verdeckt unter den Bannern von Freiheit und Humanität. "Je mehr geltende Autoritäten bei der Ausbreitung der Freiheit gestürzt oder wenigstens angegriffen werden, um so stärker macht sich das Bedürfnis geltend, die Autorität der neuen Herrschaft durch Rückgang auf dahinterliegende, durch ihr Alter der gegenwärtigen Unzufriedenheit entrückte Mächte zu verklären" (Horkheimer, 1992, S.67). Die fatale Bewegung, die daraus erwächst, ist die, daß zunehmend Forderungen der Individuen an die Gesellschaft selbst, samt deren Umsetzung, in moralische und religiöse Forderungen an eben jene unzufriedenen Indivuiduen transformiert werden. Solche Verinnerlichung sozialer Ungleichheiten schafft freilich einen hohen Grad an Befriedung. Und wo die Individuen doch merken, daß sie um etwas betrogen werden, da wandelt sich dies Aufmerken in ein Ressentiment, das sich gegen das Fremde richtet, das als Sinnbild dessen gilt, was in der bürgerlichen Zivilisation vom Verbot belegt ist.

Was uns also vorliegt, ist die Ablösung des ursprünglichen, mythischen Weltbildes mit seinem In-eins-Sein von Mensch und Natur, seinen übermächtigen Naturgewalten und seinem statischem Menschenbegriff durch ein **christlich-säkularisierendes Weltbild**, das, in seiner Naturbezogenheit noch mythisch aufgeladen, zum einen eine "Gesetzesreligion" mit starker Bindung der Subjekte an objektiv gegebene Verhältnisse und ans Schicksal beinhaltet, zum anderen aber den Weg frei macht zum dynamischen Menschenbegriff und zu einer grundlegenden gesellschaftlichen Strukturänderung durch den Kapitalismus. Dazu bedurfte es aber vorrangig der Umstrukturierung der Lebensverhältnisse von außen, wie sie die rationalistische Lebensauffassung der religiösen Reformatoren zustande brachte, indem sie zwischen religiösem Trachten und alltäglicher Praxis ein strenges Reglement installierte. Zwar konnte Seligkeit nun nicht mehr verdient oder durch Riten forciert werden, sondern galt als Gnadengeschenk Gottes. Doch "nur der nach seinem Gewissen Lebende durfte sich als wiedergeboren ansehen" (Weber, 1988a, S.157), also derjenige, der den Imperativen des Glaubens getreu folgte - weshalb die "guten Werke" in diesem Sinne nach wie vor unabdingbar waren. Tüchtigkeit nach außen, Enthaltsamkeit nach innen, so galt es von nun an. "Die radikale Entzauberung der Welt ließ einen anderen Weg als die innerweltliche Askese innerlich nicht zu" (ebd., S.158); das Individuum, gerade als dynamisch verstandenes, hatte sich gegen allen Hedonismus und alle Egomanie abzuschließen. Zuspruch gab es allein in der produktiven Tätigkeit zu erlangen. Die Berufsarbeit geriet so als das "asketische Mittel par excellence; daß Gott es selber sei, der durch den Erfolg der Arbeit die Seinen segne (...)" (ebd., S.137). In solcher Fixierung auf die Produktion scheint sich schon in den Ursprüngen der kapitalistischen Wirtschaftsweise das von der Natur ebenso wie von der Gesellschaft entfremdete Individuum anzukündigen. Die Arbeit erscheint bereits als "von Gott vorgeschriebener Selbstzweck des Lebens überhaupt" (ebd., S.171), wie Weber mit Rekurs auf das Paulus-Wort, daß, wer nicht arbeite, auch nicht essen solle, erkennt. In diesem asketischen Dasein gilt weder Muße noch Genuß. Nur Handeln dient nach dem Willen Gottes zur Mehrung seines Ruhmes.

"Das Individuum besitzt ebenso eine persönliche Entwicklungsgeschichte wie auch die Gesellschaft eine Entwicklungsgeschichte besitzt. Sämtliche Grundkategorien der widersprüchlichen Identität von Individuum und Gesellschaft werden sichtbar (...) Vergangenheit, Gegenwart und Zukunft erscheinen als Schöpfungen der Menschheit. Diese 'Menschheit' ist jedoch ein homogenisierter Begriff. Auf diese Weise und zu dieser Zeit entstehen 'Freiheit' und 'Brüderlichkeit' als immanent-ontologische Kategorien. Raum und Zeit werden menschlich, während die Unendlichkeit gesellschaftliche Realität wird" (Heller, 1988, S.7). Innerhalb des sich hier durchsetzenden neuen Raum-Zeit-Erlebnisses beginnt sich gleichzeitig "ein neues, zyklisches Weltbild abzuzeichnen, die Gesellschaft als ein sich permanent erneuernder Organismus rückt an die Stelle der durch die Transzendenz von Anfang und Ende, durch Erbsünde und jüngstes Gericht determinierten mittelalterlichen Vorstellungswelt" (Bauer/Matis, 1988, S.23f). Mit einem Wort: es setzt der gewaltige Prozeß der "Entzauberung der Welt" (Weber) ein. Der Sog der Rationalisierung erfaßt die soziale und die Vorstellungswelt der Menschen und läßt am Horizont das Bild der Moderne aufscheinen. Die Etablierung jenes dynamischen Menschenbildes ist darin ein

Aspekt, der besagt, daß der Mensch forthin auch gegen Fortuna bestehen kann und somit zum Meister seines Schicksals wird. Die "neue Historizität" (Bauer/Matis) der Renaissance, die auf einem veränderten Raum- und Zeiterlebnis beruht, beinhaltet ein sozial aktivierendes wie auch emanzipatorisches Element. Die Dinge, die die Welt bilden, erweisen sich nunmehr als prinzipiell veränderbar. Damit gewinnt der ganze Aspekt der Veränderung an Gewicht. Nicht länger geht es darum, sich in ein vorgezeichnetes Schicksal zu fügen oder ewige Weisheit zu empfangen, sondern in die Gegenwart handelnd und gestaltend einzugreifen. Die neue Aufgabe der Subjekte besteht darin, die Geschichte, deren Mahlstrom sie bisher nahezu selbständig mit sich fortnahm, nun eigenhändig zu machen.

Ganz ebenso ist die Renaissance, wie Agnes Heller es nennt, "die Morgendämmerung des Kapitalismus", in der der Übergang von der Naturalwirtschaft zur handwerklich orientierten Manufaktur einsetzt. Von hier aus setzt sich der Entwicklungsstrang fort, bis zum Industrialisierungsprozeß des 19. Jahrhunderts. Gerade diese ökonomischen Entwicklungen sind jedoch für das Selbstverständnis der Menschen, wie auch für ihre gesellschaftliche Organisation, grundlegend. Ist doch die Ökonomie seit jeher die Determinante, die eine Gesellschaft in Beziehung zu ihrer Geschichte und zu ihrem Erkenntnisstand in den Stand ihrer Möglichkeiten setzt. Franz Borkenau schreibt dazu in seiner Studie "Der Übergang vom feudalen zum bürgerlichen Weltbild": "Erst die Manufaktur hat es möglich gemacht, im Denken über die Erscheinung wirklich hinauszukommen, weil sie als erste im Produktionsprozeß von der qualitativ bestimmten Erscheinung so weit wie möglich abstrahiert (...) Erst die Manufakturperiode strebt grundsätzlich nach möglichster Ausschaltung der organischen Prozesse (...)" (Borkenau, 1934, S.11). Für Borkenau ist die Manufaktur überhaupt Voraussetzung für die moderne Mechanik, da die durch sie quantifizierte Arbeit nun auch das quantifizierte Arbeitsprodukt verlangt. "Auch in der modernen Fabrik wird daher der (...) organische Prozeß nach Möglichkeit einer mechanischen Auslösung untergeordnet, die durch einfachste Handgriffe zu tätigen ist. Im Bereich der handwerklichen Technik aber, die in der Manufakturperiode fast allein in Frage kommt, ist eine auch nur annähernde Quantifizierung organischer Prozesse überhaupt unmöglich" (ebd., S.8).

So gesehen sind eben "diejenigen Produktionsweisen die fortschrittlichsten (...), die der Forderung der vollen Quantifizierung der Arbeit am besten genügen; denn sie lassen sich am besten rationalisieren" (ebd., S.8f). Hier deutet sich der im Zuge sowohl der sozialen und ökonomischen Rationalisierung als auch des Freisetzungsprozesses des Individuums sich entfaltende Disziplinierungsvorgang des Subjekts an. Denn nachdem das Subjekt als tätiges und seiner selbst bewußtes anerkannt ist, etablieren sich in einigem zeitlichen Abstand verschiedene soziale Diskurse und solche der Herrschaft, die es sozial zu disziplinieren und in eine ihm zugewiesene soziale Funktion zu pressen suchen.

Die neuartige, erst im Verlauf der Nationalstaatsbildung sich endgültig entfaltende, jedoch ebenso dem Bedarf einer kapitalistischen Wirtschaft nach effizienter Verwaltung entsprechende Institution der Bürokratie ist es, kraft deren sich der Disziplinierungsvorgang vollzieht. Weber hält ihre Institutionalisierung für so bedeutend, daß er ihr, als "formal rationalster Form der Herrschaftsausübung", die Rolle der "Keimzelle des modernen okzidentalen Staates" (Weber, 1980, S.128) zuschreibt. Die Bürokratie ist, als Organ der Herrschaft, "stets Träger eines weitgehenden nüchternen Rationalismus einerseits, des Ideals der disziplinierten 'Ordnung' und Ruhe als absoluten Wertmaßstabes andererseits. Eine tiefe Verachtung aller irrationalen Religiosität, verbunden mit der Einsicht in ihre Brauchbarkeit als Domestikationsmittel pflegt die Bürokratie zu kennzeichnen" (ebd., S.290)[5]. Die Bürokratie avanciert somit zum Kern der Massenverwaltung, wie sie im Kapitalismus entsteht und durch stetige, straffe,

---

[5] Wenn in dieser Arbeit von Irrationalismus gesprochen wird, so ist hier eine primär ans naturhafte, subjektlose Denken gebundene Weltschau gemeint, die sich dem rationalen Verstehen entzieht. Der Mythos z.B. ist, trotz seines ursächlich befreienden und emanzipativen Gehalts, der durchaus der Intention des Logos verbunden ist, eine solche Art von Irrationalismus. Dieser Begriff soll an dieser Stelle keineswegs als Stigma gewertet werden. Die Hypostase der Ratio geschieht anderswo. Im Gegenteil lebt im Irrationalen auch ein Teil von der Intention fort, die die Menschheit einst mimetisch mit der Natur verband und deren Verschwinden nicht wenig zur Entfremdung des Menschen von seiner Welt und zur Brutalisierung der Ratio beitrug. Denn ohne ihr Gegenüber in der Irrationalität setzt sich die Ratio nur allzu schnell absolut und erweist sich als gnadenlos.
Gemeint ist auch nicht die spezifische Irrationalität der modernen Gesellschaft selbst, wie sie sich im Überhang einer zweiten, auf Entfremdung beruhenden Natur und im ökonomischen Gesetz des Marktes ausdrückt. Von daher ist die Irrationalität der modernen Gesellschaft von der des Mythos schon insofern grundverschieden, als sie ein originäres Moment von Herrschaft ist, wo dieser Befreiung anzeigt. Nichtsdestotrotz ist es der modernen Irrationalität aber vergönnt, sich das Potential des Mythos, bspw. in seiner Funktion als Rassismus, einzuverleiben und zunutze zu machen. In einer solchen Technik läßt sie sich vom Vergangenen überholen, um die Herrschaft des Bestehenden in Beton zu gießen.
Es ist interessant, daß eine ganz ähnliche Definition des Irrationalen, wie sie in dieser Arbeit verwendet wird, sich auch in einem bereits 1946, in der von Alfred Döblin herausgegebenen Zeitschrift "Das goldene Tor", veröffentlichten Aufsatz findet. Dessen Autor hat offenbar während des Nationalsozialismus in Deutschland gelebt und keine Ahnung von den inzwischen geleisteten Analysen zum Faschismus. Im weiteren Verlauf seines sehr ernsthaften Versuchs einer kritischen Durchdringens des Nationalsozialismus, gerät er dementsprechend eher dahin, dies durch eine kritische Wendung Spenglerscher Philosopheme zu vollziehen und bleibt auch darin befangen. In seinem Versuch, den Nationalsozialismus durch einen Rekurs auf dessen irrationale Momente erklärbar zu machen, benutzt er folgende Bestimmung des Irrationalen: "Irrioanlismus, wie wir ihn hier als allgemein deutsches Problem verstehen möchten, ist vielmehr eine Kategorie, die zunächst nichts anderes als eine Grundhaltung des Menschen zum Sein überhaupt ausdrückt, darüberhinaus zum Lebensgefühl einer Epoche, eines Volkes, einer Kultur werden kann. Es ist der bewußte Verzicht auf alle rationale Bewältigung der Welt, der Verzicht auf Erkenntnis und Helle, vollzogen aus der Sehnsucht nach dem gestaltlosen Ganzen, dem Mythischen und Universalen" (Krüger, 1946, S.718).

intensive und kalkulierbare Verwaltung gekennzeichnet ist. Sie ist Synonym für eine Herrschaft kraft Wissen; dies ist ihr spezifisch rationaler Grundzug.

Die Statik, die der Jenseitsglauben hervorrief, soll in der Anbindung des Einzelnen an nicht aufzulösende Verpflichtungen gegenüber der Herrschaft wieder hergestellt werden. Das Potential an Autonomie, die Würde des Menschen, wie Bloch sagt, das darin liegt, daß der Mensch allein "nicht fertig ist, daß er ein Dasein im Fluß hat" (Bloch, 1985, S.132), wäre fähig, jene bislang geltende, selbstverständliche Unterordnung unter die Herrschaft aufzubrechen. In Hobbes' Konzeption des Gesellschaftsvertrages, in dem die Freiheit des Einzelnen, die nicht qua staatlichen Reglements domestiziert ist, als barbarisch denunziert wird und einzig die Furcht der Bürger gegeneinander deren Hinwendung zum Zustand eines sozialen Friedens forciert, wird dieses Potential der bestehenden Ordnung wiederum kompatibel gemacht. Seine gedungene Gemeinschaft der Untertanen schmiegt sich ganz der Gewalt des Souveräns an. Solch eine Konzeption setzt sich in den Ordnungen der Manufakturen fort, die jede Bewegung noch reglementieren. Freiheit wird daher schon im Ansatz ihres Nimbus beraubt und Gleichheit nur als negative zugelassen.

Insofern der aufkommende Kapitalismus nun neue ökonomische Strukturen, ein neues Handelssystem etabliert, leistet er auch deren gesellschaftlicher Form, der Bildung von Nationalstaaten, Vorschub. In diesen bildet sich, wie bereits angedeutet, eine neue Form der Verwaltung heraus, die schließlich in der nationalstaatlichen, sämtliche gesellschaftlichen Bereiche durchdringenden Verwaltungsbürokratie gipfelt. Nicht ohne Grund sprechen bspw. zwei so unterschiedliche Denker Max Weber und Hannah Arendt von der modernen Bürokratie als dem bestimmenden und effizientesten Herrschaftselement unseres Zeitalters. Ein herausstechendes Merkmal der Bürokratie ist die Tatsache, daß auch sie vorrangig auf Gehorsam beruht; Freiheit ist ihr eher ein Ärgernis und Gleichheit kennt sie mehr oder weniger als Nivellierungskatalog. "Jeder Herrschaftsbetrieb, welcher kontinuierliche Verwaltung erheischt, braucht einerseits die Einstellung menschlichen Handelns auf den Gehorsam gegenüber jenen Herren, welche Träger der legitimen Gewalt zu sein beanspruchen; und andererseits vermittels dieses Gehorsams, die Verfügung über diejenigen Sachgüter, welche gegebenenfalls zur Durchführung der physischen Gewaltanwendung erforderlich sind: den personalen Verwaltungsstab und die sachlichen Verwaltungsmittel" (Weber, 1980, S.823). Die Etablierung neuer wirtschaftlicher Strukturen erfordert also auch eine entsprechende Regelung des gesellschaftlichen Verwaltungs- und Herrschaftsapparates. Die Herauslösung der Menschen aus ihren traditionalen, überwiegend subsistenzwirtschaftlich orientierten Verbänden, macht eine disziplinarische Reglementierung der so freigesetzten Individuen notwendig. In gleichem Maße, wie das Individuum als selbständiges, handelndes begriffen wird, wie es als freier Anbieter seiner Ware Arbeitskraft auf den Markt gedrängt wird, wird es auch um so mehr an gezielte Diskurse der Herrschaft angebunden. Aus den losen Zusammenhängen feudaler Staaten entstehen effizient organisierte Staatsgebilde modernen Typs. "Ein 'Betrieb' ist der moderne Staat (...) ebenso wie eine Fabrik" (ebd., S.825).

Der sozial disziplinierte Staatsbürger kann als wohl wichtigstes Produkt des Merkantilismus gelten. Es ist dies jener "homo oeconomicus" des Kapitalismus oder, wie Hannah Arendt sagt, das "animale laborans" der Arbeitsgesellschaft, die sich nun endgültig als dominant durchsetzt - also das auf sich selbst gestellte und als Einzelwesen konzipierte Individuum, jenseits aller traditionalen Gemeinschaftsbindungen[6]. Sekundärtugenden wie Fleiß, Gehorsam, Pünktlichkeit, Ordnung nehmen in der die Manufakturen im großen Stil etablierenden Phase des Merkantilismus ihren Anfang inmitten eines Versuchs der Neuordnung und Vereinheitlichung der Untertanen. Denn die Herauslösung der Menschen aus ihren alten, solidarprotektionistischen Verbänden ist notwendig, um die Arbeitskraft des Menschen als bloße Ware, die auf ihrem eigenen Markt feilgeboten wird, überhaupt erst konstituieren zu können. Dazu erfolgt die Vereinzelung und Zusammenfassung in neue, durch einen Außenstehenden beherrschbare Konfigurationen. Schon Weber hat betont, daß die Manufaktur einen gänzlich neuen Menschentypus erfordert habe, den es so vorher nicht gab. Dabei geht es vor allem um die Einfügung in ein System der Produktion, dessen wesentliches Merkmal in regelmäßigen, pünktlich beginnenden Arbeitszeiten wie auch in einer für die gesamte Arbeitszeit geforderten gesteigerten Arbeitsintensität besteht. Die Bedingung der Herrschaft, der es dafür bedarf, hat Weber in seiner bekannten Formel vom "stahlharten Gehäuse der Hörigkeit" benannt, worin die Menschen der rationalen, ökonomistischen Lebensführung eingefaßt werden, ohne es je wieder aufsprengen zu können: "Der Puritaner wollte Berufsmensch sein - wir müssen es sein" (Weber, 1988a, S.203), so lautet sein resignatives Fazit.

Zu genau diesem Prozeß der sozial-ökonomischen Umstrukturierung konvergiert der Wandel des Naturverhältnisses der Menschen. Denn wo das Interesse am Diesseits das am Jenseits übertrifft, wird Natur als das Andere, Verfügbare erkennbar. Es tritt ein Prozeß der Entfremdung von der Natur als

---

[6] Liegt darin zum einen die Chance auf Autonomie und Weltgestaltung, so birgt solche Individualität doch auch bereits die als Individualisierung bezeichnete moderne soziale Isolierung der Subjekte voneinander. Wo das Individuum aus seinen sozialen Bezügen herausgelöst und auf sich allein gestellt wird, da geht ihm auch soziale Alltagsorientierung verloren und wird es um so leichter zum Instrument von Herrschaft. Auf diese Problematik hat bspw. Marx bereits in seinen Pariser Manuskripten von 1844 hingewiesen.

natürlicher Ressource im Lebensrythmus ein. Diese Entfremdung geschieht jedoch als bewußte, da sich überlegt in ein distanziertes, verfügendes Verhältnis zur Natur gesetzt wird, die nun weniger lebendiges Gegenüber als bloßes Objekt ist. Natur unterliegt fortan kalkulierender Herrschaft, die sich von einem symbiotischen Mensch-Natur-Verhältnis abhebt. Die symbiotische, sinnstiftende Beziehung zur Natur, wie sie durch den Mythos geübt wird, wird gleichsam abgelöst durch die zunehmende Säkularisierung, deren naturwissenschaftliches Bewußtsein von nun an zu angsthemmender Reflexion gegenüber den Kräften der Natur anleitet. Diese wissenschaftliche Objektivierung verschafft schließlich dem bürgerlichen Subjekt sowohl Distanz als auch Überlegenheit zur Natur. Zu dieser Entfernung des Menschen von der Natur, wie sie mit der Herausbildung der kapitalistischen Warenproduktion einsetzt, schreibt Agnes Heller unter Bezugnahme auf deren Anfänge innerhalb der Renaissancegesellschaften: "Die Lebensgrundlage des Renaissancemenschen und somit die Grundlage des Menschenbegriffs der Renaissance ist der Prozeß, in dem die Anfänge des Kapitalismus das natürliche Verhältnis zwischen Mensch und Natur zunichte machen, die natürlichen Bindungen des Menschen an seine Familie, seinen Stand, an seinen 'vorgegebenen' Platz in der Gesellschaft zersetzen, die Hierarchie, die Stabilität erschüttern und die gesellschaftlichen Verhältnisse in Fluß bringen (...)" (Heller, 1988, S.10). Die Domestizierung der inneren Natur des Subjekts findet sich in dieser Entwicklung mit eingeschlossen.

Eine so verdinglichte, nicht länger als unmittelbar empfundene Natur, entwickelt sich im Bewußtsein des bürgerlichen Subjekts mehr und mehr zur reinen Ware. Als Ware jedoch besitzt sie auch gewisse Macht über ihre Konsumenten. Denn als Ware wird die Natur freilich ebenso fetischisiert, wie jedes andere für den Markt gefertigte Produkt. So liegt auch in ihrem Bild der industrielle Prozeß von der völligen Vergegenständlichung der Dinge zur Ware, hin zu ihrer Hypostasierung als den eigentlichen Konstrukteuren von Welt, deren Mächtigkeit der durch ihr Erschaffen erst Mensch werdende Mensch unterworfen bleibt. Insofern wirkt unter der Hand die verdinglichte Natur als absolute fort. Sie erst gibt dem Menschen die Bedingungen seiner Existenz als "natürlich" auf und präsentiert sie daher als unwandelbar.

Das Paradoxe der Situation liegt nun genau darin, daß dies zu einem Zeitpunkt geschieht, da, wie gesagt, das Bewußtsein vom Menschen als eines seiner selbst bewußten, tendenziell autonomen, weltgestaltenden Subjektes sich Bahn bricht. Jedes vorherige Naturbild schloß noch irgendwie die Möglichkeit von - wenn auch negativer - Veränderung ein - und sei es als göttliche Sanktion. Das zum Faktum geronnene Ding bleibt Schicksal und stellt so einen "Absolutismus der

Wirklichkeit" wieder her, der erst noch aufzuschließen wäre. Dazu jedoch genügt die alte mythische Erzählung nicht, die von einer Natur und ihren Göttern handelte, die personalisierte, die zu handeln fähig war. Vielmehr hülfe hier die Instandsetzung des Menschen als selbst handelndes Wesen, wie sie von Hannah Arendt in Absetzung von den Tätigkeiten des Herstellens und des Arbeitens vorgenommen wurde (vgl. Arendt, 1992). Wohin der Versuch führt, diesem Dilemma der modernen, industriellen Welt mit Hilfe mythologischer Deutungen beizukommen, wird weiter unten noch ausgeführt werden.

Bei Borkenau heißt es, "die Mechanisierung der Arbeit (der Produktivkräfte) und des gesellschaftlichen Lebens (der Produktionsverhältnisse) sind ein und derselbe Prozeß des Durchdringens des Kapitalismus" (Borkenau, 1934, S.14). Freilich stößt, trotz volksaufklärerischer Agitation, die Entzauberung einer geheimnisvoll magisch erscheinenden Natur noch lange auf erheblichen Widerstand. Überhaupt erscheint der Traditionalismus mit seiner Art des Empfindens und seinen Bräuchen als der Hauptwidersacher jenes "Geistes des Kapitalismus" (Weber), wie er sich vornehmlich in der religiösen Ethik rationalistischer Lebensführung ausdrückte. Denn, wie Weber nicht ohne Sarkasmus feststellt, der Mensch will durchaus nicht "von Natur" aus Geld verdienen, sondern er will vielmehr einfach leben. "Überall wo der moderne Kapitalismus sein Werk der Steigerung der 'Produktivität' der menschlichen Arbeit durch Steigerung ihrer Intensität begann, stieß er auf den unendlich zähen Widerstand dieses Leitmotivs präkapitalistischer wirtschaftlicher Arbeit, und er stößt noch heute überall um so mehr darauf, je 'rückständiger' (vom kapitalistischen Standpunkt aus) die Arbeitskraft ist, auf die er sich angewiesen sieht" (Weber, 1988a, S.44f). Denn daß Sinn und Ziel menschlicher Arbeit, ja des ganzen Arbeitslebens, die Anhäufung von Gütern zum Ruhme Gottes sein soll, daß der Grad des Erwirtschafteten auf die Tugend und daher auch auf die Seligkeit des Wirtschaftenden schließen läßt, das ist dem Menschen der traditionalen Gesellschaft gänzlich fremd und wäre ihm, wie Weber sich ausdrückt, "als Produkt perverser Triebe" (ebd., S.55) erschienen. In bürgerlichen und intellektuellen Kreisen jedoch, die zunehmend die Gesellschaft dominieren und mit den traditional orientierten Gemeinschaften auch zunehmend in Konflikt geraten, breitet sich grenzenloser Optimismus bezüglich der Möglichkeiten der Naturbeherrschung und des Verschwindens der Furcht vor der Natur aus.

Zur Genese des Nationalstaates

In Zusammenhang mit den sich in der Gesellschaft als dominant etablierenden bürgerlichen Schichten steht auch die Genese der europäischen Nationalstaaten. Der **Nationalstaat** kann als das politische Organisationsprinzip der bürgerlichen Gesellschaft gelten und gibt zudem ihrer ökonomischen Zurichtung die ihr angemessene Form. Weder das enge System der Zünfte und des Handwerks, noch die, eher auf Willkür als auf materiellem Recht fußende, feudalistische Ordnung konnte dem Markt- und Geltungsinteresse des aufstrebenden Bürgertums auf Dauer genügen. So darf der Nationalstaat als dessen originäre Erscheinung gelten und die Nation selbst ist, in Benedict Andersons Worten, eine "Erfindung" recht jungen Datums.

In der Nation als Herrschaftsverband konstituiert sich die für eine kapitalistische Tauschgesellschaft erforderliche Synthese des Territorialprinzips auf zwei Ebenen: Der fest umrissene Markt deckt sich mit dem Rechts- und Herrschaftsgebiet, das politisch zumindest auch durch die noch relativ junge bürgerliche Klasse dominiert wird. Zugleich finden die beschriebenen Rationalisierungstendenzen im, das feudale System ablösenden, Nationalstaat die ihnen angemessene soziale Form. Baumann weist in diesem Zusammenhang darauf hin, daß der Nationalstaat von der Intention her ein radikales Ordnungsprinzip der Gesellschaft sei, behaftet mit der sozialtechnologischen Ambition einer Homogenisierung, die sich in der Hauptsache vom Problem des Fremden absetzt. "Nationalstaaten müssen die Versagen der Natur künstlich korrigieren (...) Im Falle des Nationalstaates erfordert die Vergemeinschaftung der Freundschaft Indoktrination und Gewalt, den Kunstgriff der legal konstruierten Realität und die Mobilisierung von Solidarität mit einer imaginären Gemeinschaft" (Baumann, 1992b, S.86). Auch bei Baumann steht der Nationalstaat somit im Zeichen künstlicher Gewordenheit, die jedoch für sich den Status des naturhaft Gewordenen reklamiert; über die Bedeutung der "Freundschaft" sowie einer konstruierten Realität wird dabei mit Blick auf den Rassismus noch zu sprechen sein[7].

Weber wiederum, der den künstlichen Charakter des Nationalstaates schon früh sehr kühl analysiert hat, betont, daß jene, über das Bindemittel des Nationalen produzierte, Solidarität ein Element von Herrschaft ist. Denn natürlich seien es insbesondere diejenigen Gruppen, die innerhalb der politischen Gemeinschaft eine dominante Stellung einnähmen und am meisten Einfluß auf deren Handeln hätten, die sich "am stärksten mit diesem idealen Pathos des Macht-Prestiges erfüllen und die spezifischen und verläßlichsten Träger einer 'Staats'-Idee als der Idee eines

---

[7] vgl. Kapitel 3.1 und 3.3.

unbedingte Hingabe fordernden imperialistischen Machtgebildes bleiben" (Weber, 1980, S.527f). Das aber, präzisiert er, bedeutet nichts anderes, als daß die "Idee der 'Nation'" lediglich die spezifische Form ist, die hier "das nackte Prestige der 'Macht'" (ebd.) annimmt. Nation und Nationalstaat entpuppen sich als bloße Mittel zum Zweck von Herrschaft und wirtschaftlicher Akkumulation. Ohnehin hat es einen "Staat im Sinne des rationalen Staates (...) nur im Okzident gegeben" (ebd., S.815), wie Weber bemerkt, und er stellt ihm als seine Grundlagen das Fachbeamtentum und das rationale Recht zur Seite. In ihm vollzieht sich eine doppelte Rationalisierung von weltlicher und geistiger Seite her, d.h. vom aufstrebenden Bürgertum wie auch von der triebunterdrückenden religiösen Ethik her. Doch von Anfang an ist das Bestehen des Nationalstaats auch an seine ökonomischen Bedingungen geknüpft: "Der geschlossene nationale Staat also ist es, der dem Kapitalismus die Chance des Fortbestehens gewährleistet" (ebd.). So vollzieht sich seit dem Merkantilismus die moderne Machtstaatsbildung, sowie die Herausbildung des, das kapitalistische Wirtschaftssystem umgreifenden, rationalen Rechtssystems, in dem rituelle und magische Gesichtspunkte aufhören, eine Rolle zu spielen. Überhaupt ist die in erster Linie ökonomische Bedingtheit der Nation heute annähernd unstrittig - es handelt sich um eine "Wirtschaft innerhalb nationaler Grenzen und deren systematischer Förderung durch den Staat" (Hobsbawm, 1991, S.40f). Die wohl klarste Definition der Nation hat Anderson geliefert, der schreibt, sie sei "eine vorgestellte, politische Gemeinschaft - vorgestellt als begrenzt und souverän" (Anderson, 1988, S.15).

Gleichwohl stellt sich der frisch konstruierten Nation durchwegs das Problem ihrer Identität. Um die mehr oder weniger heterogenen Bevölkerungsgruppen zu einer Nation zu homogenisieren, bedarf es der Schaffung einer gemeinsamen Identität als Ethnie oder als "Volk". Dies ist genau der Punkt, an dem die Finessen des Mythos in die mittels Rationalität domestizierte Welt zurückkkehren, oder vielmehr von dieser selbst, kurios genug, zurückgerufen werden. Denn was nun geschieht ist nichts weniger als die buchstäbliche Herstellung einer gemeinsamen Geschichte. Auf den Trümmern und Legenden des Vergangenen werden Genealogien geschaffen, werden Schleifen gelegt, die, wie spekulativ auch immer - z.B. als deutsches Germanenerbe - die Gegenwart bruchlos erreichen und durch ihr Wesen befruchten sollen. Die neu entstandene Nation entpuppt sich als ein rückwärtsgewandter Demiurg.

Der eigentliche Ursprungsmythos, der den absolut ersten Anfang, die Herkunft des ethnisch begriffenen Volkes zu begründen sucht, ist ein Produkt der bürgerlich-nationalstaatlichen Ideologie. Das entbehrt nicht der Ironie. Denn die Gedankenwelt des Bürgertums, wie sie sich originär in der Aufklärung entfaltet, bricht hier auf zum Rekurs auf mythologische Kollektivbindungen, gerade um den Früchten der auf Rationalität angelegten Aufklärung ihren Kitt zu verleihen. Der ursprüngliche Mythos hingegen fragt nicht nach jenem ersten Anfang, sondern begnügt sich stets mit einer Pluralität von Anfängen. Er enthält "eine elementare Disposition, sich nicht an den Abgrund des Absoluten treiben zu lassen" (Blumenberg, 1971, S.44).

Eric Hobsbawm, Ernst Gellner und Benedict Anderson haben beschrieben, wie mühselig es war, Nationen als geschlossene, homogene Körper herzustellen. Mit unglaublicher Intensität mußte die Bevölkerung eines bestimmten, präzise definierten Territoriums zusammengehalten werden, mußte in ihr die Fiktion davon Platz greifen, daß sie eine Einheit sei, eine politische Familie. Diese Titanenarbeit geschah unter Bevölkerungsgruppen, die sprachlich, kulturell, aber auch historisch mitunter wenig miteinander zu tun hatten. "Die 'Nationalität' teilt mit dem 'Volk' (...) daß dem als 'gemeinsam' Empfundenen eine Abstammungsgemeinschaft zugrunde liegen müsse, obwohl in der Realität der Dinge Menschen, welche sich als Nationalitätsgenossen betrachten, sich nicht nur gelegentlich, sondern sehr häufig der Abstammung nach weit ferner stehen, als solche, die verschiedenen und feindlichen Nationalitäten sich zurechnen" (Weber, 1980, S.242). Die verschiedenen Sprachen und Dialekte wurden einander angeglichen und die künstlichen Hochsprachen kreiert; die Wirtschaft wurde unterm Kapitalismus vereinheitlicht und auf ein nationales Zentrum ausgerichtet; und schließlich wurde eine neue Geschichte geschrieben - die Geschichte der Nation als eines Stammes, dessen urwüchsige, historische Wurzeln bis weit in die Vorzeit hinabreichen und deren Bewußtsein als völkische Einheit sich vorzugsweise aus der vermeintlich gemeinsamen Behauptung in jener Vorzeit speiste. "Die ethnische Gemeinsamkeit (...) ist (...) nicht selbst Gemeinschaft, sondern nur ein die Vergemeinschaftung erleichterndes Moment. Sie kommt der allerverschiedensten, vor allem freilich erfahrungsgemäß: der politischen Vergemeinschaftung fördernd entgegen" (ebd., S.237). Sie ist als eine Art "persönlicher Verbrüderung auf der Basis 'ethnischen' Gemeinsamkeitsglaubens" (ebd.) ein Korrelat zu der politischen Form der rational geschaffenen Vergesellschaftung, die benennbaren Gründen folgt, und ihres Gesellschaftshandelns.

Insofern nimmt es kaum Wunder, daß auch solche gleichsam künstlich zustandegekommenen Gemeinschaften, wie die moderne Nation, ihrerseits Gemeinsamkeitsgefühle erzeugen können, die über Generationen hinweg von dauerndem Bestand bleiben und fortan als "ethnisch" und authentisch empfunden werden. Das geschieht hauptsächlich durch das Mittel der Sprache, die als

Instrument der Verständigung die Grenzen analog zu den territorialen Grenzen zieht. Ein weiterer wichtiger Punkt für unser Thema aber ist die Tatsache, daß die Konstruktion einer Ethnie als einer die Nation tragenden Gemeinschaft, ein dem neuartigen Organisationsprinzip angemessener Faktor zur Identitätsbildung der Subjekte ist. Da weder die Identifikation mit dem politisch lockeren System des Feudalismus mehr gegeben ist, noch in erster Linie eine die sich auf die begrenzte und überschaubare Szene des Dorfes und der unmittelbaren Traditionen beschränkt, ist nun ein kollektives Bewußtsein gefordert, daß den Einzelnen sowohl in die Obhut einer eindeutig definierten Gemeinschaft aufnimmt, als ihm auch seine Aufgabe innerhalb der modernen Welt zuweist. Die autoritären organischen Gesellschaftstheorien der Naturrechts- und frühen Vertragslehre sind ein Abbild davon. Sie finden in den rassistischen Theorien des 20. Jahrhunderts ihre krude und unbarmherzige, aber ebenso konsequente Fortsetzung. Die "'ethnische' Ehre", folgert Weber, "ist die spezifische Massenehre, weil sie jedem, der der subjektiv geglaubten Abstammungsgemeinschaft angehört, zugänglich ist" (ebd., S.239).

Obwohl somit an der Oberfläche des Diskurses Breschen für ein immer weiteres Vordringen der Vernunft geschlagen werden, obwohl der Begriff eines autonomen Subjekts zusehends an Kontur gewinnt und obwohl die fortschreitende Beherrschbarkeit der Natur in einen allzu emphatischen technizistischen Fortschrittsglauben übergeht, gibt es auch ein gleichsam unterirdisches Wirken in der Moderne. Heute werden die eben genannten Entwicklungen als die Verdienste von Renaissance und früher Neuzeit gefeiert, doch ganz ebenso findet ja von da an eine erneute Rückbindung an eine archaische Natur, wie auch an das, jetzt nationale, Kollektiv statt. Bei Weber mutiert die konsequente Entzauberung der Welt zum "unabänderlichen Gehäuse", das den Einzelnen von Geburt an umfaßt; mit Bolz' Worten gerät so die Entzauberung wiederum zur Verzauberung der Welt - nämlich als gnadenloses Schicksal innerhalb der kapitalistischen Wirtschaftsordnung (vgl. Bolz, 1989, S.229f).

Diese Verzauberung des menschlichen Bewußtseins in der "Megamaschine" der modernen Gesellschaft ist das eine. Das andere ist die bereits parallel zur Entzauberung verlaufende Verzauberung durch die mythische Erzählung von der gemeinsamen Herkunft und seelischen Verbundenheit als Nation. Denn das Wunder, das der Nationalismus vollbringt, ist es, "den Zufall in Schicksal zu verwandeln" (Anderson, 1988, S.20) und seinem geschichtlichen Produkt die Aura eines aus unvordenklicher Vergangenheit kommenden und in eine grenzenlose Zukunft voranschreitenden Ewigen zu geben. "Die Vorstellung eines sozialen Organismus, der sich bestimmbar durch eine homogene und leere Zeit bewegt, ist eine genaue Analogie zur Nation" (ebd., S.33). Bezogen auf die mythische Situation der Nation heißt das, "alles Weltvertrauen fängt an mit den Namen, zu denen sich Geschichten erzählen lassen (...) Der Schrecken, der zur Sprache zurückgefunden hat, ist schon ausgestanden" (Blumenberg, 1990, S.41). Denn die Erklärung der Welt durch den Mythos, ihre Depotenzierung des naturhaften Schreckens und ihre Herausführung des Menschen aus einem Ohnmacht gebietenden status naturalis, bietet gleichzeitig einen Sinngehalt an, der sowohl Handeln als auch Identität innerhalb der Welt ermöglicht. Dieser Sinngehalt schwindet mit der Entzauberung der Welt, die ihm keinen Raum mehr läßt. Da, wo die Benjaminsche "Axt der Vernunft" zuhaut, "ohne rechts noch links zu sehen", weil die Bedeutsamkeit des Mythos als ein Grauen erscheint, "das aus der Tiefe des Urwalds lockt" und das deshalb restlos ausgehoben werden muß" (Benjamin, 1982, S.570f), da hat dieser keinerlei Legitimation mehr, sich zu artikulieren und fällt ins Unbewußte zurück. Dabei besitzen Aufklärung und Mythos durchaus eine verwandte Intention: die nämlich, die Angst vor dem Unbekannten zu überwinden. "Mythen schaffen eine weltfestigende Bedeutsamkeit, d.h. die Qualität einer guten Welt-Gestalt (...) Dann erst kann eine lange, distanzierende Arbeit am Mythos ein Diesseits des Schreckens bilden, in dem ein Wunsch nach Rückkehr zum Mythos erwachsen kann" (Bolz, 1989, S.238). In Fragen des Sinns und in existentiellen Kategorien der sozialen Gemeinschaft lebt die mythische Empfindung daher weiter und ist auch von allen modernen Nationen genutzt worden. Der ursprüngliche, aber geschleifte Mythos gerät so zum ursprungsbildenden Mythos, zur Apologie des bürgerlichen Zeitalters. Denn schließlich gilt der Mythos, auch der nationale, als die "Manifestation einer Überwindung, eines Distanzgewinns, einer Abmilderung des bitteren Ernstes" (Blumenberg, 1990, S.23), mit welchem die Welt die Menschen umwebt.

Über den nationalen Mythos
Das Ausmaß des mythischen Kultus ist freilich jeweils verschieden. Denn schließlich stiftet die als mythische Erzählung kreierte **Ursprungsgeschichte der nationalen Gemeinschaft** ein weltbindendes Vertrauen. Es stiftet, zumindest in Zeiten der nationalen Konstituierung, ein Vertrauen in die Welt als natürlichem Kosmos, der mit ewigen Gesetzen und Protagonisten durchtränkt ist, wie auch in die Organisation der Welt, wie sie zwar aktuell vorgefunden aber als dauerhaft empfunden wird. Besonders in Deutschland, wo der neuzeitliche Staatsgedanke nur wenig Raum greifen konnte, ist die Bedeutung dieses Faktors groß. Hier findet nationale Integration primär über das epische Erleben eines "Volkstums" statt,

über das In-Eins-Sein des Einzelnen mit dem Organismus des Ganzen, denn über die Identifikation mit bestimmten politischen oder moralischen Prinzipien, wie sie sich bspw. in der Französischen Revolution manifestiert haben. Erst die nationalsozialistische Herrschaft führte in Deutschland zu einem rigiden Einbruch einer derartigen völkischen Konstruktion.

Die völkische Verbundenheit gerade der Deutschen kann ohne weiteres als Ersatz für ihre nicht geleistete nationale Emanzipation gelten. Bis weit in das 19. Jahrhundert hinein das Schicksal zersplitterter Kleinstaaten fristend, war hier die seelische Verbundenheit über eine gemeinsam empfundene völkische Herkunft der einzige, die deutsche "Nation" zusammenschließende Faktor. In diesem krass esoterischen Volksgedanken liegen denn auch bereits Keime des spezifisch deutschen Rassismus beschlossen. "Die Bedingungen und politischen Zwecke, die Abwehr der Fremdherrschaft und die Einigung des Volkes haben zum mindesten bis zur Reichsgründung in der Entwicklung des Rassebegriffs mitgewirkt, so daß sich hier in der Tat echter Nationalismus und typische Rassevorstellungen vielfach miteinander mischen und eben jenes völkische Denken erzeugen, das es nur im deutschsprachigen Bezirk gibt" (Arendt, 1986, S.278). Obschon nicht ganz so drastisch, schließt Plessner doch an solche Überlegungen an, wenn er feststellt, daß das in Deutschland dominierende Luthertum sowohl eine Durchdringung durch den Calvinismus, als konsequenter und vom Staat unabhängiger, religiöser Rationalisierung, wie auch eine Durchdringung durch die Aufklärung, verhindert habe. Damit ließ es "eine Teilnahme an der Ausbildung des modernen demokratischen Staatsbewußtseins nicht zu.

Als Ausgleich dazu bildete sich im Zuge der Verweltlichung des Politischen, die ein allgemein europäischer Vorgang ist, das Bewußtsein vom Volkstum als dem eigentlichen Staatsträger und schließlich sogar Staatszweck" (Plessner, 1992, S.63). Daher kommt es, daß der deutsche Volksbegriff nicht originär politisch besetzt ist, sondern vielmehr auf eine genealogische Verbundenheit der unter ihn subsummierten Individuen mit ihrer geschichtlichen Herkunft verweist. Es ist dies die Verbundenheit mit der "Heimat", ihrem Boden und ihrer Landschaft, sowie mit den überlieferten Sitten und Geschichten. In diesem Sinne ist das deutsche Volk allem künstlichen und zivilisierten Wesen fremd. Und nichts anderes, als das was es gleichsam organisch aus sich heraus schafft und das somit originär zu ihm gehört, kann es über sich als "Form und Ordnung" (Plessner) dulden. Insofern, so Plessner, streben die Deutschen nicht nach einer Begründung durch eine auf Freiheit abzielende "Rechtsexistenz" des Menschen, sondern "nach einem realen, obzwar mythischen Anfang ihrer geschichtlichen Existenz, der sich im Dunkel unergründlicher Vorzeit verliert" (ebd., S.64).

Der Mythos des Volkes, wie er hier kultiviert wird, schmiegt sich eng an die Funktion des Mythos überhaupt an, sämtliche Abläufe in der Natur und in der Menschenwelt auf bestimmte numinose Ursprungsgeschichten zurückzuführen. Das bedeutet, daß Archetypen der Erfahrung gewonnen werden, die sich beständig wiederholen und, nach Anwendung bestimmter ritueller Regeln, wiederholt werden. Die Nation gerät somit zum numinosen Objekt und wird mythisch begründet. Als solches hat sie zuvorderst die Aufgabe, Natur dadurch zu bannen, daß sie sich mit ihr vereinigt. Die Nation selbst ist als natürliches Faktum im Mythos begründet, und indem sie sich gegen die wilde, reine Natur erhebt, kann sie deren Übermacht bezwingen.

Im gleichen Atemzuge, wie der Mensch sich mittels des technischen Fortschritts von der Natur löst und sie sukzessive instrumentalisiert, gleicht er sich ihr seelisch wieder mehr und mehr an; ja er wurzelt in ihrer Ursprungsmacht. Es nimmt nicht wunder, daß eine solche Verwurzelung nicht folgenlos bleiben kann. Der Mythos fungiert also auch hier als eine Art von "Willkürentzug" (Blumenberg). Er ist "eine Ausdrucksform dafür, daß der Welt und den in ihr waltenden Mächten die reine Willkür nicht überlassen ist" (Blumenberg, 1990, S.50). Zwar erlangt, so Blumenberg, der Mensch nie die Gewißheit darüber, daß er die Suprematie des Subjekts durchgesetzt und die Mächtigkeit der Realität über sein Schicksal wie auch über sein Bewußtsein überwunden hat, doch bleibt ihm zu jeder Zeit die Instanz des Mythos als Rückversicherung gegen jenen verschlingenden "Absolutismus der Wirklichkeit". "Was bleibt ist die Vorrichtung der Bilder gegen die Greuel, die Erhaltung des Subjekts durch seine Imagination gegen das unerschlossene Objekt" (ebd., S.16). Die Begründung der Nation im Ursprung der Geschichte überhaupt und die Verknüpfung ihrer Individuen durch jeweils spezifische seelische Bande, bedeuten die Fortführung innerhalb der Moderne - jedoch unterhalb ihres emanzipatorischen Aspekts, wie wir sehen werden.

Indem aber der so geschaffene Mythos den Zusammenhalt einer politischen Gemeinschaft gewährleistet und deren gemeinsame Geschichte verbürgt, geht er über eine bloße Integration hinaus. Denn innerhalb der durch ihn hergestellten und geschlossenen Gemeinschaft schafft er spezifische Bewußtseinslagen der Weltdeutung, greift mithin in politische Entscheidungen ein und präformiert somit auch die zukünftige Geschichte des betreffenden Staates. "Politische Mythen", stellt Herfried Münkler fest, "wirken als Wahrnehmungsfilter, als Verengungen und Begrenzungen des politischen Blickfelds" (Münkler, 1988, S.66).

In Deutschland hat es bis in dieses Jahrhundert hinein zwei solcher **integrativen Mythen** gegeben, deren Einfluß gerade in Hinblick auf die Politik erheblich gewesen ist. Dabei handelt es sich um den Mythos des Reiches zum einen, um den des Nibelungenliedes zum anderen.

Das "Reich" war, seit es sich als mythische Figur etabliert hatte, stets eine sakrale Gestalt, die in wenig Beziehung zur staatsrechtlichen Wirklichkeit stand. Aus der Tradition des Heiligen Römischen Reiches Deutscher Nation sich herleitend, floß das Deutsche sukzessive mit dem Reich Gottes ideologisch zusammen. Das Reich galt, im Gegensatz zum Menschenwerk bleibenden Staat, als ein ursprünglich gewordenes, als ein Werkzeug der göttlichen Ordnung. Damit etablierte es sich als eine nach innen einende, über alle Ideologie hinausragende Kraft. Dabei war der Wirkungsradius der vom Bild des Reiches ausgehenden Faszinationskraft gerade deshalb so groß, weil dieser Mythos keine einheitliche, in sich stringente Interpretationsmöglichkeit anbot, sondern derart diffus war, daß er eine Pluralität an Ausdeutungen entwickelte, in der sich ein jeder auf seine Weise wiederfinden konnte. Diese Pluralität der Interpretationsmöglichkeiten verband sich noch mit seinem charismatischen Gehalt. Denn das Reich wird beherrscht durch einen, der an seiner Spitze steht; ja, als Ganzes verkörpert es diesen einen wesenhaft.

Somit setzt sich das numinos aufgeladene Reich qualitativ vom profanen, durch seine funktionale Bürokratie getragenen Staat ab und beginnt eigentlich erst jenseits dessen materieller Aufgaben. Seine Legitimität ist folglich weder materiell noch legal gebunden, sondern sie besteht auch jenseits der ihm zugedachten Funktionen fort. Das "Reich" in der deutschen Geschichte hat immer schon "die Qualität einer mythischen Verheißung besessen" (Münkler, 1989, S.339). Denn seit jeher wurde das "Reich" als nicht der staatsrechtlichen Wirklichkeit entsprechend vorgestellt. Es galt nicht als von Menschen gemacht, sondern vielmehr als sakrale Stiftung, als ein Werkzeug von göttlicher Ordnung. Diese göttliche Ordnung manifestiert sich im Gebilde des "Reiches" und bedient sich zu seiner Vollendung des deutschen Volkes. Es sind dies noch aus mittelalterlicher Tradition stammende Vorstellungen, mit denen schon damals eine deutsche Vormachtstellung in Europa oder gar in der Welt begründet wurde. Der Anspruch, Verwalter des göttlichen Reiches zu sein, schließt den auf Weltherrschaft latent mit ein. Im 20. Jahrhundert schließlich wurde aus der religiösen Aufgabe die rassische Sendung herausgeschält, die schicksalhaft über die Welt geworfen wird.

Als "ewiges Reich" in der Zeit gilt es zudem als Endphase der Heilsgeschichte und repräsentiert in seiner Vollendung einen neuen, fundamental gewandelten Zustand individueller wie kollektiver Existenz. Im Zuge der nationalistischen Ideologiebildung avancierte schließlich das deutsche Volkstum als solches zum Nenner des "Reiches", womit der Weg frei gemacht war für einen rassistischen

Imperialismus, wie er sich schließlich im "Dritten Reich" Bahn brach. Denn mit der Etablierung des nationalsozialistischen "Dritten Reiches" wurde der Reichsmythos wiederum zum Bestandteil der offiziellen Propaganda, dem sich die Ideologie der Volksgemeinschaft, sowie der Mythos vom Führer nahtlos zugesellten. Von jeher sollte an der Spitze des "Reiches" die mythische Gestalt eines "Höchsten" stehen, wie sie im Nationalsozialismus in der Führerfigur verehrt wurde. Der Mythos vom Reich erwies sich somit als eine äußerst gelegene, nach innen einende und über Ideologien hinausgehende Kraft. Der NS-Dichter Will Vesper bringt in seiner Huldigung auf Hitler, "Dem Führer", diese Haltung beispielhaft auf den Punkt: "So gelte denn wieder / Urväter Sitte: / Es steigt der Führer / aus Volkes Mitte / (...) / Herzog des Reiches, / wie wir es meinen, / bist Du schon lange / im Herzen der Deinen" (zitiert nach: Loewy, 1990, S.277f).

Das Nibelungenlied schließlich ist im Laufe der Zeit in den Status eines deutschen Gründungsmythos gekommen. Das ist im Grunde nur schwer verständlich, da es eine eher düstere Folie nationaler Identität abgibt und sein in jeder Hinsicht tragisches Ende nur schwer in eine positive Integrationsfigur umzudeuten ist. Aus seinen Elegien mögen sich der besonders in Deutschland kultivierte dumpfe Heroismus, wie auch Untergangsvisionen vom Schlage eines Spengler gespeist haben. Das Eindringen des Nibelungenliedes in die deutsche nationale Identitätsbildung ist ein Beispiel dafür, wie sehr gerade dieser Staat auf die Integrationskraft des Mythos angewiesen ist. "Die mythische Vergegenwärtigung des Vergangenen nämlich entkleidet dieses seiner Historizität und stilisiert Werte und Verhaltensweisen, die unter bestimmten Umständen, in bestimmten sozialen und politischen Strukturen adäquat gewesen sein mögen, zu ewig gültigen Maßstäben (...) Die Ethik des Nibelungenliedes hat in Deutschland soziale Anpassungsprozesse verhindert, sie hat die Wertorientierungen einer personenzentrierten Gemeinschaft, wie etwa Ehre und Treue, verklärt und daneben die Bedeutung politischer Institutionen (...) vernachlässigt oder herabgesetzt" (Münkler, 1988, S.67). Dazu hat die Verarbeitung des Nibelungenliedes als politischer Mythos unter dem Eindruck der späten deutschen Nationalstaatsbildung und der desolaten deutschen Außenpolitik der Jahrhundertwende einen zunehmend aggressiven Ton bekommen.

Die germanischen Nibelungen, ringsum bedroht und von Verrat zersetzt, mußten sich dicht zusammenrotten, zum Dreinschlagen bereit. In diesem Zusammenhang wirft auch das Nibelungenlied sein Schlaglicht auf die rassistische deutsche Politik späterer Jahre, wenn darin als Mittel der Symbolisierung nationaler Identität, die vermeintlichen ebenso wie die tatsächlichen Gegner der Deutschen bzw. des Deutschtums zu Reptilien, sogar Ungeheuern werden. Den so zu Leibe gerückten Menschen wird das Menschsein kurzerhand abgesprochen und damit auch die Garantie auf Humanität. Nicht nur im metaphysischen Sinn werden hier Krieg und nationale Politik als Liquidierung von "Untermenschen" in der Form von "Ungezieferverichtung" vorweggenommen. Im Bilde der Juden als Bazillen, als Insekten, wie es von den Nazis gepinselt wurde, in ihrer Vernichtung durch Gas, im Hungertod der sowjetischen Kriegsgefangenen kam dieses Bild grausam zu sich selbst.

Wenn der Mythos also innerhalb der Moderne wiederum zur Konstituierung von Sinn, das Wesen der sozialen Gemeinschaft betreffend, herangezogen wird, dann deshalb, weil die Moderne allein nicht mehr in der Lage ist, einen solchen Sinn herzustellen. Ihre Praxis, die ursprünglich primär auf die Vermittlung ökonomischer Verhältnisse in den Sozialbereich angelegt ist, ist nicht mehr in der Lage, die Menschen in einen als naturhaft empfundenen Zusammenhang von Zeit und Raum zu versetzen, worin sich Leben abspielt. Die aus ihren Traditionen, sowie aus ihrer an Mythologemen orientierten Naturverbundenheit herausgelösten Individuen können sich nicht länger als Teil eines ewigen Fortgangs betrachten, der sowohl in die Vergangenheit als auch in die Zukunft die Gewißheit von Kontinuität bietet. Ebenso fehlt die Orientierung in der Gegenwart, die von der Auflösung traditionaler Lebensweisen in allen Bereichen geprägt ist.

Die Konstitution eines neuen, auf die Nation bezogenen Mythos bietet hier Abhilfe. Der ethnische Mythos vermag eine große Anzahl von Menschen wieder wurzelhaft zusammenzufassen und gleichzeitig die Bedürfnisse eines territorial definierten Marktes, wie auch des entsprechenden Herrschaftsverbandes, zu berücksichtigen. "Grundlage jeder Herrschaft, also jeder Fügsamkeit, ist ein Glauben" (Weber, 1980, S.153). Der Glaube an die gemeinsame Herkunft im Blut, also die Definition der Nation als Stammesvolk, verkettet dieses zur Schicksalsgemeinschaft, die sich willig ihren Führern beugt. Dies zumal in einem Land wie Deutschland, dem eine staatspolitische Tradition, die als nationales Bindemittel wirken könnte, völlig abgeht und das deshalb auf ein wesentlich emotional wirkendes angewiesen ist. "Ein Volk, das nicht in seiner Gegenwart ruhen kann, gesichert durch eine starke, stetige Tradition, wie sie die alten westlichen Nationen haben, ist gezwungen, diesen Mangel bewußt auszugleichen. Es ist darauf verwiesen, seinem Dasein einen Sinn aus den Quellen des eigenen Werdens zu erarbeiten" (Plessner, 1992, S.96). Solche sakralisierenden Tendenzen sozialer Identitätsstiftung über den Weg einer völkischen Ideologie finden im Nationalsozialismus schließlich ihren Höhepunkt: "Adolf Hitler schrieb 'Mein Kampf'. In diesem seinen persönlichen Kampfe wurde aus These und Antithese die schöpferische Synthese eines neuen jungen völkischen Staates und seiner

Eigengesetzlichkeit gewonnen. Nationales Selbstbewußtsein und nationales Erbe wurden mit sozialistischem Gemeinschaftsgefühl und völkischer Zukunft stolz, tapfer und gläubig vermählt" (Hanns Johst, zitiert nach: Loewy, 1990, S.264).

Die Erschließung eines sinnhaften Daseins aus eben jenen mythologischen Quellen des Werdens eines Volkes erleichtert die Legitimität von Herrschaft im modernen Zeitalter. Denn nicht ihrer Legitimation durch rationale, soziale Werte und eine Form des Gesellschaftsvertrages bedarf es mehr, sondern in erster Linie geht es um die Legitimität der Abstammung, die für die einen Ausweis der Macht, für die anderen Ausweis der Treue ist. Die Distanz gegenüber der Herrschaft schwindet im ethnisch definierten Gemeinwesen ungemein gegenüber der im politisch definierten. Die Identität der ganzen Gesellschaft ergibt sich über ihre schicksalhafte Integration vermittels des Blutes. In Folge entsteht ein als organisch gewachsen empfundener Volkskörper, in dem die Unterschiede zwischen Herrschaft und Beherrschten vor allem als funktionale aufgefaßt werden, nicht aber als historisch erst gewordene, mit Interessenlagen verbundene und änderbare. "Die Fügsamkeit gegenüber der Oktroyierung von Ordnungen durch Einzelne oder Mehrere setzt, soweit nicht bloße Furcht oder zweckrationale Motive dafür entscheidend sind, sondern Legalitätsvorstellungen bestehen, den Glauben an eine in irgendeinem Sinn legitime Herrschaftsgewalt des oder der Oktroyierenden voraus (...) In aller Regel ist Fügsamkeit in Ordnungen außer durch Interessenlagen der allerverschiedensten Art durch eine Mischung von Traditionsgebundenheit und Legalitätsvorstellungen bedingt (...)" (Weber, 1980, S.20).

Es ist insofern kein Wunder, daß gerade in Deutschland der Gebrauch des Gemeinschaftsbegriffes dem der Gesellschaft vorgezogen wurde. Betont ersterer doch die "subjektiv gefühlte Zusammengehörigkeit der Beteiligten" gegenüber dem auf einen "rational motivierten Interessenausgleich" abzielenden zweiten (vgl. ebd., S.21). Im nationalen Herrschaftsverband, resümiert Weber nicht ohne Süffisanz, wäre "national" demzufolge, "dann eine spezifische Art von Pathos, welches sich in einer durch Sprach-, Konfessions-, Sitten- oder Schicksalsgemeinschaft verbundenen Menschengruppe mit dem Gedanken einer ihr eigenen, schon bestehenden oder von ihr ersehnten politischen Machtgebildeorganisation verbindet, und zwar je mehr der Nachdruck auf 'Macht' gelegt wird, desto spezifischer" (ebd., S.244). Und daß insbesondere der Nationalstaat ein Organ zur effizienten Ausübung und Aufrechterhaltung von Macht ist, das den modernen ökonomischen und sozialen Erfordernissen angemessen ist, dürfte nicht länger strittig sein.

Die modernen politischen Mythen sind immer wieder zur bloßen Ideologie verkommen und haben neben ihrer sozialintegrativen Funktion sowohl, hinsichtlich der Verantwortung für ihr Handeln, entlastend für die politischen Eliten gewirkt, als auch eine Reduktion politischer Komplexität auf übersichtliche Verhältnisse und eine Abwehr diskursiver Entscheidungsverfahren vorgenommen. Mythologeme eignen sich gerade deshalb so hervorragend dazu, ökonomische Modernisierungsprozesse sozial wie auch politisch an traditionelle Diskurse und Verfahrensweisen anzubinden, weil in ihnen scheinbar ewiggültige Werte enthalten sind, an denen sich seit jeher die gesellschaftlichen Verhältnisse orientierten. An diesem Punkt macht die Verschränkung von Mythos und einer Moderne, die den Mythos ursprünglich überwinden wollte, einen Sinn. Die Moderne, die den Grund der traditionalen Lebensweisen aufreißt, die mit geschliffener Axt Breschen in einen magisch befangenen Urwald schlägt, um davon abgelöste rationale Lebens- und Produktionstechniken zu etablieren - sie braucht die einigende Kraft des Mythos, um dem neuen Dasein einen mit seiner Gegenwart verschmelzenden, überzeitlichen Sinn zu geben. Der Mythos wird zu dem, was Lévi-Strauss ein "vermittelndes Zwischenglied" zwischen dem Einzelnen und der Gesellschaft genannt hat.

Es gebiert die Moderne ihren Mythos aus sich selbst. Der Mythos, wie er in ihr wieder auftaucht, nachdem sie ihn vermeintlich abgeschafft hat, dient ihr zur Unterfütterung ihrer Existenz. Diese wäre ohne die mythische Verankerung im zeitlosen Grund flüchtig; es fehlte ihr jene Schwere, die die Menschen nicht nur utilitaristisch an ihre Verhältnisse bindet, sondern ebenso genealogisch. Im Erzählen von Taten, "die der Geschichte und dem Leben des Menschen vorausliegen, (wird) die Wirklichkeit des Menschen der Wahrheit seines Daseins sinnhaft erschlossen und damit Existenz entworfen wie auch Existenz verantwortet. Jede Mythe ist letztlich Erfahrungs- und Existenzentwurf" (Oberhammer, 1988, S.17). Es ergibt sich so das Bild eines rekursiven Nebeneinanders von Rationalität und Mythos. Der Mythos in der Moderne, dieser zugehörig und doch von ihr geleugnet, bietet der Rationalität das Fundament, auf dem sie ihre Wirkungsmächtigkeit entfalten kann - nicht ohne dabei selbst zum Mythos zu werden.

Der Wandel des Naturbildes im modernen Mythos

Allerdings ist der moderne Mythos, wie zu zeigen versucht wurde, vom traditionalen verschieden. Dieser gründet noch im direkten Bezug zur mächtigen **Natur**, genauso wie im Versuch der Entfernung von ihr. Jener gründet in einem Kontext, der aus der Entfernung von der Natur sich überhaupt erst ergab und besitzt die spezifische Aufgabe, eine neuartige soziale Organisationsform genealogisch zu begründen. Im Kontext der Moderne, als Instrument sozialer Integration, hat der Mythos regelrecht die Vorgabe, klare Orientierungen vermittels einer "dualistisch-dichotomischen Sichtweise" (Münkler, 1988, S.51) zu geben, die sich unschwer mit einer bestimmten Interessenlage decken kann. "Es gehört zur politischen Instrumentalisierung von Mythen, daß deren ursprüngliche Ambivalenz gänzlich getilgt wird" (ebd., S.54) und im Rahmen des Bestehenden aufgeht.

Für Blumenberg entfaltet sich im Mythos eine befreiende Kraft, die er in dessen Pluralität und Polytheismus eingesenkt sieht. "Als Aufhebung alter Bestände an schreckenden und bedrängenden Vorstellungen wäre Mythologie dann nicht das Anfängliche, sondern gegen dieses sich erhebende Befreiung, der Mythos entkleidet von seiner alten mystischen Würde" (Blumenberg, 1971, S.15). Hierin liegt etwas zersetzendes. Ein so begriffener Mythos bezeichnete das Ende der Eindeutigkeit. Statt einer monolithischen Genealogie bis in das Herz des Ursprungs hinein, begründete er die Freiheit im Verhältnis zur Welt. "Wenn man von einem Geschichtsbegriff ausgeht, der das Vergangene nicht als Inbegriff abgeschlossener und auf sich beruhender Fakten ansieht, die Geschichte nicht als Analogon einer stratigraphisch darstellbaren Struktur, wird auch das Entkräftete immer noch als eine Kraft, das Vergessene immer noch als potentielle Anamnesis zuzulassen sein" (ebd., S.16). Der Mensch wird solcherart vom Schicksal befreit, indem er in ein nichtursprüngliches Verhältnis zur Natur gesetzt wird; eines, das wohl auf diese bezogen bleibt, nicht aber durch sie determiniert ist. Der der Moderne eingeschriebene Mythos hingegen, insbesondere der nationale, reißt diese Tradition ab. Er gerade präsentiert sich als Korsage, als die einzige, enggeschnürte, die dem Individuum verpaßt wird und es unerbittlich mit dem Stammesschicksal verknüpft. Daß das Moment der Befreiung hier keine Fortsetzung findet, verwundert daher nicht; Herrschaft gründet stets nur im Eindeutigen, nie aber in der Unsicherheit der Ambivalenz[8].

---

[8] Es ist dies eine Ambivalenz, wie sie sich bereits im Spielerischen des ursprünglichen Mythos anzeigt, der, schon weil ihm kein eindeutiger Anfang als ein absolut Erstes gegeben ist, nicht klar benannt werden kann. Denn im Gegensatz zur Ideologie oder zum religiösen System ist der Mythos nichts weniger als ein festgelegter Kontext. Vielmehr stellt er einen bloßen Rahmen dar, innerhalb dessen die Freiheit der Interpretation und des Handelns besteht. Der Mythos ist nur ein Grundriß, auf dem Welt werden kann. Diese Fragilität steht jeder Intention auf Herrschaft, sei's über die Natur oder über die Menschen, entgegen, da sie notwendig ein Potential an Freiheit wider das Gegebene beinhaltet. Herrschaft dagegen benötigt eine feste Ummauerung ihrer Macht, um sich nicht solch permanenter Subversion auszusetzen.
Die Freiheit bietende Funktion der Ambivalenz ist in jüngster Zeit verstärkt durch Zygmunt Baumann thematisiert worden, der in der Perspektive, die Einsicht in die Ambivalenz aller Dinge zur Grundlage des sozialen Lebens zu machen, den einzigen Ausweg aus den Verirrungen der Moderne sieht (vgl. Baumann, 1992b).

Der Grund für diesen Wandel einer so wichtigen Prämisse des Mythos liegt im veränderten Verhältnis des Menschen zur Natur, wie es die technologische Entwicklung der Moderne geschaffen hat. Die wissenschaftliche Objektivierung der Natur hat den Subjekten sukzessive Distanz und Überlegenheit zu ihr verschaffen. Kaum mehr wird sie in jener mittelalterlich, mystischen Weise als unmittelbar erlebt. Selbst wenn uns heute bewußt ist, daß auch dies eine bereits interpretierende, kulturell und religiös vermittelte Naturerfahrung war und daß es ein wirklich unmittelbares Naturerleben wohl zu keiner Zeit gegeben hat, so bleibt doch bestehen, daß die Hinwendung zur Natur als natürlicher, vom Menschen abgesetzter Ressource sich direkter gestaltet hat, als es späterhin je wieder der Fall sein konnte. Denn eine Natur, die lediglich noch als ein Mittel unter vielen angesehen wird, um bestimmte Zwecke zu erreichen, um bestimmte Produkte herzustellen, ist freilich in keiner Weise mehr Natur für sich, sondern nur noch für die, die sich ihrer bedienen.

Mit den auf die Natur projizierten Ideen, wie sie vom "homo oeconomicus" entworfen werden, setzt eine noch weitere Entfremdung von ihr ein. In keiner Weise, weder numinos noch ökonomisch, bildet sie noch den primären Bezugsrahmen der Individuen. Dieser liegt vielmehr im durch die Arbeit transportierten Sinn der Existenz. Mehr und mehr lädt eine derart vermittelt erfahrene Natur dazu ein, zur Projektionsfläche politischer Vorstellungen und Ideale zu werden. Die organischen Sozialtheorien des ausgehenden 19. und frühen 20. Jahrhunderts stellen so auch eine direkte Analogie von Natur und Politik her, die in ihrer unverblümten Direktheit durchaus neu ist.

Der Mythos der völkischen gemeinsamen Abstammung und der schicksalhaften Verbindung der "Volksgenossen" allein durch ihre Blutsbande führt dagegen direkt zur Natur zurück[9]. Eben dort, wo die Moderne ihren Ausgang aus der Natur findet, kehrt sie in sie zurück. Der Mythos des Blutes restauriert in schrecklich eindeutiger Weise jenen "Absolutismus der Wirklichkeit", dem die Menschen doch einst mit der ersten mythologischen Erzählung entsprungen zu sein schienen. Hier wird die Natur wieder zu einem eisernen Band, das die vor ihr ohnmächtigen

---

[9] Auch Horkheimer und Adorno verweisen bekanntlich in ihrem Gemeinschaftswerk, der "Dialektik der Aufklärung", darauf, daß die dem Mythos abgerungene Aufklärung letztlich doch wieder ihm anheim falle. Ihnen zufolge hat sich Mythologie in der aufgeklärten Welt im Profanen niedergeschlagen, welches sie wiederum mit mythischer Aura umhüllt: "Das von den Dämonen und ihren begrifflichen Abkömmlingen gründlich gereinigte Dasein nimmt in seiner blanken Natürlichkeit den numinosen Charakter an, den die Vorwelt den Dämonen zuschob" (Horkheimer/Adono, 1990, S.34). Daß die Dinge im Falle des völkischen Mythos noch etwas anders liegen, soll im dritten Kapitel Gegenstand der Arbeit werden. Denn genuin verläuft der Prozeß hier genau in entgegengesetzter Richtung. Nicht kehrt Aufklärung in ein mythologisches Denken zurück, sondern ein nie stillgestelltes mythologisches Denken wird zum Vehikel moderner Ideologie und wird damit auch von einer seiner wichtigsten Grundlagen abgeschnitten, die sich in der Freiheit gebietenden Nicht-Eindeutigkeit findet.

Kreaturen umschlungen hält; sie stellt sich dar als eine absolute Macht, die gottgleich jedem einzelnen einen unauslöschlichen Stempel aufprägt[10]. In eben dem Moment also, da das alltägliche Dasein sich von den Mächten der Natur in einer Weise emanzipiert, die das einstige Machtverhältnis sogar in Richtung auf eine Herrschaft des Menschen über die Natur umdreht, findet eine seelische Rückbindung an diese statt, die sich ihrer Allmacht ohne Ausweg verschreibt.

Dahinter steht natürlich auch das Bestreben, die Entfremdung innerhalb der säkularisierten oder auch aufgeklärten Welt durch "Strategien der Re-auratisierung erträglich" (Bolz, 1989, S.236) zu machen und den rationalistisch entzauberten Menschen den Trost einer ästhetischen Ersatzverzauberung zu bringen. Bolz benennt die politische Funktion eines solchen Mythos sehr präzise: "Er verwandelt Geschichte in Natur und macht die Welt übersichtlich" (ebd.), die ohne das Gebinde der alten Traditionen aus den Fugen zu sein scheint. "Was am Mythos lockt, ist weniger die inhaltliche Erinnerung an den verlorenen Sinn als die formale Sicherheit in der Sinnlosigkeit" (ebd., S.235). Als sinnlos wird die fortschreitende Apparatisierung und Bürokratisierung der Lebenswelt allerdings zunehmend erfahren. Nicht von ungefähr entsteht die gestrenge Scheidung von ursprünglicher Kultur und künstlich, technischer Zivilisation; wird deren Inbegriff, die Großstadt, vielfach als Sündenpfuhl, als Stätte des Verfalls empfunden. Der Mythos von der ethnischen Gemeinsamkeit bietet unter solchen Bedingungen die Möglichkeit einer positiven Alternative der Rückkehr in den Schoß der ursprünglichen, unangreifbaren Natur. Der Stellenwert, den die Natur an dieser Stelle einnimmt, ist um so größer, als sich im so hergestellten Dualismus von Natur und Zivilisation exakt die geläufige Gegenüberstellung von Natur und Geschichte wiederfindet. Natur gilt als das statische, ruhende Element, während die Geschichte, aktuell verkörpert im zivilisatorischen Fortschritt, Dynamik ist, ungestüm vorwärtsdrängt und zurückläßt, was nicht Schritt hält. Gerade das Unmachbare des Mythos, so Bolz, gewinnt in einer Welt totaler technischer Herstellbarkeit seinen utopischen Wert. "Erlebnis und Ereignis entthronen Erfahrung und Geschichte" (ebd.).

Die Verbundenheit von **Mythos und Aufklärung** ist von verschiedenen Autoren immer wieder hervorgehoben worden. Blumenberg, um nur ein Beispiel zu geben, gilt der Mythos als erster - und im Gegensatz zu Horkheimer/Adorno positiv zu verstehender - Akt der Aufklärung selbst, als der er der Welt ihren Schrecken nimmt. Über die vergeblichen Versuche der klassischen Aufklärer, den Mythos aus der Welt zu schaffen, stellt er höhnisch fest, daß man sich darüber klar

---

[10] Diese Thematik soll an dieser Stelle nicht weiter ausgeführt werden; ist jedoch unter Kapitel 3.2 noch Gegenstand der Untersuchung.

sein müsse, "daß die Antithese von Mythos und Vernunft eine späte und schlechte Erfindung ist, weil sie darauf verzichtet, die Funktion des Mythos bei der Überwindung jener archaischen Fremdheit der Welt selbst als eine vernünftige anzusehen, wie verfallsbedürftig immer ihre Mittel im nachhinein erscheinen mögen" (Blumenberg, 1990, S.56). Denn "hier wie dort in ihren weltweiten wie zeitweiten Übereinstimmungen, zeigt der Mythos die Menschheit dabei, etwas zu bearbeiten und zu verarbeiten, was ihr zusetzt, was sie in Unruhe und Bewegung hält" (ebd., S.303). Das ist gewiß richtig und zweifellos gibt es ein fortdauerndes "Überleben der verächtlichen alten Geschichten" (ebd.).

Dieses Fortleben ist eben das, was Blumenberg selbst die "Arbeit am Mythos" nennt. Der Mythos gewinnt zu jeder Zeit seine spezifische Funktion anhand der an ihm geleisteten ausdeutenden Arbeit. Die Form des Mythos jedoch, wie sie für die Moderne konstitutiv ist, löst sich vom befreienden, die Allmacht der naturhaften Wirklichkeit depotenzierenden traditionalen Mythos ab. Sie führt ihn selbst in Natur zurück; der Mythos der Moderne ist zu ihrem Herold gedungen und nicht länger darf er ein listiger David sein. Als am naturhaften Wirken orientierte Geschichte steht der sinnstiftende Mythos ohnehin schon quer zu einer Moderne, die unter dem Banner der Rationalität die Natur zu überwinden trachtet und die sich zunächst primär als Nationalstaat und Kapitalismus Ausdruck verschafft. Doch unter ihrem Eindruck und ihrer Notwendigkeit, die technologische Zivilisation als Erzählung zu begründen, löst sich der Mythos auch noch von seiner einstmaligen Qualität. Zweifellos bleibt er gerade jetzt ein Mittel, die Welt erfahrbar zu machen, sie mit Sinn für die in sie hineingeworfenen Subjekte zu durchtränken, da auch weiterhin "die Welt den Menschen nicht durchsichtig ist und nicht einmal sie selbst sich dies sind" (ebd.). Aber er bleibt dies nun als Teil einer bürgerlichen Ideologie der Herrschaft, die sich des Mythos als Mittel noch dort bedient, wo sie meint, ihn als Zivilisationskritik gegen sich selbst zu richten.

Derart zwangsläufig aus dem Reservoir mythischer Erzählungen schöpfend, gerät das "Weltbild" wie es sich am Ende des 19. Jahrhunderts herauskristallisiert, zum "neuzeitlichen Mythosersatz" (Bolz). Das rührt daher, daß es sich in der Gesamtheit seiner Urteile nicht primär aus Erfahrung gewinnen läßt, sondern vielmehr von der Wahl einer spezifischen Begriffsapparatur abhängt. Das besagt aber, daß das "Weltbild" jener auf völkische Gemeinschaft abstellenden Ideologien eine mythische, einen die Menschen akut bedrohenden Schrecken bannende, Erzählung ist. Dieser Schrecken ist die Gestalt der modernen technologischen Zivilisation und ihrer Massengesellschaften. Die beständige Säkularisierung der Welt, die Öffnung auch der letzten sakralen Geheimnisse für das Drängen menschlicher Neugierde, erwächst am Ende zur Hypertrophie. Wo dem Menschen kein Ende gesetzt ist, ist die Gewähr von Sicherheit und Beständigkeit, die die umgebende faktische Natur und ein geordneter Kosmos bisher geboten haben, brüchig geworden. Die entfesselte Neugierde selbst, der Strudel des Kapitalismus, welcher maschinisierte Lebenswelten schafft und die Subjekte an den Maschinen mißt, die sie bedienen müssen, umgibt sich schließlich mit einem Hauch von Sakralität und natürlicher Weihe. In der rationalen bürgerlichen Gesellschaft scheinen die Ergebnisse menschlichen Handelns und seiner Weltgestaltung zum Schicksal geronnen zu sein. Der mittelalterlichen Teleologie enthoben, erfordert der offene Kosmos, so scheint es, erneute Hinwendung zu einer Gewißheit spendenden Teleologie. In einer Welt, die geprägt ist durch eine vita activa, in der die Bestrebung vorherrscht, der Welt ihre Geheimnisse zu entreißen und die "curiositas" in ihr Recht zu setzen, wirkt der Rückbezug auf weiterhin vorhandene mythologische Motive unbeholfen und steht kaum in Einklang mit einer Entfaltung von sich selbst bewußter Subjektivität. Vor der Subjektivität steht somit weiterhin die Notwendigkeit der Selbsterhaltung. Erst wenn deren Soll erfüllt ist, mag das Selbstbewußtsein des modernen bürgerlichen Individuums sich entfalten. Die Sicherheiten, in seiner Selbsterhaltung nicht bedroht zu sein, nimmt selbiges materiell von der Schutzfunktion des Staates entgegen, mental aber aus seiner Vergewisserung nicht aus dem Nichts zu kommen. Vielmehr wähnt es sich in einer Reihe der Herkunft, die einen Ursprung ebenso wie eine spezifische überindividuelle Identität verbürgt, von welcher aus sich die subjektive Identität des bürgerlichen Subjekts sodann geruhsam ausbilden kann.

Der Fluß des Handelns in der Geschichte hat in seinem Ergebnis scheinbar ein soziales Gehäuse von solcher Starrheit hervorgebracht, das keinen Neuanfang, keinen Eingriff mehr zuläßt, sondern nur noch sich selbst gehorcht. Der soziale Prozeß und seine Maschinen scheinen natürlich geworden; ihr Walten und ihre Dauer liegt über der Mächtigkeit der Menschen. Der Ausweg, der darin verbleibt, sind jene Untergangsszenarien der zwanziger Jahre, in welchen jener Prozeß sein Ende eigenmächtig findet (z.B. Spengler). Oder aber der Ausweg wird gesucht in einer Verklärung des zur Natur erstarrten Schreckens, in den sich die Menschen fügen und der sie quasi mythischen Erfahrungen zuführen soll (wie es bspw. in Jüngers "In Stahlgewittern" der Fall ist). Diesen Ansatz zu radikalisieren, bedeutete den Ursprung des "Gehäuses" und den der Menschen darin, sich mythologisch zu erklären, um vermittels der Macht des Mythos die Macht des Schreckens aufzubrechen. Demgegenüber werden die Begriffe der nationalen Erzählung numinos ideologisch aufgeladen. Aus dieser Tatsache, nicht aus ihrem erfahrbaren Wert, speist sich die Autorität dieser Erzählung. "So unternimmt die

Moderne, die an sich selbst verzweifelt, den Versuch, den Grundvorgang zu widerrufen, dem sie ihre Existenz verdankt: die Entzauberung der Welt und die Zerstörung ihrer Aura" (Bolz, 1989, S.235). Unter dem Eindruck einer solchen Mythologisierung bekam der Nationalismus eine Stellung als Bindeglied und als Aktivierungspotential zwischen Moderne und Rassismus.

Das Phänomen des Rassismus und sein Rekurs auf den Mythos
Bildete sich der Nationalismus im 18. Jahrhundert heraus und bahnte, wie unten gezeigt, der Moderne ihren Weg, so entstand der **Rassismus** im 19. Jahrhundert, auf dem Höhepunkt der modernen Expansionsbewegungen. Nicht weniger als jener stellt auch dieser ein Residuum des Mythos dar. Dort allerdings, wo man der, dem rationalen Willen der Moderne scheinbar widersprechenden, Reaktivierung des Mythos durch diese selbst im Nationalismus noch den Zweck beimessen kann, ihr überhaupt erst eine Entfaltungsgrundlage zu bieten, fehlt diese Tendenz im Rassismus völlig. Seinen Anstoß erhielt der Rassismus v.a. in den sich ausweitenden imperialistischen Bestrebungen der europäischen Nationen, die mit seiner Hilfe ihre kolonialen Herrschaftsverhältnisse in einen naturhaft legitimierten Kontext eingliedern konnten. Auf dem europäischen Kontinent selbst erhielt er seinerseits Auftrieb durch den in einen neuartigen Antisemitismus umschlagenden traditionellen Judenhaß, sowie durch die Ideologeme der die Nationalgrenzen aufsprengenden Panbewegungen - insbesondere der "germanischen" und der "slawischen"[11].

Der Rassismus selbst ist ein gänzlich neues und auf Europa beschränktes Konzept. Nichts weist darauf hin, daß z.B. das Mittelalter vergleichbare Ressentiments gegen Andersfarbige oder schlicht "fremde" Menschen gekannt hat. Was freilich nicht heißt, daß es keine Vorbehalte, kein Mißtrauen und keine Gerüchte über die Fremden gegeben hätte. Doch gründeten diese, und das macht den Unterschied ums Ganze, niemals in einem als untilgbar empfundenen genetischen Makel, sondern waren stets kulturell auflösbar (vgl. Poliakov u.a., 1992, S.42ff). Das Phänomen des Eurozentrismus, heißt es bei Poliakov, sei

---

[11] Über die Panbewegungen schreibt Hannah Arendt in ihren "Elementen und Ursprüngen totaler Herrschaft", sie seien Ausdruck eines sich von vornherein an Rassebegriffen orientierenden "kontinentalen Imperialismus" gewesen. Diesem kontinentalen Imperialismus sei es vorbehalten geblieben, "die Rasseideologie unmittelbar in Politik umzusetzen". Arendt selbst schätzt diese Bewegungen als äußerst aggressiv ein. Prinzipiell staatsfeindlich gesonnen, sei ihr oberstes Ziel eine stetig expandierende Herrschaft gewesen, deren völkisches Selbstverständnis nichts mehr mit dem "älteren patriotischen Nationalismus" gemein habe. Im Gegenteil könne man den völkischen Nationalismus immer daran erkennen, "daß er im Grunde alles, was zur sichtbaren Existenz der eigenen Nation gehört, ihre Traditionen, ihre politischen Einrichtungen, ihre Kultur, an diesen fingierten Maßstäben des 'Blutes' mißt und verurteilt". Zu seinen Merkmalen gehört also eine genealogisch, nicht politisch begründete Identitätsstruktur (vgl. bzgl. der Panbewegungen: Arendt, 1986, S.358ff).

universal; weshalb die bloße Ablehnung des Anderen zum Rassismus noch nicht genügt; "aber sie impliziert unvermeidlicherweise den Wunsch, den anderen zu erniedrigen" (ebd., S.39). George L. Mosse bemerkt deshalb zu Recht, es sei nur ein schmaler Grat "zwischen der Wahrnehmung ethnischer Unterschiede und Rassismus" (Mosse, 1990, S.8).

Erst im System der kolonialen Imperien kommt es zu der Konsequenz, daß von nun an der Stellenwert innerhalb der sozialen Hierarchie unabhängig von der Religion war und statt dessen von der Hautfarbe abhing Die ideologischen Ursprünge des Rassismus, die sich daraus ergeben, sind "zweifacher Art: einmal sprach man den Primitiven die menschliche Würde ab, und sodann vertrat man die Polygenese, d.h. die Ansicht, daß das Menschengeschlecht nicht nur einen Ursprung habe" (Poliakov u.a., 1992, S.72). Dieser Diskurs um die Polygenese des Menschengeschlechts nahm einen beträchtlichen Rang unter den europäischen Intellektuellen der Aufklärung ein. Ein Voltaire kann hier als vehementes Beispiel dafür gelten, daß es keine Schwierigkeiten bereitete, das Bemühen um Toleranz und Gleichheit in Europa neben jenes Theorem der Polygenese zu gesellen, das wiederum strenge Hierarchien zwischen einzelnen geographisch definierten Menschengruppen aufstellte. Es liegt hierin ein Abbild des Zwiespalts der frühen Moderne. Zwar kämpft man auf der einen Seite vorbehaltlos für die Emanzipation der Gattung, auf der anderen Seite aber trägt man dazu bei, einen Ursprungsmythos der Menschheit zu begründen, der diese in höhere und tiefere Rassen teilt.

Insofern ist es nicht falsch, wenn Mosse anmerkt, das Europa der Aufklärung sei "die Wiege des Rassismus" (Mosse, 1990, S.28) gewesen. Denn am Ende war es nicht mehr möglich, zwischen den Fragen nach der Natur, die zunehmend in rein ästhetischen Kategorien klassifiziert wurde und Fragen, die den menschlichen Charakter oder die Moral betreffen, klar zu unterscheiden. Auch sie wurden mehr und mehr vorzugsweise unter ästhetischen Gesichtspunkten betrachtet, was die körperlichen Merkmale in ihrer Beziehung zu den inneren Eigenschaften einschloß[12]. Die Ineinssetzung des Guten mit dem Schönen, das natürlich immer das im europäischen Sinne "Schöne" meint, nimmt hier ihren Beginn und enthält in sich schon die Verwerfung des "Häßlichen" als sozial minderwertig. Nach Mosse war für ein Phänomen wie den Rassismus sogar eine säkulare Grundlage, wie sie die Aufklärung oder der moderne Nationalismus boten, notwendig, um

---

[12] Das ist keineswegs ein Korrelat zur "Dialektik der Aufklärung". In Mosses Feststellung geht es nicht um die Aporien der Vernunft, die aus einer emanzipativen Tendenz heraus, die die Menschen von dem Zwange der Natur befreien sollte, wieder in eine Herrschaft umschlägt, die in ihrer Subtilität und Verdinglichtheit nur noch undurchdringlicher geworden ist. Vielmehr gehört ja für ihn die Absetzung vom als zu Natur erklärten Anderen, das deshalb domestiziert werden muß, zum Konstituens der Aufklärung.

jene Konsequenzen der christlichen Tauf- und Bekehrungsrituale überwinden zu können, die der stigmatisierten Gruppe die Aufhebung des Stigmas durch Assimilation anboten. Erst wo der Andere auf sein Anderssein verpflichtet wurde, konnten die "'rassisch Minderwertigen' (...) ausweglos in ihrem Zustand festgehalten werden" (ebd., S.10).

Als bewußte Abgrenzung vom spezifisch Anderen ist die Entstehung des Rassismus unauflöslich eingebettet in die Einebnung der traditionalen Gruppenunterschiede, wie sie prozeßhaft im Voranschreiten des Kapitalismus geschieht und ihren Höhepunkt schließlich in den modernen, atomisierten Massengesellschaften der industriellen Zivilisation findet. "Um in dieser allgemeinen weltweiten Einebnung wieder Wurzeln zu finden, muß man sie auf einem Boden suchen, der der historischen Erosion Widerstand leistet. Dieser Boden kann offensichtlich nur die Natur sein" (Poliakov u.a., 1992, S.170). Unter den Bedingungen einer sich verändernden Welt ist es die Natur, die sich scheinbar immer gleich bleibt, und die nicht länger als lebensbedrohlich empfunden werden muß; die einen Ankergrund für das Ideal einer festen Gemeinschaft, einer Identität, die sich nicht allein aus dem flüchtigen Augenblick der Gegenwart speist, bietet. Es ist ein geradezu emphatisches Bedürfnis nach Übersichtlichkeit, das hierbei im Vordergrund steht und das da, wo die alte Ordnung der Stände hinweggefegt ist, neue Hierarchien zwischen den Menschen aufbaut.

Mit der Hinwendung zu den liberalen Theoremen hatte die Neuzeit den Versuch gemacht, die Beziehungen der Menschen untereinander vollständig neu zu grundieren. Nicht mehr länger sollten die auf göttlicher Ordnung basierenden Schranken zwischen Klassen und Ständen unüberwindbare Geltung besitzen. Allerdings birgt dies Bestreben des Egalitarismus durchaus seine soziale Aporie in sich. "Das eigentliche Abenteuer der Neuzeit in dieser Hinsicht besteht darin", so Arendt, "daß zum ersten Mal in der Geschichte alle Menschen sich allen Menschen gegenübergestellt sehen ohne den Schutz unterschiedlicher Umstände und Lebensbedingungen. Die gefährlichen Aspekte dieses Abenteuers zeigten sich zuerst im modernen Rassenwahn (...) Der Rassenwahn ist unter anderem auch die Reaktion dagegen, daß der Begriff der Gleichheit fordert, jedermann als meinesgleichen anzuerkennen" (Arendt, 1986, S.109). Mit Hilfe jener Volte in Richtung auf eine wiederum mythologische Bestimmung der Menschheit, war es möglich, diese Tendenz einer scheinbar radikalen Nivellierung der menschlichen Qualitäten, zu unterlaufen.

Im Weltbild des Rassismus war jener "sichere Hafen überkommener Traditionen und eines persönlichen Glaubens" (Mosse, 1990, S.32) zu finden, in dem Sinngehalte auf dem Wege über Mythen und Symbole vermittelt wurden. Viel stärker noch als der Nationalmythos appelliert daher der Rassismus an eine irrationale Haltung des bürgerlichen Subjekts. Jener war noch ursächlich mit der Konstituierung eines spezifisch sozialen und ökonomischen Machtgefüges verbunden und trat als sinnhafte Ergänzung den Rationalisierungsbestrebungen in anderen Bereichen zur Seite. Dieser ist die Reaktion eines verängstigten Europas, dem seine Identität im Bade aufgeklärter Nivellierung abhanden zu kommen droht. Deshalb wirft es den Anker in einen urwüchsig festen Grund. In der mythologischen Fixierung auf einen naturhaften Ursprung der physischen und mentalen Unterschiede der "Rassen" versichert sich das Abendland seiner Einzigartigkeit. Man muß Poliakovs Satz zustimmen, daß "die Eigenart des Rassismus somit auf mehr als eine Weise mit der Eigenart der westlichen Zivilisation verknüpft (ist)" (Poliakov u.a., 1992, S.199).

Auf der Höhe des aufgeklärten Liberalismus ist der Rassismus ein Produkt dessen eigener Unzulänglichkeiten. "Die alten, vielen Götter, entzaubert und daher in Gestalt unpersönlicher Mächte entsteigen ihren Gräbern, streben nach Gewalt über unser Leben und beginnen untereinander wieder ihren ewigen Kampf. Das aber, was gerade dem modernen Menschen so schwer wird (...), ist: einem solchen Alltag gewachsen zu sein (...) Denn Schwäche ist es, in dem Schicksal der Zeit nicht in sein ernstes Antlitz blicken zu können" (Weber, 1988b, S.605). Man war ihm nicht gewachsen und suchte Rückversicherung in einem die Gegenwart umspinnenden Mythologem. In ihm wird jener alte status naturalis wiedererweckt, der die Menschen auf Naturgewalten zurückwirft und ihr soziales Vermögen entschärft. Doch während der ursprüngliche status naturalis der einer äußeren, feindlich angreifenden Natur war, ist es nun der einer inneren Natur, auf die man sich bezieht und die schicksalhaft gegeben eine ewige Identität durch Zeit und Raum mitliefert.

Unter dem Zeichen der Rasse schien eine Heterogenität gewährleistet, die man durch den emphatischen Menschheitsbegriff als bedroht ansah: "(...) der Rassismus (ist) die Form, die die Kultur dem Bestreben des Individuums nach Wahrung seiner Integrität gibt, wenn es seine eigene Unterschiedlichkeit gegenüber anderen, seine Einzigartigkeit durch den allgemeinen Trend zur kulturellen Einebnung bedroht sieht" (Poliakov u.a., 1992, S.170). Daß es sich hierbei um eine falsche Heterogenität handelte, liegt auf der Hand. Schließlich macht sie sich an der bloßen Unterschiedenheit sozialer Kollektive fest. Innerhalb des Kollektivs jedoch muß, um dazuzugehören, der Preis vollständiger sozialer und individueller Homogenisierung um so mehr entrichtet werden. Obwohl das Bewußtsein davon, von anderen verschieden zu sein, zweifellos zur Sinn- und Identitätsstiftung des Individuums gehört, scheint die Furcht vor der totalen

Nivellierung doch gänzlich übereilt. Schließlich bezog sich der Begriff der Menschheit stets auf ein naturrechtliches und keineswegs auf ein genetisches Verhältnis. Die Verschiedenheit der Individuen voneinander blieb daher gewahrt. Bereits Weber hat ja darauf hingewiesen, daß "Rassenqualitäten" "für die Bildung 'ethnischen' Gemeinsamkeitsglaubens generell nur als Grenzen: bei allzu heterogenem, ästhetisch nicht akzeptiertem äußerem Typus, in Betracht (kommen), nicht als positiv gemeinschaftsbildend" (Weber, 1980, S.239). Daß man die Rassengrenzen parallel zu den kolonialen Herrschaftsverhältnissen verlaufen ließ, machte sie zudem zur ausgezeichneten Legitimation des Imperialismus.

Zum Mythos des Volkes war nun der wesentlich aggressivere der Rasse gesellt. Half jener einen homogenen Gesellschaftskörper zu schaffen, so war dieser auf die Wahrung von Heterogenität, auf die Abgrenzung vom Anderen gerichtet[13]. Wo dieses Andere dem homogenen Volk zu nahe kam, mußten seine Unterschiedenheiten eingeebnet werden. Seinen Platz erhält es im Rassismus nur draußen oder als unterworfenes. Denn "entsprechend der völkischen Interpretation von Geschichte war das Volk eine historische Einheit und hatte sich aus einer weiten und entfernten Vergangenheit bis zur heutigen Form entwickelt" (Mosse, 1991, S.24). Aus diesem Grunde galt es in seiner organischen Gewordenheit als bedeutender als jede historische Tendenz. Ein Mensch ohne Verwurzelung im Volk war dementsprechend "stigmatisiert als jemand, der seiner Lebenskraft beraubt war und dem es deshalb an einer wirklich intakten Seele mangelte" (ebd.). Diese Stellung hatte in Europa das Judentum inne, das, bei aller Verwobenheit mit der Geschichte und der Kultur des Abendlandes, sich zum einen stets seine kulturellen Eigenständigkeiten bewahrt hatte und zum anderen schon immer einem christlichen Antijudaismus ausgesetzt gewesen war. Doch erst von der Mitte des 19. Jahrhunderts an begann man, die Juden als Rasse und nicht über ihre Religion zu definieren. Von nun an blieb der Jude "Jude", was er auch tat und avancierte auf diese Weise zum Symbol des Fremden, Bedrohlichen innerhalb der volkhaft homogenen Nationalgesellschaft. So stigmatisiert galten die Juden als die "Beulenpest der Gesellschaft" (Heiko Oberman).

In diesem Zusammenhang ist die Einsicht Hannah Arendts nicht unerheblich, daß der Antisemitismus in eben dem Maße zunahm, in dem das traditionale Nationalgefühl und das rein nationalistische Denken an Intensität abnahmen. Für sie kennzeichnet der sich Bahn brechende Imperialismus den genuinen Bruch der

---

[13] Eine politische Theorie wie Carl Schmitts Freund-Feind-Schema etwa konnte nur in einem sozialen Klima entworfen werden, in dem es eine einigermaßen starke antisemitische Bewegung gab, die Träger einer genau solchen Gesinnung war. Auf Carl Schmitt und seine politische Theorie wird in Kapitel 3.1 noch zu kommen sein.

europäischen Staaten mit ihrem an ein homogenes Territorium sowie an humanistische Eckwerte gebundenen nationalen Herkommen. Dynamik wie Aggressivität des Imperialismus hingegen rekurrierten auf ein die Nation überschreitendes Herrschaftsstreben, das die Gleichheit der unterworfenen Bevölkerungen verunmöglichte.

Der Rassismus gegenüber den außereuropäischen Ethnien war darauf die eine Variante, Ungleichheiten machtvoll abzusichern. Der moderne Antisemitismus, der in den Juden ein mit dem eigenen Volkskörper konkurrierendes, subversives Element sieht, ist die andere. Völlig richtig wird auch bei Poliakov dargestellt, daß beide Rassismen unterschiedlicher Art und Weise sind. Bezieht ersterer seine Grundzüge aus physiognomischen Merkmalen, aus der Wahrnehmung, daß es das ganz Fremde in der Ferne tatsächlich gibt und daß es, seiner Entdeckung zum Trotz, auch vorhanden bleibt; so entspringt der letztere einem Unbehagen gegen das nicht Assimilierbare im eigenen Umkreis (vgl. Poliakov u.a., 1992, S.183ff). Die Einsicht Arendts, daß "der Zusammenbruch des nationalstaatlich organisierten Europa (gemeint ist hier die imperialistische Phase des Kolonialismus und deren Ende im Ersten Weltkrieg, J.A.) gerade die einzige nichtnationale Gruppe, das einzig internationale Bevölkerungselement am schwersten" traf (Arendt, 1986, S.56), ist daher bedeutsam. Wo die Nation als selbstgenügsames Territorium ihr Ende fand, da erstarkte sie als gemütvolle Ideologie erst recht. Der Antisemitismus, der nun aufkeimte und die Juden in einen unüberbrückbaren Gegensatz, ja in eine befeindete Stellung, zur Nation setzte, verstärkte nur um so mehr die Homogenität, die unverbrüchlichen Blutsbande jenes nationalen Kollektivs.

So betrachtet ist der Rassismus nicht weniger als die notwendige Unterfütterung eines völkischen Volksbegriffes, der sich nicht, wie der westeuropäische, politisch gebildet hatte, sondern Einlaß in die Welt über eine Staatsgrenzen sprengende, mythologisch und genealogisch begründete Stammesverwandtschaft fand. "Antisemitismus und Judenhaß sind nicht dasselbe. Judenhaß hat es immer gegeben, Antisemitismus ist in seiner politischen wie ideologischen Bedeutung eine Erscheinung der letzten Jahrhunderte" (ebd., S.66), die erst wenn sie sich mit einem "wirklich entscheidenden politischen Problem der Zeit verbinden kann" (ebd., S.67), auch politisch virulent wird. Aus den eben umrissenen Gründen, die zwar mit den Juden unmittelbar gar nichts, mit einer nationalen Selbstdefinition als homogenes Kollektiv aber sehr viel zu tun haben, barg die "Judenfrage" gefährliche und entscheidende Konfliktstoffe des Zeitalters in sich.

Bezeichnend ist des weiteren, daß als Träger des modernen Antisemitismus zunächst das Kleinbürgertum firmiert, das im Schatten des expandierenden

Kapitals um seine Existenz bangt und auch kulturell vom Bildungsbürgertum längst abgehängt ist. "Wesentlich an diesem kleinbürgerlichen Antisemitismus ist, daß er nicht ideologisch argumentiert und sich auf eine gewisse wirtschaftliche wie gesellschaftliche Erfahrung, die Verbitterung nur allzu verständlich macht, berufen kann" (ebd., S.79). Es ist dieses sich Anschmiegen an tatsächliche soziale Tatbestände, das den Antisemitismus zunächst so schwer greifbar macht, das ihn plausibel erscheinen läßt und unanfechtbar. Der Rassismus jedoch, der dahinter steht und jeder argumentativen Grundlage entbehrt, abstrahiert von jenen tatsächlichen sozialen Ausgangspunkten völlig. Insofern kann der Rassismus in seiner gesellschaftlichen Funktion zum einen dazu dienen, die Subjekte auf die vorgefundene Wirklichkeit - also den herrschenden Status Quo - als wahr zuzurichten. Dahinter stehen handfeste Zwecke, deren Mittel die rassistische Ideologie ist und die in den bis ins Aggressive hinein sich vom Anderen abgrenzenden Homogenisierungsbestrebungen des nationalen Kollektivs, sowie in den Vermittlungsinteressen einer kapitalistischen Gesellschaft zu suchen sind[14]. Das bedeutet nicht, daß der Rassismus notwendigerweise ein Instrument kapitalistischer Herrschaft ist. Er ist vielmehr, wie schon gesagt, ein Moment innerhalb der Moderne selbst, das auf deren historische Konstituierung zurückgeht, nicht aber auf einen Kunstgriff der Herrschenden. Daß die jeweils herrschende Schicht es versteht, sich derartige Ressentiments zu nutze zu machen, ist fraglos wahr. Das ist aber im Kapitalismus ebenso wie im Staatssozialismus geschehen.

Indem das rassistisch durchtränkte Subjekt sich diese Ideologie zu eigen macht und seine Identität daran anheftet, tritt es noch einen Schritt weiter in die Sphäre solchen falschen Bewußtseins ein. Es begibt sich nämlich in einen rassistischen Diskurs der Weltbegründung, der noch von seiner Ursache, den objektiven gesellschaftlichen Verhältnissen, abgetrennt ist. Der Rassismus entwickelt dagegen seinen eigenen Diskurs, der sich dem seiner Geburtshelfer, dem bürgerlichen Bewußtsein und der Aufklärung noch prinzipiell verweigert, der sich der Vernunft als dem den Menschen als Subjekt konstituierenden Element versperrt und deshalb irrational im schlechten Sinn genannt werden kann[15]. Wenn die herkömmliche Hypostasierung der vorgefundenen gesellschaftlichen Verhältnisse als naturgegeben gemeinhin als Herausbildung einer Zweiten Natur bezeichnet wird, so kann man hier getrost als von einer "Dritten Natur des Rassismus" sprechen.

---

[14] Gerade über den letzten Zusammenhang ist viel geschrieben worden; vgl. nur Paul W. Massing (1986), sowie Max Horkheimer (1984), Die Juden und Europa.
[15] Hierzu ausführlicher unter Kapitel 3.3.

So liegt die Affinität des Rassismus zum Mythos darin, daß er auf ein urhaft Gewordenes rekurriert, dessen Legitimität aller Rationalität entzogen bleibt und allein in der Würde des Ewigen, d.h. in der Genealogie der Vorfahren und der Traditionen liegt. Genauso haftet der Mythos als Bild von der Welt, wie sie sein könnte, an einer Urgewalt, bzw., wie Eliade es nennt, an einem "Archetypus". Die Sehnsucht nach einer periodischen Rückkehr zu solch mythischer Zeit der Uranfänge, zur "Großen Zeit" (Eliade), sei Merkmal überlieferungsgebundener Gesellschaften. Eliade bezieht sich dabei auf sog. "primitive Gesellschaften", doch die Struktur des Rassismus, der Identität v.a. aus der genealogischen Herleitung einer ewig existierenden Rasse ableitet, ist ebenso aufgebaut. Es sei, so Eliade, der Wille solcher Gemeinschaften, "die konkrete Zeit abzuweisen, und gleichzeitig (bestehe) ihre Feindschaft gegen jeden Versuch zur autonomen 'Geschichte', das heißt zur Geschichte ohne archetypische Ordnung" (Eliade, 1994, S.7). Gegenüber dieser Ordnung gilt jegliche menschliche Individualität als inferior. Eliade konstatiert daraufhin "die Unfähigkeit des Volksgedächtnisses, anderes als Archetypen zu bewahren" (ebd., S.60). Die mit bestimmten, unwandelbaren Eigenschaften behaftete Rasse ist dagegen der moderne Archetypus par excellence, wie es das düstere Bekenntnis Hans Friedrich Bluncks verdeutlicht: "Eine dunkle Gemeinschaft sind / Wir von Lebenden, Toten / Und Kommenden, Kind, / Wir, Deutschland / (...) / Immer, wie durch die Welt ein Herz, / schlägt deines Volkes Blut / (...)" (zitiert nach: Loewy, 1990, S.147). Und für Hitler steht natürlich außer Frage, daß "die Rassenfrage" "nicht nur den Schlüssel zur Weltgeschichte, sondern auch zur menschlichen Kultur überhaupt" abgibt (zitiert nach: Mosse, 1993, S.30).

Im Rassismus wird jedoch diese Urgewalt, die den Mythos bildet, die die Naturgewalten bändigt und den Raum für Geschichte schafft, selbst zur Natur. Diese Natur vollzieht sich als Schicksal, das jeder Rasse zugrunde liegt, das ihr als "Rassenseele" eingegraben ist. Diese "Rassenseele" bedeutet die Beschwörung mythischen Einsseins mit der Natur, der Herkunft, weshalb es auch heißt, "daß man doch nur eine solche Menschengruppe als 'Rasse' bezeichnen darf, welche bei allen ihren Vertretern ein in der Hauptsache gleiches leiblich-seelisches Bild zeigt" (ebd., S.101). Und Hitler selbst, für den die "breite Masse" ohnehin "nur ein Stück Natur" ist, das nichts sehnlicher wünscht, als "den Sieg des Stärkeren und die Vernichtung des Schwachen" (ebd., S.29), stellt die Verbindung zwischen jener "Seele" und dem rassischen Artefakt des Blutes her: "Im Blute allein liegt sowohl die Kraft als auch die Schwäche der Menschen begründet (...) Völker, die auf die Erhaltung ihrer rassischen Reinheit verzichten, leisten damit auch Verzicht auf die Einheit ihrer Seele in all ihren Äußerungen" (ebd.).

Es liegt auf der Hand, das sich innerhalb eines solchen Verfahrens, der einstmals emanzipative Gehalt des Mythos - gegen das Absolutum der Natur - aufreibt. Der in die Moderne übersetzte, zur Genealogie gewordene Mythos wird barbarisch, Gewalt. Der Rekurs aufs Blut ist die Reinstallation einer vergangenen Weltschau, die im Mythos noch Sinn nicht nur versprechen, sondern auch aufgeben konnte. Die rationalisierte, "entzauberte" Welt jedoch ist des pointierten Sinnes verlustig gegangen, und er ist in ihr auch nicht wieder zu beleben. Sie hat sich nicht nur transzendental, sondern auch sozial und politisch seit der Aufklärung als eine pluralistische entfaltet, die ihre Menschen nicht mehr unter ein einziges als wahr geltendes Diktum zu zwingen vermag - es sei denn um den Preis der Diktatur, die sich dann bezeichnenderweise auch eine recht religiöse Aura gibt. Der Gewinn an Freiheit, den diese Pluralität gewährt, geht aber einher mit einem Weniger an fragloser Orientierung durch die sozialen Institutionen. Der Souveränität der Einzelnen wird damit teilweise mehr abverlangt, als sie in einer gleichwohl von Herrschaftsdiskursen durchfluteten Welt zu leisten vermögen und als ihnen darin möglicherweise überhaupt zugestanden wird. Die Formulierung eines archaischen Mythos in modernen Begriffen, wie es im Rassismus geschieht, verrät, so stellt Eliade fest, deshalb den Wunsch, "für die historischen Ereignisse eine übergeschichtliche Rechtfertigung und einen außergeschichtlichen Sinn zu entdecken" (Eliade, 1994, S.160). Wenn aber das mythische Natur- und Weltbild nicht ein unterlegenes, sondern v.a. ein anderes ist, das mit den Gegebenheiten und Determinanten der Moderne nicht etwa nicht konkurrieren kann, sondern dies nicht will, dann muß wohl die Indienstnahme des Mythos für die Belange der Moderne in der Perversion des Mythos enden.

Damit wird klar, und das ist in der Tat ja auch keine Neuigkeit, daß der Rassismus in Deutschland als Weltanschauung zunächst die Reaktion eines mittelständisch kleinbürgerlichen Bevölkerungsteils auf eine ökonomisch und sozial verändernd wirkende Moderne ist. Er ist dies insbesondere in seiner originär innereuropäischen Ausprägung als Antisemitismus. Die schon seit jeher unter Ressentiment stehenden Juden boten sich als inhärenter Antagonismus einer Gesellschaft an, die sich als gänzlich homogene Einheit gleichsam neu zu definieren und zu organisieren hatte. Sie mußte dies zudem unter der neuartigen Bedingung tun, daß die Frage der Ökonomie in diesem Prozeß von außerordentlicher Bedeutung war. Parallel zur Nationenbildung fand schließlich die Modellierung des "animal laborans", des sich aus der Arbeit heraus schaffenden Menschen, statt, der noch sozial von der Sphäre der Wirtschaft heimgesucht wurde, indem Tauschprinzip und Wertgesetz maßgeblich für die Strukturierung der ganzen modernen Gesellschaft wurden.

Inmitten dieses Ansturms von Veränderungen repräsentierten die Juden dreierlei: Für eine ein neues Selbstbild suchende Gesellschaft wurden sie, als unschwer zu erkennende Minorität, zum Symbol des Anderen, Fremden. Daß, zum zweiten, Abgrenzung bei den sich Abgrenzenden Gemeinsamkeit erzeugt, ist zunächst banal. Schon immer in die Rolle derjenigen gedrängt, die sich ihren Unterhalt vorrangig durch den Handel mit Geld verdienten, gerieten die Juden zudem zum Abbild der modernen, gnadenlosen kapitalistischen Monetärwirtschaft. Schließlich kann der jüdische Zustand der Diaspora, der Verstreutheit über die ganze Welt, der Unabgeschlossenheit ihrer Geschichte also im Gegensatz zur scheinbaren Bodenständigkeit der "Wirtsvölker" - um im rassistischen Diskurs zu sprechen -, als Inkarnation jener Dynamik gelten, mit der die hereinbrechende Moderne alles Geltende durcheinander wirbelte.

Einen Anknüpfungspunkt zum Rassismus findet der Mythos in der Rückbindung an die Natur als ein ewig seiendes Wesen, wie oben bereits referiert. Angesichts einer permanent sich im Umbruch befindenden, von Hergestelltem dominierten, modernen Welt, wird die Natur kurzerhand wieder in den Stand der urwüchsigen Gebärerin allen Seins gesetzt und bildet damit eine unverbrüchliche Antipode zum Wandel und zum Geist der Zeit. Den sich hier in Gang setzenden Prozeß hat Klaus Heinrich beschrieben, indem er vorerst erläutert, daß eine Entfernung vom Ursprung - sei es das Losgerissensein von Heimat, Familie, vom Schutz der Nation etc. - eine "Quelle tiefer Angst" bedeuten kann. Der tiefste Ursprung jedoch, vor allen diesen Festen menschlicher Identität, bleibt die Natur, die den Schöpfungsgrund abgibt, aus dem alles Sein hervorgeht und im Bezug zu ihr sich Identität erwirbt. Eine "genealogische Überbrückung des Bruchs zwischen dem Ursprung und allem, was dem Ursprung entspringt, kann sehr wohl die Qualität einer Heilsantwort haben" (Heinrich, 1983, S.13). Diese genealogische Rückbindung an den Ursprung, wie sie die mythologische Erzählung herstellt, antwortet, so Heinrich, auf die "Leben zerstörende Bedrohung, mit nichts identisch zu sein" (ebd.), wie die moderne Massengesellschaft sie ihren Individuen permanent zumutet. Die genealogische Rückbindung nimmt in dieser Situation die Angst vor dieser Bedrohung, indem sie beides, Selbst und Welt, von denselben göttlichen Urformen herleitet.

Im rassistischen Diskurs liegen die Urformen in der Natur beschlossen - darin, wie sie, als Muter der Welt, Qualitäten und Schicksale an ihre Schößlinge verteilt. Das Gewordene als jetzt Bestehendes ist streng deterministisch an den Willen einer transzendent und unvergänglich gedachten Natur gebunden. Hier vernetzt sich der rassistische Mythos mit einem Bestandteil des antiken, griechischen Naturverständnisses, in dem "zu diesen unvergänglichen Dingen der Natur alle

Lebewesen und auch der Mensch (gehören), sofern er ein Exemplar der Menschengattung ist" (Arendt, o.J., S.53); sofern er also nicht als Subjekt auftritt. "Alles Natürliche ist unvergänglich und all-gegenwärtig; es läuft nicht Gefahr übersehen oder vergessen zu werden; und es bedarf für seinen Fortbestand weder des Menschen noch des menschlichen Gedächtnisses" (ebd.).

Angewandt auf den Rassismus gerät das Volk so zu einer mythisch verklärten, organischen und genealogischen Einheit und wird bedeutender als jede sich durch es erst verwirklichende historische Tendenz. In solcher Hypostasierung der Natur liegt nichts weniger beschlossen, als die Verdrängung der Geschichte aus der Konstituierung von Welt. Dies wird an den folgenden Überlegungen Hitlers deutlich. Der entfaltete 1937 anläßlich der Eröffnung des "Hauses der Deutschen Kunst" in München am Kunstbegriff seine eigene "Philosophie der Naturgeschichte". Darin ist der Stellenwert der Zeit als desjenigen, das Geschichte an sich vollzieht, gering; der Stellenwert des durch die Natur organisch Gewordenen ist aber entsprechend groß und dominant. Hitler führt seine Überlegungen aus, wie folgt: "Denn in der Zeit liegt keine Kunst begründet, sondern nur in den Völkern (...) Denn die Zeit ist etwas Wandelbares, die Jahre kommen und sie vergehen. Was nur aus einer bestimmten Zeit heraus allein leben würde, müßte mit ihr vergänglich sein. Dieser Vergänglichkeit aber würde nicht nur das verfallen, was vor uns entstanden ist, sondern auch das, was heute entsteht oder erst in der Zukunft seine Gestaltung erhält...Solange aber ein Volk besteht, ist es in der Flucht der Erscheinungen der ruhende Pol. Es ist das Seiende und Bleibende!" (zitiert nach: Mosse, 1993, S.35f). Dagegen greift das "sterbliche Leben (...) in die Natur ein, tut ihr Gewalt an, stört auf jeden Fall eine Ordnung, die ohne sie in sich selbst ruhen oder schwingen würde in dem ewigen Kreisen des Immerseins" (Arendt, o.J., S.54). Tendenziell gilt das Leben, das handeln und verändern kann, somit eher als Störfaktor, der die ewige Ordnung zu sabotieren droht und deshalb in deren Namen im Zaum gehalten werden muß, als daß es selbst im positiven Sinne als schöpferisch erkannt wird. Schöpferisch bleibt hier allein die sich immer gleiche Natur - Mutterschaft des Seins.

In der mythischen Rückführung und -bindung an eine archaische Wesenheit sucht der Rassismus damit die Schrecken des modernen Kapitalismus zu bannen. Diejenigen, die nicht als volkhaft verwurzelt gelten, gelten auch als seelenlos und daher minderwertig. Außerdem gibt es die Lieblingskinder der Natur, die in der Hierarchie des Organischen an der Spitze der Schöpfung stehen. Unangefochten und gedeckt durch naturhaften Willen streben sie die ihnen zugedachte Herrschaft über die Welt an, die eins ist mit der Vernichtung des Minderwertigen. "Der Mythos kennt verschlingende Räume und eine verschlingende Zeit, aber es ist die gleiche Zeit, die alle Räume wieder aus sich hervorbringt, und jeder Raum gewährt Schutz gegen den anderen Raum und Schutz auch gegen die verschlingende Zeit. Der Mythos versucht den Konflikt von Raum und Zeit zu lösen, indem er Raum durch Zeit und Zeit durch Raum zu bannen sucht (...) Aber das Chaos dauert fort, teils in bestimmte Räume, teils in bestimmte Zeiten gebannt, und es dauert fort auf dem Grund von allem (...)" (Heinrich, 1964, S.80).

3. Weltdeutung als Ressentiment -
Die mythologische Strukturierung des Rassismus

Wir sind die Hehren -
Macht Platz, macht Platz!
Reicher an Ehren
Strahlt nirgends ein Schatz
Als der, den Ahnen
Uns segnend vererbt...
Platz den Germanen -
Oder ihr sterbt!
Adolf Bartels (zitiert nach: Loewy, 1990, S.67)

- Noch glaube ich, daß wir uns verirrt haben.
- Nein, bald sind wir am Ziel, und dann ist es aus mit diesen schönen Hoffnungen.
Franz Baermann Steiner (1988, S.9)

Im folgenden Kapitel soll es in drei Abschnitten darum gehen, der mythologisch gefaßten Struktur rassistischer Ideologie im Besonderen nachzuspüren. Im Rassismus prägt sich ganz offensichtlich ein zu geschlossener Weltdeutung geronnenes Ressentiment aus, das sich ein Gegenüber als schlechthin "Anderes" auswählt, von dem die Eigengruppe positiv abgegrenzt, mit Identität und der Weihe genealogischer Reinheit versehen werden kann.

Zunächst wird daher die für das Konstrukt vom "Rassenkampf" zentrale Freund-Feind-Kategorie untersucht werden, die das soziale Gefüge in zwei ewig bleibende, sich unversöhnlich gegenüberstehende Lager aufspaltet. Mit ihrer Hilfe manifestiert der Rassismus den permanenten gesellschaftlichen Ausnahmezustand, d.h. die permanente Konfrontation zwischen den "Rassen". Diese Freund-Feind-Erklärung bleibt allerdings nicht nur äußerlich im sozialen Raum, sondern gerät als verinnerlichte zu einer geradezu seelischen Bestimmtheit. Diese sich so tief in die einzelne Persönlichkeit eingrabende Dichotomie ist, wie gezeigt werden wird, in mythischen Motiven grundiert, indem sie das Schema vom naturhaften, in der Ewigkeit bestehenden archaischen Kampf zweier Gegner wiedergibt, von denen der eine ein reines, der andere ein schlechtes Prinzip symbolisiert.

Zum zweiten möchte ich die Funktionalität der Kategorien "Natur" und "Geschichte" in der rassistischen Weltdeutung untersuchen. In seinem Streben nach allumfassender organischer Formung der Welt gleicht der Rassismus den

Prozeß der Geschichte einem naturhaften Werden an und übersetzt ihn in eine vom Schicksal gezeichnete Determination des Seins. In diesem Fall gibt es für die Menschen keinen Ausweg aus den einstigen ursprungsmythologischen Verstrickungen; ihr Dasein ist vorgezeichnet und Handeln im strikten Sinn ist darin abgestellt. Beide Begriffe, Natur und Geschichte, geraten somit in eine rein affirmative Funktion im Sinne einer mythisch-rassistischen Weltdeutung, die einerseits damit eine homogene Struktur der Wirklichkeit aufbaut und weiterhin darüber ihr eigenes Herrschaftsverhältnis als naturhaft gegeben zu etablieren vermag.

Schließlich soll aufgezeigt werden, wie innerhalb einer derart von Archaismen und Mythologemen durchzogenen Wirklichkeit die menschliche Rede als Organ der Verständigung an Wert verliert. Im Rassismus wird die soziale Praxis des Diskurses marginalisiert und von Herrschaft ganz überlagert. Sie wird weitgehend ersetzt durch die Form des Rituals, das sich in reiner Akklamation des Bestehenden erschöpft. Das Ritual wiederum ist ein dem Mythos eigener Gestus.

Es sei abschließend darauf hingewiesen, daß in diesem Kapitel die Theoreme Carl Schmitts, Oswald Spenglers und Alfred Rosenbergs den Status von "Kronzeugen" beigemessen bekommen, auch Ernst Jünger findet Erwähnung. Richtig ist, daß es sich bei den Genannten, mit Ausnahme Rosenbergs, nicht um genuine Theoretiker des Rassismus handelt. Ob aber die Theoretiker eines sozialen Mythos - und das sind sie allesamt - Rassisten sind oder nicht, bleibt letztendlich insofern unerheblich, als es darum geht, daß sie den theoretischen Rahmen schufen für eine allgemeine Rezeption sozialer Wirklichkeit, die eine Anbindung rassistischer Konzepte erlaubt und die somit sowohl eine Ventil- als auch eine Katalysatorfunktion für den Einbruch remythisierender, gewaltsamer Schemata in den sozialen Raum erfüllen. In diesem Sinne können sie alle vier als faschistische Denker gelten.

3.1. Freund und Feind

> - *Stolzer, wohin?*
> - *An dein Grab.*
> - *Aber ich lebe ja noch.*
> - *Das eben ist mein Stolz.*
>
> Franz Baermann Steiner (1988, S.9)

Der Satz von Simmel ist bekannt: Der Fremde ist nicht der "Wandernde, der heute kommt und morgen geht", sondern er ist vielmehr "der, der heute kommt und morgen bleibt" (Simmel, 1992, S.764). Aus diesen lapidaren Worten erwächst die Typologisierung des Fremden schlechthin, der keineswegs in jeder beliebigen Gestalt den Einheimischen ein Dorn im Auge wäre. Der Fremde ist bekannt von jeher: er ist der fahrende Händler, der seine Waren feilbietet und weiterzieht; er ist der Landsknecht, der, aus der Ferne stammend, sich für Sold verdingt; er ist das ewig suspekte fahrende Volk, Zigeuner im bunten Wagen. Das bedeutet zwar nicht, daß die Fremden in diesen Funktionen sehr beliebt gewesen wären, aber sie waren als Fremdes vertraut. Die Fremden sind nichts Neues, das in die neuzeitliche Gesellschaft einbräche. Doch alle Begegnungen mit diesen Fremden sind flüchtig und hinterlassen nicht viel mehr als eine Ahnung davon, daß es das Fremde gibt. Erst da, wo der Fremde seiner Gegenwart eine Dauer gibt, wird er zum Gegenüber, zum Gegenstand einer alltäglichen Erfahrung, die doch den Alltag nie wieder so werden läßt, wie er vorher war. Aus dem banalen Wissen darüber, daß das Fremde überhaupt existiert, wird nun die Erfahrung dessen, wie es aussieht und wie es sich gibt. Der Fremde konstituiert sich als Einbruch in einen zuvor geschlossen wirkenden Erfahrungsraum. Er bedeutet eine Erfahrung, für die es kein Beispiel gibt und die deshalb nicht in die alltägliche Lebenswelt der Einheimischen integriert werden kann. Zwar gerät der Fremde alsbald zu einem Moment des Alltäglichen, denn schließlich bedeutet seine dauerhafte Anwesenheit eine weitere Institution im sozialen Gefüge. Doch fehlt zu dieser Institution in der Regel die Vermittlung. Die Homogenität der einheimischen Gruppe, ihre kulturelle Tradition, erreicht den Fremden nicht, sofern er sich nicht vollständig assimiliert, also sein Fremdsein aufzugeben bestrebt ist. Tut er das nicht, wird er den Gegensatz konservieren und sich so als zwar alltägliche, aber fortdauernd außerhalb der eigentlichen Grenzen der "ansässigen" Gesellschaft befindliche, Institution etablieren. Damit bleibt er "der potentiell Wandernde", als den ihn Simmel beschrieben hat, "der, obgleich er nicht weitergezogen ist, die Gelöstheit des Kommens und Gehens nicht ganz überwunden hat" (ebd.). Und selbst wenn er bemüht ist, sich in die vorgefundene Umgebung zu integrieren, sich zu assimilieren, so bleibt es doch fraglich, ob ihm dies Bemühen von den "Einheimischen" überhaupt gestattet wird; oder ob sie nicht viel mehr darauf bestehen, daß das ihnen Fremde und als Fremdes vertraute, seine oktroierte Identität als Fremdes behält. Die heikle Frage ist also schließlich die, ob man es dem Fremden erlaubt, kein Fremder mehr zu sein.

Es schichtet sich dadurch, daß sich der Fremde nicht zu assimilieren neigt, wohl eine Distanz auf, die jede zeitliche Dauer und jede räumliche Nähe zerbricht. In der nicht vollzogenen Assimilation, darin daß der Fremde fremd bleibt, liegt ein Moment andauernden Fortziehens. Allein, daß der Fremde auch Fremder bleibt, heißt, daß er nie eigentlich ankam, sondern sein Aufenthalt lediglich eine Rast von unbestimmter Dauer bedeutet. Es ist dies das Schicksal, das die Juden bis in die Neuzeit hinein erfuhren. Seine Manifestation findet dieser Zustand im Bild des häßlichen, ewig wandernden Juden Ahashver, wie es von antisemitischen Bestrebungen gern benutzt wurde. Verdammt zu wandern bis zum Ende der Tage, bleibt "der Jude" stets und überall fremd. Heimat zu besitzen ist ihm als Volk verschlossen. Damit aber bleibt er auch obskur und bedrohlich, denn für die, die sich irgendeiner "Heimat" verbunden fühlen, muß der heimatlose Mensch auch ein schlechter Mensch sein - selbst dann, wenn, wie im Falle der Juden, seine Heimatlosigkeit eine oktroyierte Identität ist. Solches Fremdsein ist freilich einer Außenzuschreibung geschuldet. Jüdische Identität selbst hat sich keineswegs über ein Bewußtsein an Fremdheit gegenüber dem unmittelbaren sozialen Umfeld manifestiert, sondern ist ca. seit dem 18. Jahrhundert zunehmend an der Assimilation an dasselbe ausgerichtet. Zudem ist für das christliche Kollektiv wohl viel eher die Nähe der als fremd wahrgenommenen Juden irritierend, als deren Ferne. Das in der Nähe angesiedelte Fremde versinnbildlicht ein Anderssein, eine Ferne, die die Routinen des Alltags stört.

Die Juden waren über die Zeiten hinweg fremd geblieben und waren deshalb auch einem besonderen sozialen Prozedere unterworfen, genauso wie sie als Fremde stets etwas Unheimliches an sich behielten. Das Bedürfnis der Christen danach, ihre eigene Homogenität zu wahren und sich vor dem vermeintlichen Einbruch des Fremden in ihre Gemeinschaft zu schützen, führte zur Installierung der Ghettos; der unheimliche Rest an den Juden führte zu Mißtrauen, Ressentiment, Legenden und Pogromen. Daß das Ressentiment gegen die Juden in seiner Legendenbildung ihnen Kontakte zum Satan nachsagte, ihnen okkulte, grausame Praktiken andichtete, zeigt schon auf, wie dicht verwoben das Erleben des Fremden, das nicht adäquat ausgedeutet werden kann, mit mythischen

Erklärungsmustern ist, die den opaken Rest des Fremden in den Griff bekommen sollen. Daß die Juden überhaupt in ihrer Gesamtheit einheitlich als Fremde wahrgenommen wurden, führte schließlich zu ihrer Standardisierung durch die Christen. Die drückt sich bspw. darin aus, Steuern gleichermaßen pro Kopf und nicht, wie sonst üblich, nach Einkommen zu erheben. "Der Jude" verlor seine Identität als Individuum und blieb primär Bestandteil einer fremden, einförmigen Masse.

Die, angesichts des fremden Elements um ihre Homogenität fürchtende, "einheimische" Gemeinde, homogenisierte ihrerseits die fremde Gruppe willkürlich nach Gutdünken, ohne Rücksicht auf Differenzen. Diese gerade sollten ausgelöscht werden. Die amorphe Masse, aus der jede Differenz, jede Eigentümlichkeit getilgt ist, bietet wenigstens die Gewähr dafür, zuverlässig handhabbar zu sein und nicht noch über ihre bestehende Fremdheit hinaus mit weiteren Überraschungen aufzuwarten. Daß dies auch mit den Problemen zu tun hat, die der moderne Egalitarismus aufwirft, ist verschiedentlich bemerkt worden (vgl. dazu Arendt, 1986, Kap.9 und Adorno, 1991, S.130f). Denn dieser ebnete zunächst alle jenen traditionellen sozialen Unterschiede ein, ohne die die Menschen doch scheinbar nicht auskamen. Die politische Einlösung des Egalitarismus ist demnach weitgehend gescheitert. Das ist nicht zuletzt der Furcht vor einer völligen Nivellierung der Menschen geschuldet, die ihre Identität doch in jedem Fall aus der Differenz beziehen. Die Möglichkeit zur Rettung des sozialen Unterschieds erschien naheliegenderweise in seiner Transformation in eine naturgegebene Tatsache dieser Differenzen. "Was früher ein gesellschaftliches Axiom und eine schweigend akzeptierte Übereinkunft gewesen war, wurde zur Wahrheit, die es zu stützen und zu beweisen galt (...) Die neue *Natürlichkeit* mußte unter großen Anstrengungen erst konstruiert werden und sich auf eine andere Grundlage stützen als die sinnliche Wahrnehmung" (Baumann, 1992a, S.72). Die Kategorie des Fremden ist daher ebenso Produkt der Aporien der Moderne: "Der moderne Antisemitismus wurzelt nicht in zu großen Unterschieden zwischen den Gruppen, sondern darin, daß sie zu verschwinden drohten (...)" (Patrick Girard, zitiert nach: ebd., S.73).

Innerhalb der gegebenen Gesellschaft besitzt das ihr Fremde oder nur fremd erscheinende also eine katalysatorische Funktion. Dies um so mehr, als der Zugriff der Herrschaft auf den Alltag der Massen vermittels moderner Disziplinar- und Kulturtechnologien immer dichter wird. "Mit zunehmender Ausweglosigkeit der Lage der Massen bleibt dem Individuum schließlich die Wahl zwischen zwei Verhaltensweisen: der bewußte Kampf gegen die Zustände der Wirklichkeit (...) Oder das ungebrochene Bekenntnis zu dieser Moral und der ihr entsprechenden

Rangordnung - dies führt zur geheimen Verachtung der eigenen konkreten Existenz und zum Haß gegen das Glück der anderen, zu einem Nihilismus, der sich in der Geschichte der neueren Zeit als die praktische Vernichtung alles dessen, was froh und glücklich ist, als Barbarei und Zerstörung immer wieder geäußert hat" (Horkheimer, 1992, S.109). Es ist natürlich offensichtlich, daß es beinahe unmöglich ist, zu diagnostizieren, was genau "froh und glücklich ist". Beides zu sein, ist seit jeher Zielpunkt bürgerlicher Lebensweise und ist doch gleichermaßen sowohl nicht einlösbar als auch tabuiert. Ihre Erfüllung erscheint deshalb für gewöhnlich in der Projektion. Als deren Fläche bietet sich wiederum das Fremde an, denn das ist als Unbekanntes nur zu leicht besetzbar mit allerlei hypothetischen Zuschreibungen.

Gerade weil es quer liegt zum Bestehenden, Vertrauten, lauert im Fremden immer auch das geheime Glücksversprechen. Daß es anders ist, nicht konform geht, muß sich - im Bewußtsein der Masse - zwangsläufig darin auszahlen, daß es größeres Wohlbefinden garantiert. Denn ansonsten bliebe als sein Preis nur die Unbill der Zeitgenossen, und der allein wäre zu hoch. Fremdsein, Anderssein geht im Empfinden des Parvenues einher mit Lustgewinn; das macht es so faszinierend wie beargwöhnt. Denn obwohl die im Anderen gesuchte Lust die eigene ist, die sich im funktionalisierten Alltag nicht Bahn brechen darf, wird sie gerade deshalb zum Objekt des Hasses. Die Früchte der Versagung rücken zu nah, und niemand soll sie besitzen dürfen; nicht einmal ihr Bild darf erscheinen. "Wenn der Genuß oder vielmehr schon die Genußfähigkeit, die sie seit ihrer Jugend in sich bekämpfen mußten, so verderblich sind, dann sollen auch die, welche dieses Laster verkörpern und in ihrem ganzen Wesen, in Aussehen, Kleidung, Haltung an es erinnern, ausgelöscht werden, damit das Ärgernis verschwinde und der eigene Verzicht bestätigt werde. Es müßte ja das ganze Leben jedes dieser Individuen der Masse ihm selbst als verfehlt erscheinen, wenn sich herausstellte, daß der Genuß wirklich etwas wert ist und die Aureole der Entsagung bloß in der Einbildung besteht" (ebd., S.110).

Das kleinbürgerliche Arbeitsethos, gepaart mit einem frömmelnden Etatismus, das sich jede Lust, jede Devianz verbietet, findet im Fremden ihr Ventil. Was ihr eigentlich Leiden heißt, Unterdrückung des Selbst, gerät zur gnadenlosen Domestizierung alles dessen, was nicht gänzlich konform oder assimiliert wäre. Um noch einmal Horkheimer zu bemühen, darf - auch unter Verweis auf das vorhergehende Kapitel - gesagt werden, es gehe "eben immer um die Seele. Getrieben von heimlicher Neugierde und unauslöschlichem Haß, suchen die Menschen das Verbotene hinter dem, was ihnen fremd ist (...) Der Begriff des Fremden wird dem des Verbotenen, Gefährlichen, Verworfenen synonym und die

Feindschaft ist um so tödlicher, als ihre Träger fühlen, daß dies Verbotene kraft ihres eigenen erstarrten Charakters für sie selbst unwiederbringlich verloren ist" (ebd., S.111).

Das Schema, das hier benutzt wird, ist im allgemeinen eines, das der Einteilung von Individuen in die Kategorien von "Freund" und "Feind" entspricht. Darin liegt zunächst das Bestreben einer klaren Abgrenzung voneinander. Vermittels des Freund-Feind-Schemas werden zwei Gruppen geschaffen, die keine Wahl außerhalb einer eindeutigen Zuordnung lassen: die eigene und die fremde Gruppe, ein weiterer Spielraum ist nicht vorhanden. Daß es sich bei einer solchen dichotomischen Konstruktion um nichts anderes als ein Moment von Herrschaft handelt, bezweifelt Adorno nicht, wenn er feststellt, es gehöre "zum Grundbestand der Herrschaft, jeden, der nicht mit ihr sich identifiziert, um der bloßen Differenz willen ins Lager der Feinde zu weisen" (Adorno, 1991, S.172). Das verweist darauf, daß mit dem Schematismus von Freund und Feind mehrere Absichten verbunden sind, die untereinander in einem zirkelhaften Zusammenhang stehen. Zunächst handelt es sich darum, die Differenz zwischen zwei Gruppen kenntlich zu machen. Das geht freilich nicht ab, ohne daß diese Gruppen wenigstens annähernd einer Charakterisierung unterworfen werden, die danach verfährt, das angeblich "Eigene" zu hypostasieren und das scheinbar "Andere" zu stigmatisieren. So lädt die ausgegrenzte, fremde Gruppe allen Argwohn auf sich, da sie das schlechthin "Andere" zu verkörpern vermag und alles Ressentiment auf sie projiziert werden kann. Die Aussonderung des "Anderen", des nicht geduldeten aus der Gesellschaft - also aus dem Bereich, der Menschen als "Freunde" vereint - bedeutet aber, wie Zygmunt Baumann feststellt, zu erklären, "daß eine bestimmte Kategorie von Menschen keinen Platz in der zukünftigen Ordnung habe" (Baumann, 1992b, S.66). Und es besagt ferner, "daß diese Kategorie hoffnungslos verloren ist (...) Der Andere ist kein Sünder, der seinen Lebenswandel noch beenden oder verbessern kann. Er ist ein erkrankter Organismus (...)" (ebd.).

Die von Baumann gebrauchte Vokabel des Organismus deutet die Nähe des Stigmas zur Natur an. Denn die durch das Stigma hervorgehobene Differenz gilt ihren Urhebern dem Prinzip nach als unaufhebbar. Eine derart naturalisierte Differenz jedoch ist imstande, zur Rechtfertigung permanenter Ausgrenzung zu dienen. Das Stigma, das dem Anderen angeheftet wird, bleibt somit eines der wenigen Residuen der Natur im öffentlichen Raum. Es kann durch die ihm anheim Gefallenen nicht überwunden werden, es sei denn, es gelingt ihnen, das Stigma umzukehren. In einer solchen Absetzung des "Eigenen" vom "Anderen" einbeschlossen liegt zwangsläufig eine Hierarchisierung. Dabei ist es kaum verwunderlich, daß dem "Eigenen" Priorität beigemessen wird. Wo es darum geht, u.a. auf diese Weise eine Herrschaftsordnung zu etablieren, da wird man sich kaum dem Gegenpart unterwerfen. Eher wird sich - wie klassischermaßen im Antisemitismus geschehen, wie es aber auch im aktuellen Rassismus zu beobachten ist - die Vorstellung herausschälen, die als fremd stigmatisierte Gruppe hegte Ambitionen, die eigene zu majorisieren und zu unterwerfen. Den Juden ist spätestens seit der Veröffentlichung der sog. "Protokolle der Weisen von Zion" vorgeworfen worden, sie drängten nach der Weltherrschaft. Wie sehr diese Vorwürfe, deren Propaganda nicht unerheblich zum Bedeutungszuwachs des Antisemitismus beigetragen hat, im Grunde auf Projektionen der Antisemiten beruhen, ist sowohl von Hannah Arendt als auch von Theodor W. Adorno aufgedeckt worden. Arendt etwa bemerkt, die Nazis seien durchaus die ersten gewesen, "die entdeckten, daß die Massen sich gar nicht so sehr vor der jüdischen Weltherrschaft fürchteten, als daß sie interessiert daran waren, diesen angeblichen Weltherrschern das Handwerk abzusehen, und daß die ungeheure Popularität der *Protokolle* nicht dem Judenhaß, sondern der Bewunderung der Juden und dem Wunsch, etwas von ihnen zu lernen, geschuldet war" (Arendt, 1986, S.568). Was hieran deutlich wird, ist, daß das mit der Freund-Feind-Bestimmung verbundene Stigma v.a. als ein nach innen gerichtetes herrschaftsrelevant ist. Seine Wirksamkeit entfaltet sich insbesondere unter einem sozialen und kulturellen Aspekt. Zwar ist die Unterscheidung von Freund und Feind genauso auch nach außen, im Gegenüber zweier Nationen, also territorial, wirksam. Hier dient sie jedoch vielmehr der Verfestigung kollektiver nationaler Identitäten, die sich aneinander reiben, als daß sie auch noch einen Diskurs der Herrschaft entfaltete. Der wäre nur als Krieg denkbar und wurde als solcher bspw. von Carl Schmitt auch als legitim erachtet.

Die Funktion, eine kollektive Identität zu festigen oder gar erst zu konstituieren, verfolgt das Freund-Feind-Schema aber in jedem Fall, da es so simple wie konkrete Möglichkeiten der Identifikation mit einem gemeinsamen Wertekanon anbietet - nämlich des gemeinsamen Nenners der Gruppe -, so dunkel der z.B. als "Deutschtum" auch immer bleiben möge. Aber mehr noch zwingt die Unterteilung sogar zur entsprechenden Identitätsbildung bei den zur "Feind"-Seite stigmatisierten. Hannah Arendt, die eine eigene Identität als Jüdin erst fand, seit sie als Jüdin verfolgt wurde, legt hierfür beredtes Zeugnis ab.

Ohnehin geht die Initiative zur Etablierung eines Freund-Feind-Schemas in der Regel von der Gruppe aus, die Ambitionen hegt, eine Hegemonie in der Gesellschaft zu entfalten. Der sozial unterlegenen Gruppe nutzt dies Schema wenig oder nichts. Interessant ist, daß die Wahl des Feindes vielleicht typischerweise auf eine ohnehin bereits marginalisierte Gruppe fällt. Die deutschen Juden entsprachen im ausgehenden 19. Jahrhundert, als Adolf Stoecker seine antisemitische Bewegung etablierte keineswegs dem Bild vom Feinde, wie man es vielleicht üblicherweise besitzt und wie es martialisch an die Wand gemalt wurde. Die Juden waren sichtlich keine Bedrohung; sie waren ein Bild, das es zu deuten galt.

Als "eines der Urphänomene der neuen Anthropologie" bezeichnet Adorno jene vorbehaltlose Reduktion sozialer Beziehungen auf das Freund-Feind-Verhältnis. Ein solcherart im Alltagsleben praktizierter Utilitarismus reduziere die Menschen von vornherein zu Objekten, indem er sie als bloße Mittel seiner Zwecke betrachte: "So tritt Verarmung im Verhältnis zu anderen Menschen ein: die Fähigkeit, den anderen als solchen und nicht als Funktion des eigenen Willens wahrzunehmen, vor allem aber die des fruchtbaren Gegensatzes, die Möglichkeit, durch Einbegreifen des Widersprechenden über sich selber hinauszugehen, verkümmert" (Adorno, 1991, S.171). Darin sei das "Ticket zum Faschismus" schon inbegriffen. Der Andere wird ganz offensichtlich nicht mehr als solcher gesehen, sondern seine Wahrnehmung reduziert sich auf seine Funktion als "Feind", der sich gerade dadurch auszeichnet, daß seine Verschiedenheit ihn unerwünscht macht.

Das künstlich geschaffene Kollektiv, das qua nationaler Identität zusammengehalten werden soll, gewinnt gerade aufgrund dieser Abgrenzung aber noch einmal an mythischer Ursprünglichkeit, die auf die gemeinsame Herkunft verweist. Denn das, was die Feindzuschreibung erfüllt, ist der Bann des "Dämonischen" im Anderen. Dieser Akt der Austreibung des als anders stigmatisierten Teiles aus der Gesellschaft, der einem Ritual der Reinigung gleichkommt, findet sich in der mythischen Praxis wieder; hier besitzt er seinen Ursprung. So trifft bspw. Mircea Eliade die Feststellung, daß am Mythos orientierte, primitive Gesellschaften "sich durch die Vertreibung der 'Übel' und das Bekenntnis der Sünden" erneuern (Eliade, 1994, S.87). In dem so gestalteten Versuch ihrer Erneuerung streben diese Gesellschaften danach, sich dem als ursprünglich geltenden "Paradies der Archetypen" wieder anzunähern. "Denn der Kosmos und der Mensch werden unaufhörlich und auf alle Weise regeneriert, das Vergangene wird aufgehoben, das Übel und die Sünden werden ausgemerzt, u.s.w." (ebd., S.93). Das angepeilte Ziel ist Eliade zufolge dabei immer dasselbe: die abgelaufene Zeit soll annulliert und durch die Wiederholung des "kosmogonischen Aktes" (Eliade) die bleibende Rückkehr in jene mythische Zeit ermöglicht werden.

Diese Intention auf eine Rückkehr in die Ursprünge ist dem modernen, rassistischen Mythos duchaus auch zu eigen. Freilich beschränkt dieser sich auf die Austreibung der "Übel" und erspart sich die Ausmerzung der "Sünden"; eine Selbstkasteiung kommt nicht in Betracht. Vielmehr gerät die Rettung vor dem Übel gleichzeitig zur Hypostase der eigenen Reinheit, wie sie sich etwa in Hermann Claudius' "Deutscher Hymne" von 1914 niederschlägt. Darin gilt das Deutsche als von Ränkeschmieden und Niederen umgebene Inkarnation der Unschuld, sowie sämtlicher denkbarer Sekundärtugenden. Allein die Notwendigkeit, sich zu behaupten, zwingt den Deutschen schließlich zur Gewalt: "(...) Deutschland hob seine Augen. / Erschrecken - / Wär es denn Wahrheit? / Sah dann tief hinab in seine innerste Seele. / Die sprach voll Klarheit: / Gerecht ist deine Sache und wert. / Schwinge dein Schert! / Man zwang es dir in die Rechte! / Knechte / sollen die Neider sein. / Jag ihre Herde! / Reiß herab ihre falsche Gebärde! / Werde / Herr dieser Erde!" (zitiert nach: Loewy, 1990, S.138f).

Die so vollzogene Vetreibung des Bösen beinhaltet demnach zum einen die reinigende Wiederherstellung des Unschuldszustandes; zum anderen enthält sie aber auch ein Versprechen auf unumschränkte Herrschaft. Mit diesem Ansinnen ließe sich schließlich ein weiterer im mythischen enthaltener Konflikt lösen, nämlich das Problem der Pluralität der Ursprünge. In diesem Sinne spricht auch Heinrich vom "Unvermögen, den einen Ursprung zu gewinnen in dem Nebeneinander der miteinander konkurrierenden heiligen Ursprungsmächte" (Heinrich, 1983, S.20). Dieser Pluralität und ihres subversiven Freiheitspotentials muß sich freilich entledigen, wer eindeutige Ausgrenzungen und Herrschaftsverhältnisse vermittels des auf mythologische Motive rekurrierenden "Feind"-Begriffes herstellen will. Der Mythos als Bestandteil des Rassismus erfährt demnach eine diametrale Wendung und wird von einem auf subjekthafte Freiheit zielenden Mittel der Emanzipation - nämlich als Ablösung vom urhaften Schrecken der Natur, wodurch menschliches Handeln eigentlich erst möglich wird - zu einem hegemonialen Instrument im Dienste der Herrschaft, die keine Uneindeutigkeiten gestattet.

Um solche Eindeutigkeit herzustellen, nutzt und unterstützt der Rassismus die Verhaltensnormen innerhalb der Gesellschaft, indem er versucht, die Unterscheidung zwischen normal und anormal zu legitimieren, d.h. rigide Klassifikationsschemata aufzustellen. Es ist naheliegend, daß eine Ideologie wie der Rassismus in diesem Zusammenhang schnell zu einer Gleichsetzung von normal und dem, was organisch natürlich sein soll, kommt. Schließlich leitet sich das ganze Wesen der "Rasse" aus in der Natur liegenden, genealogisch überkommenen Eigenschaften her. "Indem er alle Außenseiter als naturwidrig und krank darstellte, nutzte der Rassismus die Unterscheidung zwischen normal und anormal schonungslos aus. Unermüdlich proklamierten die Rassisten, nur gesunde, normale Menschen könnten auch schön sein und in Einklang mit der Natur leben" (Mosse, 1990, S.14). Wenn Mosse daraufhin schlußfolgert, dies inthronisiere "die Kraft der Natur als Heilmittel" (ebd., S.15), so ist ihm sicher recht zu geben. In solcher Stellung klingt die Position an, die der Natur im Mythos zukommt und nun in den Rassismus hineinreicht. Denn obgleich der Mythos die unumschränkt waltende Natur als Erzählung bannt und damit die Option des Handelns freigibt, so bleibt die Natur in ihm doch - wie unter Kapitel 2 gezeigt wurde - als bedeutsam bestehen.

Natur bleibt weiterhin ein opakes Element in der Welt, das sich der Verfügungsgewalt der Menschen weitgehend entzieht. Denen ist bloß ein eigener Spielraum zugestanden. Die Wirkungsmächte der Natur sind aber auch weiterhin von Einfluß auf das soziale Geschehen und übersteigen die Mächtigkeit menschlichen Handelns bei weitem. So unterscheidet etwa der Physiker und Nobelpreisträger Philipp Lenard in seinem Werk "Deutsche Physik", mit dem er sich um die Begründung einer nationalsozialistischen Physiklehre bemühte, zwischen der den Sinnen zugänglichen "materiellen Welt" und der inneren "Geisterwelt", die für den Menschen angeblich größere Bedeutung besitzt. "Wahr ist", heißt es da, "was in unserem Geist übereinstimmt mit jener, von den Willkürlichkeiten unseres Geistes unabhängigen Wirklichkeit. Wahr ist nicht was hier oder da sich 'bewährt', sondern was immer sich bewähren muß, weil es der allzusammenhängenden Wirklichkeit entnommen ist" (zitiert nach: Mosse, 1993, S.236). Deshalb erscheint für Lenard auch das vollständige Begreifen eines Naturvorganges als unmöglich, da solches Begreifen "wegen des Allzusammenhangs in der Natur mit dem Begreifen der gesamten unendlichen Welt" (ebd., S.237) zusammenfiele. Das aber sei unvorstellbar. Die Kräfte der Natur, ihre Dämonen und Götter, können in das Schicksal der Menschen ebenso wie in den Verlauf der Welt eingreifen, und für die Menschen gilt es, diese Kräfte im Ritus zu beschwichtigen.

Aber gerade dieser Einfluß des Ritus auf die numinose Wirklichkeit wird durch den Mythos ermöglicht, der über diese Wirklichkeit eine Geschichte zu erzählen weiß. Der entscheidende Unterschied zum rassistischen Mythos von der Natur besteht eben in der Uneindeutigkeit des ursprünglichen Mythos. Dessen Geschichte hat weder einen klaren Anfang noch ein solches Ende; er gibt Möglichkeiten aber keine ehernen Gesetze des Einflusses auf die Naturmächte auf. Der rassistische Mythos hingegen stellt Natur als deterministisch dar. Zwar ist sie genauso eine numinose Figur, die übermächtig und weltgestaltend wirkt, doch tut sie dies gerade unangreifbar.

Der Begriff einer mythologischen Natur verschmilzt im Rassismus gleichsam mit dem des Schicksals. Denn das von der Natur gestiftete Schicksal, das die Rasse determiniert, ist unabänderlich und grausam. Diese Anschauung wird reichlich illustriert in einem Gedicht des völkischen Dichters Hermann Burte, das den Titel "Entscheidung" trägt. Darin greift er sowohl die charakteristische Scheidung von Freund und Feind auf, die nicht miteinander leben können, als er auch die Zugehörigkeit zur je einen oder anderen Seite durch die Natur selbst bestimmt sieht. Das "Beet", in dem das reine Volk wachsen soll, gilt es gewaltsam von allem Fremden zu säubern: "Feinde erkannte ich / Fremde verbannte ich, / Raum hat für Beide / Nimmer das Beet // Ungerecht bin ich / Einseitig denke ich / Schaudernd erkenne ich: / Leben ist Raub! / (...) / Mord hält am Leben! / Schaue Natur an, / Fraß oder Fresser, / Volk, mußt du sein!" (zitiert nach: Loewy, 1990, S.94). Der Jude ist "Jude"; nichts kann seinem Stigma mehr Abhilfe verschaffen. Die "rassische Konstruktion", so Mosse, "wird zu einer unveränderlichen Substanz und zur Grundlage des Aussehens und der Entwicklung des Menschen, einschließlich seiner Intelligenz" (Mosse, 1990, S.55). Dem inkriminierten Subjekt bleibt da lediglich der Austritt aus der Gemeinschaft der rassisch Befreundeten oder das sich Dreinfügen in das, was ihm in dieser als Repräsentant des Anderen, des Dämonischen widerfahren soll.

Als zusammengeschweißte, schicksalhafte Gemeinschaft, so auch Mosse, kämpft die Rasse "natürlich gegen ihre Feinde und versucht, sich rein zu erhalten, um überleben zu können" (ebd.). Auch hier findet sich also das Motiv der Selbstreinigung vermittels Ausstoßung des verfehmten Elements. "Aber entgegen Darwins 'Überleben des Tauglichsten'" fährt Mosse fort, "verändert sie (die Rasse, J.A.) sich während dieses Kampfes nicht. Rasse unterliegt nicht der Evolution, denn sie muß weiterbestehen, so, wie sie geschaffen wurde - sie steht außerhalb der Zeit" (ebd.). Zwar hebt gerade Chamberlain, als einer der herausragenden Theoretiker des Rassismus, hervor, daß der Begriff der "reinen Rasse" eher hemmend sei, als fördernd; vielmehr werde eine "edle Rasse" erst "nach und nach" edel (vgl. Claussen, 1994, S.71). Diese Rassenveredelung soll sich sogar durch Rassenvermischung vollziehen, was dem Gedanken zunächst widerspricht, die Rasse sei bestrebt, sich rein zu erhalten. "Dem Entstehen außerordentlicher Rassen geht ausnahmslos eine Blutmischung voraus" (Chamberlain, zitiert nach: ebd., S.82). Doch nur wenig später nimmt Chamberlain sich zurück, indem er einschränkt, daß "nur ganz bestimmte, beschränkte Blutmischungen für die Veredelung einer Rasse, resp. für die Entstehung einer neuen, förderlich sind" (ebd., S.87) und "in der Regel Blutmischung zur Entartung" führe (ebd., S.88). Ohnehin gelten ihm die "germanischen Stämme", und insbesondere die Deutschen, als am weitesten entwickelte "Rasse", denen Wohl und Wehe der Welt übertragen bleibt (vgl. Mosse, 1991, S.107ff).

Bei Hitler dagegen bleibt die "Rasse" wieder auf sich bezogen und verschmilzt sogar weitgehend mit dem Volksbegriff. Vermischungen weiß er mit Hinweis darauf abzuwehren, jedem Volk seien "seine natürlichen Grenzen gezogen" (Hitler, zitiert nach: ebd., S.101). Im Gegenteil handele jede Rasse allein "aus den Kräften und Werten heraus, die ihr natürlich gegeben sind" (ebd., S.97). Eine Öffnung der rassischen Identität findet damit per se nicht statt; Veränderung soll sich lediglich innerhalb der Rasse selbst vollziehen, die durchaus ihre mehr oder weniger wertvollen Bestandteile besitzt: "(...) so muß das kulturelle Bild eines Volkes geformt werden nach seinen besten Bestandteilen (...)" (ebd., S.99). Das Verlangen nach Reinheit liegt hier wieder geschlossen vor.

Es ist kein Wunder, daß die Betonung des Schicksals im Rassismus so großen Raum einnimmt. Denn Schicksal wird gestiftet von einer Macht wie der Natur, die die Mächtigkeit der Welt in sich trägt. Da hinein paßt genau die dualistische Formel des Freund-Feind-Schemas, das in seiner ganzen Starrheit an sich bereits organisch gedacht ist. Es schreibt Charakteristika und Eigenschaften zu, wie organisch festgelegt, aus denen ein Ausbrechen nahezu unmöglich ist. Insofern birgt dieses Schama in sich auch tendenziell die Stillstellung von Geschichte. Denn es schafft einen Status Quo, der lediglich noch zementiert werden muß. Die Instandsetzung dieses Schemas bedeutete die Herrschaft über die Zeit, in der allein Veränderungen sich vollziehen. Veränderung kann innerhalb eines solchen Schemas jedoch kaum mehr gedacht werden; es sei denn in Hinblick auf die weitere Austreibung bzw. Domestizierung der "Feinde". Wer aber über die Zeit herrscht, über die Macht, Veränderung zuzulassen oder zu unterbinden, der beherrscht die Welt. Das Freundeskollektiv, das sich solche Hegemonie zu verschaffen vermag, ist Anwärter auf die Herrschaft über die Welt. Und gewiß nicht zufällig hat Hannah Arendt festgestellt, das eines der wichtigsten Prinzipien der nationalsozialistischen Herrschaft darin bestand, Handeln an sich zu verunmöglichen und die Wahrnehmung der Welt unter ihren Bann zu stellen, da es doch "wirklich das Wesen des Menschen" sei, das "in der totalen Herrschaft auf dem Spiele steht" (Arendt, 1986, S.701). Denn diese schließe die "Menschen, so wie sind, mit solcher Gewalt in das eiserne Band des Terrors, daß der Raum des Handelns, und dies allein ist die Wirklichkeit der Freiheit, verschwindet" (ebd., S.714)

So wird im Mythos der Rasse und ihrer Gegenüberstellung mit dem feindlichen, "entarteten" Anderen, die Wirklichkeit vollständig archaisiert. Sämtliche Diffizilitäten, Differenzen, historische Gewordenheiten werden beiseite geschoben zugunsten eines Rekurses auf eine so mythische wie abstrakte Ursprünglichkeit, deren Legitimation direkt aus dem Willen der Natur zu fließen scheint. Es ist interessant, daß die Rückbindung an archaische Gewalten und mythische Vorstellungen stets einher geht mit der Diskreditierung der modernen Zivilisation, der Antipode schlechthin zur mythischen Weltschau. Diese Haltung kommt in Ernst Jüngers Lobpreisung des Kampfes prägnant zum Ausdruck. In seiner Schrift über den "Kampf als inneres Erlebnis" weist er zunächst alle Technik als "Maschine" und "Zufall" zurück, die den Menschen vom ursprünglichen Erlebnis des Kampfes mit dem Gegner abhält. Zwei Menschen, die wirklich miteinander kämpfen, jedoch "haben sich zueinander ins Urverhältnis gesetzt, in den Kampf ums Dasein in seiner nacktesten Form. In diesem Kampfe muß der Schwächere am Boden bleiben, während der Sieger, die Waffe fester in der Faust, über den Erschlagenen hinwegtritt, tiefer in das Leben, tiefer in den Kampf" (zitiert nach: Loewy, 1990, S.85). In dieser kurzen Passage finden sich alle wesentlichen Motive des Freund-Feind-Schemas wieder. Das Leben, so am Ende, ist Kampf; die Konstellation der Gegnerschaft also bedeutet eine naturhafte Beziehung zwischen den Menschen. Als reiner Akt steht schließlich die gewaltsame Überwindung des Feindes dar; der Sieg im Kampf ist eine weitere Etappe zur Vervollkommnung des siegreichen Subjekts - sei's ein Volk oder ein Einzelner. Und eben jenes völkische, die Gegnerschaft zweier antagonistischer Rassen als archaischer Satzung findet sich auch wenig später bei Jünger, indem er für den Willen zum Kampf die Bedeutung des Blutes, das ja die volkhafte Identität erschließt, hervorhebt. "Der Anblick des Gegners", heißt es da, "bringt neben letztem Grauen auch Erlösung von schwerem, unerträglichem Druck. Das ist die Wollust des Blutes, die über dem Krieg hängt, wie ein rotes Sturmsegel über schwarzer Galeere (...)" (ebd.)[16].

---

[16] Freilich kann man Ernst Jünger nicht als einen ausgesprochenen Rassisten bezeichnen. Doch worum es hier geht, ist die Herausbildung einer bestimmten, mehr oder weniger den damaligen deutschen Zeitgeist repräsentierenden Weltsicht, die sich ins völkisch-nationale Bild einpaßt. Und obwohl Jünger im hier verwendeten Zitat das Wort "Blut" auch ganz plastisch meinen kann, so ist die rassemäßige Interpretation doch genauso denkbar oder wird zumindest nahegelegt. Wichtig ist, daß die Verherrlichung des Kampfes, des Krieges und der schon transzendenten Bedeutung des Waffenganges auf das engste korrespondiert mit rassistischen Wahrnehmungen, in denen diese recht elitäre Haltung herabgezogen wird in die populistische Version des Antisemitismus. Wer einmal Jüngers Schriften, wie etwa "In Stahlgewittern" gelesen hat, weiß um den Hang zur Mythologisierung von Krieg und Krieger, die seine Metaphorik beständig ausdrückt, und um die Fraglosigkeit der Freund-Feind-Konstellation, die darin gegeben ist.

Niemand hat diesen Archaismus vom naturhaften Kampf zwischen Freund und Feind besser dem Rahmen einer modernen politischen Theorie eingepaßt, als der Rechtstheoretiker Carl Schmitt. In seiner erstmals 1932 erschienenen Schrift "Der Begriff des Politischen" erklärt er, daß das Wesen des Politischen darin liegen müsse, daß es "eigene letzte Unterscheidungen" gäbe, "auf die alles im spezifischen Sinne politische Handeln zurückgeführt werden kann" (Schmitt, 1987, S.26). Das Politische, das ja gemeinhin für die gesellschaftliche Sphäre konstituierend wirkt, führt Schmitt so umstandslos auf jene archaische Konstellation der Gegenüberstellung verschiedener in der Natur begründeter Mächte zurück, wie sie auch in der völkischen und rassistischen Mythologisierung gebräuchlich ist. Denn das eine "letzte Unterscheidung" in diesem Sinne nur eine sein kann, die in der Natur selbst verwurzelt und durch diese legitimiert ist, liegt auf der Hand und wird durch Schmitts Anteilnahme am Nationalsozialismus verifiziert[17]. So verbirgt er auch nicht lange, worin diese Unterscheidung sich ausdrückt: "Die spezifische politische Unterscheidung, auf welche sich die politischen Handlungen und Motive zurückführen lassen, ist die Unterscheidung von Freund und Feind" (ebd.).

Es ist dieses Verhältnis selbst, das für quasi natürlich gegeben erklärt wird, zu dem es keine Alternative gibt und das, gleich dem Blut in den Adern der Menschen, dem sozialen Organismus das Leben einhaucht. Denn so unversöhnlich wie Schmitt abstrakt Freund und Feind sich gegenüberstellt, so unversöhnlich stellen die modernen Rassentheoretiker die antagonistischen Rassen gegeneinander. Es ist dieses völkische Klima innerhalb des konservativen Spektrums in Deutschland, wie es sich laut Massing in etwa seit den 1880er Jahren in der Verschmelzung von Antijudaismus und Rassismus herauskristallisierte, das eine politische Theorie von der Stringenz und der Faszination Schmitts, die gleichwohl auf offenkundigen Absurditäten aufbaut, ermöglicht[18]. Der völkische Nationalismus, so Massing, der ungleich unversöhnlicher und aggressiver war, als jeder traditionelle Antijudaismus, "predigte (...) den Herrschaftsanspruch der Nation als einer rassenbedingten Gemeinschaft und sah in der Unterdrückung 'des Juden', als des Untermenschen, eine naturgegebene Pflicht (...)" (Massing, 1986, S. 106).

---

[17] Bei Carl Schmitt verhält es sich bzgl. seiner rassistischen Intentionen ähnlich, wie bei Jünger. Im Gegensatz zu diesem allerdings hat Schmitt bekanntlich unter den Nationalsozialisten den Schwenk zum Rassismus noch vollzogen und damit seine Theorie der Ideologie angeglichen, die sie zuvor befördern geholfen hatte.
[18] Hinzu kommt allerdings gewiß auch die spezifische Art der Sicht auf eine Gesellschaft, die noch extrem als Klassengesellschaft organisiert ist und dementsprechend viel entscheidender von sozialen Dualismen geprägt wird, als die gegenwärtige.

Die Konstruktion von Menschenrassen und die Betonung von deren Ungleichheiten, wie sie schon früh im Humanismus und in der Aufklärung praktiziert wurde, mag wohl als Wegbereiter des Rassismus gelten, sie ist aber noch nicht selbst einer, sondern steht eben auf der Scheide zwischen der Ablösung von christlicher Tradition und Terminologie und wissenschaftlicher Säkularisation. Sie wird Rassismus dort, wo die Unterscheidung unversöhnlich wird, wo es keine Brücken zwischen den wie auch immer konstruierten "Rassen" mehr gibt; und sie wird es dort, wo jener Säkularisierungsprozeß wiederum an nicht-weltliche, diesmal mythische, Faktoren angebunden wird, die keinen Ausweg aus dem Determinismus freilassen.

Der Rassismus, so könnte man sagen, sucht den Anderen. Er hat keinen Grund, der ursächlich mit diesem Anderen verbunden wäre, sondern er ist eine Abwehr gegen die Moderne und alle ihre Konsequenzen. Der völkische Antisemitismus findet das Bild dieser Abwehr im Juden. "Indem die Juden Materialismus und Fortschritt verkörperten", schreibt Mosse, "stellten sie sich automatisch gegen den inneren Charakter der deutschen Nation, ein Umstand, der erklärbar war aus der Tatsache, daß die Juden dem lebendigen Fluß des Lebens entfremdet und ihre Seelen versteinert waren" (Mosse, 1991, S.54). Solche Gedanken scheinen jedem rationalen Nachvollzug entrückt und konnten sich doch zu einer Art von Gemeingut aufschwingen. Dabei mußte, wollte man die Welt durch die Schau auf das "Wesen der Rassen" erklärbar machen, die Ratio notwendigerweise ins Hintertreffen geraten. Auf diesen Umstand hat Blumenberg verwiesen, indem er feststellt, daß "etwas von solcher Mobilisierung und Übertragung archaischer Effekte im Spiel sein (muß), wenn Mythisierung von Ideologien versucht wird: als übermächtig und mit allen Gewalten im Bunde soll erscheinen, was aller rationalen Legitimierbarkeit entbehrt und bei Mangel an erweisbarer Geschichte doch wie das Uralt-Wiederkehrende aussehen soll" (Blumenberg, 1971, S.25).

Das fügt sich wiederum in die oben vorgebrachte These, daß die Schaffung eines modernen Mythos, bspw. im Rassismus, u.a. dem Zweck dient, entgegen der modernen Individualisierung und Autonomisierung, kollektive Identitäten wiederherzustellen und diese, mehr noch, durch deren Verankerung im naturhaft Gegebenen als unabänderlich und ewig zu etablieren. Das einstmals künstlich geschaffene Kollektiv des zur "Rasse" überhöhten Nationalvolkes, gerät so in den Anschein einer ewigen und seinsmäßigen Ursprünglichkeit, wodurch eine Identität und Zusammengehörigkeit geschaffen wird, die auf ganz irrationaler, mythologischer Grundlage basiert. Diese Funktion einer Identitätsbildung, die das jeweilige Kollektiv zusammenschweißt, hebt implizit auch Schmitt hervor, wenn er sagt: "die Unterscheidung von Freund und Feind hat den Sinn, den äußersten

Intensitätsgrad einer Verbindung oder Trennung, einer Assoziation oder Dissoziation zu bezeichnen; sie kann theoretisch und praktisch bestehen, ohne daß gleichzeitig alle jene moralischen, ästhetischen, ökonomischen oder anderen Unterscheidungen zur Anwendung kommen müßten" (Schmitt, 1987, S.27). Denn hinter einem solchen "äußersten Intensitätsgrad" steht natürlich die Verbundenheit mit einer bestimmten Gruppe und deren Identifikation.

Das reaktionäre Freund-Feind-Schema aber, wie es sich in der Schmittschen Konzeption manifestiert, wird vom ungestümen Rassismus an sich noch durchbrochen. Denn jene Polarität benötigte das jeweilige Gegenüber noch stets als Subjekt. Das Gegenüber des Rassisten aber gilt keineswegs mehr als ein solches; es wird nur noch schlicht als Objekt begriffen. Der als minderwertig geltende Mensch ist nie mehr Subjekt: "Sehet, das ist der Feind der Welt, der Vernichter der Kulturen, der Sohn des Chaos, die Inkarnation des Bösen, das Ferment der Dekomposition, der plastische Dämon des Verfalls der Menschheit" (zitiert nach: Loewy, 1990, S.134), so Joseph Goebbels auf dem Reichsparteitag der NSDAP, 1937. Das negativ gesetzte Subjekt, das noch das Werk der Zerstörung hat zelebrieren sollen, wird selbst als solches demontiert, indem es in die Schablone des Abartigen gebannt wird. In dieser Position kann es nur noch als in die Ecke gedrängtes Objekt von Verfolgung oder Vernichtung fungieren - die Option auf Handeln jedoch ist ihm abgeschnitten. Adorno zufolge ist es der im Alltagsleben übliche Utilitarismus, der die ihm begegnenden Menschen automatisch in Freund und Feind teilt. "Indem er (d.i. der utilitaristisch orientierte Mensch, J.A.) sie daraufhin ansieht, wie sie seinen Absichten sich einfügen, reduziert er sie gleichsam vorweg zu Objekten" (Adorno, 1991, S.171). 1945, noch unter dem direkten Einfluß der Grauen des deutschen Faschismus geschrieben, verallgemeinert Adorno hier die im Freund-Feind-Schema angelegte Reduzierung des Gegenübers aufs Objekt als Phänomen moderner Massengesellschaften überhaupt. Ob dies Verfahren stimmig ist, bleibt fraglich. Jedoch bleibt es dabei, daß er darin eines der zentralen Momente jenes Schematismus entlarvt, der für den Rassismus als Herrschaftselement zentral ist, wenn er schreibt, "die apriorische Reduktion auf das Freund-Feind-Verhältnis ist eines der Urphänomene der neuen Anthropologie" (ebd., S.172) - die der Rassismus umzusetzen gedenkt.

Diese Anthropologie, die Identitäten wie Etiketten auf ganze Sortimente von "Rassen" zuweist, schafft Freiheit ab und schließt damit den Griff der Herrschaft auf die Individuen noch fester. Denn "Freiheit wäre, nicht zwischen schwarz und weiß zu wählen, sondern aus solch vorgeschriebener Wahl hervorzutreten" (ebd.). Aus dem Determinismus der Rasse aber gibt es keinen Austritt mehr und damit auch nicht den aus der Zuordnung auf die Kategorien von Freund und Feind. Wenn, wie es bei Adorno noch im selben Aphorismus heißt, es zum Wesen der Herrschaft gehört, jeden, der nicht gänzlich mit ihr konform geht, um der bloßen Differenz willen ins Lager der Feinde zu verweisen, dann radikalisiert der Rassismus diesen Zug der Herrschaft beträchtlich. Ihm geht es nicht mehr um die Frage nach Konformität, sondern um ein Apriori der Zugehörigkeit.

Hier findet sich vielmehr eine Kategorie ins Recht gesetzt, die Hannah Arendt als den "objektiven Gegner" bezeichnet. Der wird nämlich nur durch die Absichten seiner Ankläger selbst zum Gegner, die vorweg und ohne Ansehen der Person mit der gesamten Gruppe der "objektiven Gegner" eine spezifische Art von "Verbrechen" verbinden. Insofern ist die Benennung des "Verbrechers" mit Sicherheit vor dem "Verbrechen". Der nämlich ist, wie Arendt ausführt, leichthin austauschbar. Wichtig ist nur, für eine wie auch immer geartete Delinquenz, die für die dominante Gruppe von Belang ist, einen Träger zu finden. Die Bürde des "objektiven Gegners" ist daher rein funktional; sein Schicksal kann grausam sein. "Der Gegner ist (...) gleich einem Bazillenträger, objektiv gefährlich als Träger bestimmter Tendenzen" (Arendt, 1986, S.654); und es geht darum, diesen Bazillus zu domestizieren. Natürlich ist es dazu notwendig, daß die Personengruppe, die als Träger solcher Tendenzen ausgemacht wird, sichtbar ist. Zum einen muß das Ressentiment ein greifbares Ventil finden, zum anderen muß die Bedrohung durch den "Gegner" wenigstens hypothetisch einen Sinn machen. Diesen Gedanken führt auch Carl Schmitt in seinen Überlegungen zur Ortung des "Feindes" aus: "Feind ist nur eine wenigstens evtl., d.h. der realen Möglichkeit nach kämpfende Gesamtheit von Menschen, die einer ebensolchen Gesamtheit gegenübersteht. Feind ist nur der öffentliche Feind (...)" (Schmitt, 1987, S.29). Doch ebenso ist bei ihm sogleich wieder davon die Rede, daß Feind wie Kampf "im Sinne einer seinsmäßigen Ursprünglichkeit zu verstehen" (ebd., S.33) sind. Insofern endet die Beliebigkeit des Feindes bei Schmitt dort, wo dieser tatsächlich ausgemacht werden muß, um sodann eine seinsmäßige Wesenheit und Bestimmung anzunehmen. Ein soziales Dasein ohne Feindbestimmung ist in diesem Kontext nicht denkbar.

Zygmunt Baumann, der in seiner Theorie der Moderne diese als eine Epoche kennzeichnet, die anstrebt, jegliche Ambivalenzen und Dissonanzen in harmonischer Ordnung - wenn es sein muß, auch durch Gewalt - aufzulösen, hat die Behauptung aufgestellt, daß innerhalb einer solchen Moderne die Kategorien von Freund und Feind es allein ermöglichen, den anderen als Subjekt wahrzunehmen. Allein in dieser Opposition könne sich ein spezifisches Verhältnis zum Gegenüber entwickeln. Baumann geht sogar so weit, zu behaupten,

Freundschaft und Feindschaft seien "die archetypischen Formen aller Vergesellschaftung und bilden zusammen ihre zweiteilige Matrix" (Baumann, 1992b, S.75). So erhalten sie sogar noch hier ihre Weihe als Urformen des Sozialen, wie es die Vorfahren in grauer Vorzeit schufen und damit, da es den Göttern abgetrotzt scheint, für die Ewigkeit legitimierten[19]. Diese These scheint zunächst direkt mit dem zu korrespondieren, was Schmitt vom Verhältnis zwischen Freund und Feind hält. Der betont nämlich einerseits das soziale Apriori der Opposition von Freund und Feind, ohne das Gesellschaft kaum denkbar sei; wie er auch andererseits sagt, der (politische) Feind sei "eben der andere, der Fremde und es genügt zu seinem Wesen, daß er in einem besonders intensiven Sinne existentiell etwas anderes und Fremdes ist, sodaß im extremen Fall Konflikte mit ihm möglich sind" (Schmitt, 1987, S.27). Über den Feind als Fremden wird hiermit also ein Gegenüber geschaffen, an dem man sich selbst und die eigene Gruppe als homogen erfahren kann im Gegensatz zu dem Anderen, das in seinem Anderssein bedrohlich wirkt und zur Herbeiführung eines gewaltsamen Konflikts einlädt. Doch diese klare Trennung hat Baumann mit seinem Begriff des Fremden nicht im Sinn. Er radikalisiert dessen Position, läßt ihn aus der Freund-Feind-Opposition herausfallen und in eine subversive, das gesellschaftliche Leben untergrabene Stellung geraten, weil der Fremde "weder Freund noch Feind ist; und weil er beides sein kann" (Baumann, 1992b, S.76).

Diese Unbestimmtheit erscheint zunächst als eine Macht des Fremden. Weil er nichts darstellt, kann er alles sein. Seine Ambivalenz gerät so zum Machtfaktor, indem sie die gesetzte Ordnung unterläuft. Sie gerät jedoch ebenso zum Urteil, das über den Fremden kommt, wie das jähe Schicksal. Denn wer so gesehen nichts ist, ist auch davon abhängig, das andere etwas in ihm erkennen. Seine selbstgesetzte Identität muß sich in der Öffentlichkeit erst bewähren und anerkannt werden. Die Möglichkeit bleibt aber offen, daß eine ganz andere Zuschreibung erfolgt, als die gewünschte. Wer nichts ist, wer nichts bedeutet, weil er keine Identität besitzt, lädt ein zum Stigma durch die anderen. Dieses Stigma, das von den anderen dem Fremden als krude Identität verliehen wird, dient der Wiederherstellung der

---

[19] Daß Baumann in seiner Definition des Fremden auf Abwege gerät, zeigt etwa folgende Textstelle, worin er behauptet, es sei "nicht die Unfähigkeit, einheimisches Wissen zu erwerben, die den Außenseiter als Fremden konstituiert, sondern die inkongruente existentielle Konstitutiuon des Fremden, insofern er weder 'innen' noch 'außen', weder 'Freund' noch 'Feind' (..) ist" (Baumann, 1992b, S.101). Dabei ist es offenkundig, daß es gerade der als Fremder in der Gesellschaft geltende ist, der aber doch einmal geblieben ist und mittlerweile als soziale Institution sich etabliert hat, der am ehesten das Stigma des Feindes auf sich ziehen kann. Dieser Fremde ist geradezu prädestiniert für die Rolle des innergesellschaftlichen Feindes - das erleben wir derzeit alle Tage. Die Konzeption des Fremden als eines Phänomens, das sich nicht recht greifbar zwischen den Polen von Freund und Feind ansiedelt, ist kaum haltbar. Gerade seine Ambivalenz im Nichtverorteten zieht das Stigma auf sich und stempelt ihn zur angefeindeten Negativfolie für das "heimische" Kollektiv.

Ordnung, in der sie leben und die durch die Anwesenheit des Fremden und seiner Ambivalenzen bedroht wird. "Der Fremde ist tatsächlich jemand, der sich weigert, sich auf das 'ferne Land' beschränken zu lassen oder aus unserem eigenen fortzugehen und der daher apriori dem bequemen Hilfsmittel der räumlichen oder zeitlichen Absonderung Widerstand leistet" (ebd., S.80). Deshalb wird er zum Anderen schlechthin typisiert, zur furchtbar drohenden oder einfach opaken Natur.

Derjenige der innerhalb der vorgefundenen Ordnung keine Identität, keine Funktion besitzt, bekommt eine aufgegeben. Es wird ihm eine Wirklichkeit konstruiert, der er sich kraft der Übermacht des Gegenübers fügen muß, um die ohnehin konstruierte Wirklichkeit des modernen, kapitalistischen Nationalstaates im Lot zu halten. In diesem Sinne ist die Feststellung Mosses zu verstehen, daß der Antisemitismus zum wichtigsten Träger der völkischen Bewegung wurde, indem das Feindbild des Juden als Versinnbildlichung der drohenden Moderne diente. "Der Feldzug gegen die Modernität", so Mosse, "hatte seinen idealen Ausdruck gefunden. Hier war der wirklich greifbare Feind des germanischen Glaubens: kein undefinierbares Wesen, sondern ein real vorhandenes Volk, dessen Weltanschauung dem deutschen Volk schadete (...) Gegen die Juden vorzugehen bedeutete also nicht nur, gegen die Vorreiter einer materialistischen Weltsicht zu kämpfen, sondern auch die Auswüchse der modernen Gesellschaft anzugreifen" (Mosse, 1991, S.143f). Mosses Fazit lautet daraufhin, daß "die Enthumanisierung des Juden vielleicht eine der wichtigsten Einzelentwicklungen in der Entwicklung der völkischen Ideologie" (ebd., S.153f) gewesen sei, und es ist wohl nicht zuviel gesagt, daß eine Theorie der Autonomie des Individuums nach solchen Erscheinungen ohne eine Theorie des Faschismus nicht mehr denkbar ist. Die ungebrochene Emphase im Begriff von Autonomie, wie sie noch bei Horkheimer auftritt, hat sich als Illusion erwiesen. Wer an ihrem Projekt festhalten will, ist gezwungen, ihre Defizite und Ambivalenzen zu integrieren. Subjektautonomie, so hat sich gezeigt, kann prinzipiell aufgehoben werden; sie ist nichts weniger als anthropologisch bedingt, und die gelten sollende Dialektik von Vergesellschaftung und Subjektivität kann durchaus zugunsten von ersterer außer Kraft gesetzt werden.

Es liegt auf der Hand, daß die Zuschreibungen, die der Fremde durch die aus der bewährten sozialen Ordnung heraus Agierenden erfährt, Urteile sind, die aufgrund von ideologischen Voraussetzungen entstanden sind. Dabei ist es, laut Mosse, eine für die völkische Bewegung typische Haltung, diesen Urteilen mehr Gewicht zuzubilligen, als "objektiven Tatsachen" (ebd., S.137). Doch liegt in der Bedeutung des Stigmas noch mehr, als die bloße Überinterpretation von Zuschreibungen, da das rassistische Stigma sich sowohl an eine Kausalität der

Natur wie auch des Schicksals anlehnt. Es besitzt einen Grund, glaubt, um seine Herkunft zu wissen und tilgt damit die Kontingenz, die ihm eigentlich eigen ist. Es ist die Eigenart des Mythos, die hier abermals an die Oberfläche drängt und die Wahrnehmung der Welt bestimmt. "Der Mythos wirkt in seiner Rezeption wie eine Bindung ans Objektive" (Blumenberg, 1971, S.35) sagt Blumenberg. Er setzt sich also apriori mit Realität in eins und überdeckt damit deren kontingente Strukturen. Der Mythos erhebt den Anspruch auf Wahrheit dessen, was durch ihn suggeriert wird und schwingt sich zur absoluten Autorität bzgl. der Interpretation von Welt auf.

Daß der Mythos selbst nur Interpretation ist, daß er nur eine Geschichte konstruiert, um den Schrecken der Welt zu zähmen, gerät dabei schnell aus dem Blick. "Die Verwechslung des Bedeutsamen und des Wahren legt sich nahe. Dabei ist Bedeutsamkeit nur diejenige Qualität der Mythologeme, die sich durch Evokation zu immer neuer 'Bearbeitung' im Bestand der Tradition hält" (ebd.). Dort jedoch, wo der Mythos sich rassisch aus einer ewigen Wahrheit herleitet, verschwindet freilich der Aspekt der fortlaufenden Bearbeitung und Bedeutsames wird als wahr genommen und als so mächtig, daß es noch die Regeln der Gegenwart bestimmt. Eliade betont, daß bezeichenderweise der Mythos für archaische Kulturen viel größeren Wahrheitscharakter besitzt, als die tatsächliche Geschichte, "da er doch der Geschichte einen tieferen und reicheren Sinn verlieh und ein tragisches Geschick offenbarte" (Eliade, 1994, S.60). So gesehen ist es nicht verwunderlich, daß für Eliade der primitive Mensch anstrebt, in dauernder Gegenwart zu leben, da sich doch an der Wahrheit seines Daseins seit ihren Anfängen nichts geändert haben kann. Davon hebt sich die rassistische Befindlichkeit nicht sonderlich ab.

Mustergültig erscheint eine derart mythologische Wirklichkeitskonstruktion im Kontext der Moderne in den Kommentaren zur deutschen Rassegesetzgebung, die Wilhelm Stuckart und Hans Globke 1936 geliefert haben. Dort heißt es, "die Gemeinschaft des Volkes, getragen vom Gemeinschaftswillen und gemeinsamen Ehrbewußtsein des artgleichen deutschen Volkes, ist die politische Einheit. Diese Gemeinschaft ist nicht nur eine geistige, sondern eine reale. Die reale Bindung ist das gemeinsame Blut. Die Blutsgemeinschaft schafft die völkisch-politische Einheit der Willensrichtung in der Auseinandersetzung mit der Umwelt (...) Der einzelne ist in seinem Volkstum schicksalhaft verwurzelt. Die Gemeinschaft des Volkes ist der erste Wert im Leben der Gesamtheit wie des einzelnen. Der Einzelmensch ist nur denkbar als Glied von Gemeinschaften, denen er artgleich ist, und von denen er sein körperliches Wesen und seine geistige Veranlagung ererbte" (zitiert nach: Mosse, 1993, S.341f). Jedoch ist die hier behauptete

"Gemeinschaft des Volkes" nicht dazu in der Lage, sich aus sich selbst heraus zu begründen, sondern benötigt das Gegenbild des Anderen, dessen Feindschaft und Minderwertigkeit sich im Stigma offenbart - 1935 gossen die Nationalsozialisten schließlich das Stigma in die Form der Rassengesetze. Und nach jenem weit ausholenden Anlauf befleißigen sich Stuckart und Globke endlich, zu schlußfolgern, daß "aus der Verschiedenheit der Rassen, Völker und Menschen zwangsläufige Unterscheidungen in den Rechten und Pflichten der einzelnen" (ebd, S.344) folgen sollen, wobei die "einzelnen" freilich nie unabhängig von ihrer "Rassenzugehörigkeit" begriffen werden können. Solche Vorstellungen haben Horkheimer und Adorno in ihrer "Dialektik der Aufklärung" mit bitterem Zynismus entlarvt: "Anstelle von Erfahrung tritt das Cliché", schreiben sie darin, "anstelle der in jener tätigen Phantasie fleißige Rezeption (...) Im Zeitalter der 300 Grundworte verschwindet die Fähigkeit zur Anstrengung des Urteilens und damit der Unterschied zwischen wahr und falsch" (Horkheimer/Adorno, 1990, S.211). Jene "Fähigkeit zur Anstrengung" wird durch die mythologische Determination einer Verwurzelung in ewigen Seinsbestimmungen ersetzt.

Horkheimer und Adorno schreiben auch, daß gerade das, was als Fremdes abstoße, im Grunde nur allzu vertraut sei. Denn in ihm offenbare sich noch einmal die durch die Zivilisation unterdrückte Unmittelbarkeit, die man in der modernen Gesellschaft nicht mehr ohne weiteres zulassen kann, ohne die eigene Selbsterhaltung darin aufs Spiel zu setzen. "Berühren, Anschmiegen, Beschwichtigen, Zureden. Anstößig heute ist das unzeitgemäße jener Regungen. Sie scheinen die längst verdinglichten menschlichen Beziehungen wieder in persönliche Machtverhältnisse zurückzuübersetzen (...)" (ebd., S.191). Doch ist gerade die Nähe zum Anderen, die darin riskiert wird, gefährlich; läßt sie doch alle heikle Distanz, die man mühsam zur Unterdrückung der Affekte aufgebaut hat, hinter sich und läßt das so monotone wie starre Schema der Gesellschaft, als das Urbild menschlicher Beziehungen, einstürzen. Es ist, wie Baumann anmerkt, dies die Intention des Fremden: "(...) die Auslöschung aller Trennungen, die der einförmigen, wesentlichen Humanität im Weg stehen; dies ist die letzte Hoffnung, die er hegt, um seine eigene Außenseiterrolle auszulöschen" (Baumann, 1992b, S.111).

Eben dies ist in der modernen Gesellschaft nicht leichthin möglich. Sie nämlich gründet, wie Foucault in seiner Hinführung auf die Problematik des modernen "Rassenkampfes" ausführt, auf Krieg, d.h. auf einer Lagerzugehörigkeit, wie Schmitt sie auch formuliert hat. Der neue historisch-politische Diskurs, liest man bei Foucault, "ist gleichzeitig ein Diskurs über den Krieg als dauernde soziale Beziehung, den Krieg als unauslöschlichen Grund aller Machtverhältnisse und -

einrichtungen (...)" (Foucault, 1986, S.10). Die Bedeutung des Krieges für das völkische Selbstverständnis illustriert der Lyriker Ernst Bertram folgendermaßen: "Aber erst Gräber / Schaffen Heimat, / Erst unsre Toten / Geben uns Licht" (zitiert nach: Loewy, 1990, S.181). Der Krieg kann dies sein, weil er im Laufe der Entwicklung der bürgerlichen Gesellschaft, samt ihren sozialen und politischen Institutionen, ein Instrument des Staates geworden ist und sukzessive aus dem Alltäglichen, vor dem Hobbes schauderte, herausgelöst wurde. Der Krieg gerät damit zum zentralen Mittel des Souveräns in dessen Funktion der Herrschaftsausübung; er "ist der Motor der Institutionen und der Ordnung" (Foucault, 1986, S.12).

Daraus entsteht schließlich ein Recht, das sich auf Sieg, Eroberung, Natur gründet; eines, das sich aus der Geschichte selbst heraus legitimiert. In trockener Analyse bringt Foucault damit das auf den Punkt, was Schmitt in so apologetischer wie provokanter Emphase ausruft: "Souverän ist, wer über den Ausnahmezustand entscheidet" (Schmitt, 1993, S.13) - ein Zustand, der nichts anderes bedeutet, als den, zumindest latenten, Krieg. Diese Form des Krieges transportiert die Freund-Feind-Unterscheidung des Rassismus geradewegs in das gesellschaftliche Geschehen hinein; der Rassismus manifestiert den permanenten Ausnahmezustand des Sozialen. Schmitt insistiert darauf, daß es gerade der Kriegsfall sei, der das Politische in seiner Bestimmung von Freund und Feind kenntlich mache. Die Metapher vom Krieg der Rassen, die sich im Antisemitismus etabliert, läßt den Kriegsfall zur Bewältigung des profanen Alltags werden und diesen sich nach den Bedingungen des Krieges ausrichten. Schließlich besitzt "der Ausnahmefall eine besonders entscheidende und den Kern der Dinge enthüllende Bedeutung (...) Denn erst im wirklichen Kampf zeigt sich die äußerste Konsequenz der politischen Gruppierung von Freund und Feind. Von dieser extremsten Möglichkeit her gewinnt das Leben der Menschen seine spezifisch politische Spannung" (Schmitt, 1987, S.35). Insofern betreibt der Rassismus nicht unbedingt die Entfesselung eines manifesten, kriegerischen Ausnahmezustandes; aber er etabliert ein Bewußtsein davon, daß selbst der gesellschaftliche Alltag noch von dessen Prämissen durchdrungen ist, daß es einen Gegner gibt, der niedergehalten werden will, sofern er keine hegemoniale Stellung erlangen soll.

Die Feinderklärung des Rassismus ist nicht in erster Linie gewalttätig, sie entleert sich nicht zwingend im Pogrom; sie ist im Gegenteil zuvorderst eine innere Feinderklärung - seelisch und, was wichtig ist: permanent, als ein Verlangen nach rassischer und damit auch seelischer Reinheit. Folgt man Schmitt, dann wird die Gruppierung, die nach diesen Prämissen handelt, gesellschaftlich obsiegen, denn "politisch ist jedenfalls immer die Grupierung, die sich an dem Ernstfall orientiert. Sie ist deshalb immer die maßgebende menschliche Gruppierung (...)" (Schmitt, 1987, S.39). So reduziert sich die Frage nach der Wahrheit auf ein reines "Mehr an Kraft, so wie sie sich nur von einem Kräfteverhältnis aus entfaltet" (Foucault, 1986, S.15). Gerade im Rassendiskurs ist Wahrheit an die Frage der Stärke des Gegners gebunden. Die Wahrheit besitzt hier diejenige Rasse, die obsiegt; sie ist Favoritin des Schicksals und Trägerin des Ewigen in der Geschichte. Der nationalistische Lyriker und Philosoph Erwin Guido Kolbenheyer faßt dies in die Worte, die Völker stünden "unter der biologischen Nötigung, ihre eigenwüchsigen Kraftbestände zu sammeln, ihre Lebensmächtigkeit auf den Fortbestand zu erproben, diesen Fortbestand zu sichern. Das ist die Lebenslage der Völker Europas" (zitiert nach: Loewy, 1990, S.83). Wo dem Krieg solche Bedeutung zukommt, kann die Menschheit freilich als Wertkategorie kaum mehr eine Rolle spielen. Im rassistischen, völkischen Diskurs wird sie denn auch als abstrakte, unnatürliche Konstruktion abgetan. Ferment alles sozialen bleibt hier das Volk. Es sind gemäßigte Worte, wenn Carl Schmitt feststellt: "Menschheit ist kein politischer Begriff, ihm entspricht auch keine politische Einheit oder Gemeinschaft und kein Status" (Schmitt, 1987, S.55). Dem sei schlicht deshalb so, weil "die Menschheit als solche keinen Krieg führen kann, denn sie hat keinen Feind (...) Der Begriff der Menschheit schließt den des Feindes aus, weil auch der Feind nicht aufhört, Mensch zu sein und darin keine spezifische Unterscheidung liegt" (ebd., S.54f). Es ist der im Begriff der Menschheit stets notwendig implizierte Humanismus, der dort zum Greuel wird, wo man Differenzen nicht an je einzelnen, sondern nur am mythisch-ominösen Volkskollektiv festmachen und diese nur in der gewaltsamen Begegnung erproben kann. So zeigt sich einmal mehr, daß die Hypostase des Volkes und seiner Gewalt das Subjekt zunichte macht; hier kann es kein Subjekt mehr geben. Dazu wird von Horkheimer/Adorno treffend festgestellt, daß Verfolger und Opfer "als blind Zuschlagende und blind Abwehrende" dem gleichen "Kreis des Unheils" angehören. "Die antisemitische Verhaltensweise wird in den Situationen ausgelöst, in denen vollendete, der Subjektivität beraubte Menschen als Subjekte losgelassen werden" (Horkheimer/Adorno, 1990, S.179f).

In der Analyse der Eigenart des Mythos findet man Entsprechungen. So z.B. wenn Blumenberg meint, die einzig mögliche "absolute Erfahrung" sei "die Übermacht des Anderen". Der Unterschied des Mythos zum Vorherigen besteht allerdings darin, daß dieser eine wesentliche Facette mehr besitzt, als dies im rassistischen oder völkischen Diskurs der Fall ist. Denn dort ist der Fremde in jedem Fall Synonym für das schlechthin Andere. Dieses kann nicht ohne jenen gedacht werden. Im Mythos jedoch ist das Andere "noch nicht vorzugsweise der Andere. Erst sobald jenes durch diesen interpretiert, das Neutrum durch die Metapher des Auch-Ich erschlossen wird, beginnt eine Weltauslegung, die den erfahrenen Menschen in die Geschichte des erfahrenen Anderen verwickelt" (Blumenberg, 1990, S.28). Erst zu diesem Zeitpunkt kann jene Schematisierung und Typisierung beginnen, die das Stigma begründet, das dem Anderen aufliegt. "Die Konstruktion seiner Geschichte leitet die Ritualisierung der Verhaltensweisen aller Beteiligten ein. Der Kult ist die Anstrengung des Schwächsten, darin mustergültig zu sein. Das Andere, der Andere geworden, muß seine Anderen haben und hat sie in anderen Göttern, auch den Göttern Anderer" (ebd., S.29). Daß darin die starke Gefahr enthalten ist, die Wahrheit des Mythos für die Wahrheit der Welt zu nehmen und das Ressentiment als den Urgrund der Realität zu vergötzen, liegt auf der Hand. "Immer schon war der Protest gegen ein erstarren machendes Gegenüber vergötterter Gestalten in der Gefahr, umzuschlagen in die Mißachtung einer gestalteten Welt und in die Verdächtigung des Welt-Gestaltens als eines oberflächlichen, ja verächtlichen Tuns" (Heinrich, 1964, S.72). Das mythisierte, genealogisch überhöhte Ressentiment determiniert Welt in einer krampfhaften Totalität. Handeln im freien, kontingenten Sinn wird darin verunmöglicht.

Als weltgestaltendes Element speist sich Ressentiment aus dem sozialen Phänomen der Entfremdung, die bekanntlich von der Dominanz der Arbeit über den Menschen herrührt. Diese erscheint zunächst jedoch als relativ natürliches Mittel des Menschen, um seiner Welt eine Ordnung zu geben, die, damit er sich darin auskennen kann, notwendig ist. Blumenberg etwa sagt: "der Mensch muß sein Verhältnis zur Wirklichkeit auf die gegebenen Bedingungen einrichten, statt seiner heterogenen Natur zu folgen. Er tut es notgedrungen im geregelten Verhältnis der Arbeit als der Grundform seiner Auseinandersetzung mit der Natur" (Blumenberg, 1990, S.37). Dort, wo diese "Grundform" sich aber zur beherrschenden Priorität aufschwingt, wird jene heterogene Natur domestiziert und die darin enthaltene Unmittelbarkeit des Subjekts unterliegt dem Prozeß der Entfremdung in einer verdinglichten Gesellschaft. "Schon aus diesem Tatbestand, daß während der Epoche, die das Individuum emanzipiert, der Mensch in der grundlegenden ökonomischen Sphäre sich selbst als isoliertes Subjekt von Interessen erfährt und nur durch Kauf und Verkauf mit anderen in Verbindung tritt, ergibt sich die Fremdheit als anthropologische Kategorie" (Horkheimer, 1992, S.104). Geboren aus mythischer Ausdeutung gerät das Ressentiment in der Moderne zum sozial strukturierenden Element. Die Fremdheit, die sich aus der

Entfremdung der Menschen in der Tauschgesellschaft ergibt, wird erfahrbar gemacht durch die Benennung und Stigmatisierung des Fremden am Anderen. Das freilich gehört nicht zur ursprünglichen Intention des Mythos. Der "läßt die Menschen leben, indem er die Übermacht depotenziert; für das Glück der Menschen hat er keine Bilder" (Blumenberg, 1990, S.38).

3.2. Natur und Geschichte

> *Wir sagen immer "Bedeutendes" - wenn wir "Bedeutetes" meinen...*
> *oder Undeutbares...*
>
> Franz Baermann Steiner (1988, S.27)

In seinem Buch "In Stahlgewittern" reißt Ernst Jünger den Leser mitten hinein in die Geschäftigkeit des Krieges. Wie aus dem Nirgendwo kommend, hält in der Nacht ein Zug an der Front und speit seine Rekruten aus in das Gemetzel. Bei Jünger verschwindet die Ursache des Krieges. Der Krieg ist ein Zustand, ein Urphänomen, das schon immer war und niemals enden wird. Selbst dort, wo Jünger am Rande Bezug auf den zeitgeschichtlichen Hintergrund und auf die maßgeblichen Protagonisten des Weltkrieges nimmt, geschieht das als unwillige Konzession und ändert nichts an der gewaltigen, zeitlosen Größe des Krieges. Was Jünger interessiert, ist der Krieg als Erlebnis; ein archaischer Vorgang urmenschlicher Gewalt. Da, wo der Mensch an die Grenzen seines Menschseins stößt, wird er sich, so mutet es bei Jünger an, erst seiner verwegenen Größe bewußt, die er gegenüber der Welt und ihrer Natur einnimmt. Der furchtlose Krieger bildet hier das Ideal, der kraft seiner Taten Fakten schafft und der dennoch gedeckt ist durch eine höhere Macht. Der Krieg selbst gerinnt so zum gelebten Mythos, seine Teilnehmer geraten zu Burschen, die eine Welt begründen aus der rohen Gewalt heraus und die gerade deshalb von einem Hauch sakraler Aura umweht sind. "Und wenn zehn vom Dutzend gefallen waren, die letzten zwei trafen sich mit Sicherheit am ersten Ruheabend beim Becher, brachten den toten Kameraden ein stilles Glas und besprachen scherzend die gemeinsamen Erlebnisse. In diesen Männern war ein Element lebendig, das die Wüstheit des Krieges unterstrich und doch vergeistigte; die sachliche Freude an der Gefahr, der ritterliche Drang zum Bestehen eines Kampfes" (Jünger, o.J., S.154f). Wir finden hier das Bild des Mythos wieder, wie Blumenberg es beschreibt: Der Mythos in diesem Sinne benötigt, wie bereits gesagt, keinen definitiven Anfang. Seine Wirkung als Ursprungsmacht und gegenüber dem status naturalis rührt ja gerade aus seiner Uneindeutigkeit, die ihn geschmeidig macht gegen jede Determination (vgl. Kap. 2).

Indem Jünger die Mythologisierung an einem explizit historischen Geschehen vornimmt, gerät er zum Exempel schlechthin für die Dialektik, die dem Verhältnis des Mythos zur Geschichte eigen ist. Denn obwohl der Mythos nicht an einen gemeinsamen Ursprung gebunden ist, kann er sich ebensowenig aus sich selbst heraus begründen. Vielmehr benötigt er zu seiner Entfaltung die Rückkopplung an ein Vorgefallenes. Es ist dies Geschehen in der Welt, das stattgefunden hat, welches ihm die Grundlage für seine Geschichte gibt. So spricht Roland Barthes davon, daß die Mythologie nur eine geschichtliche Grundlage haben kann, "denn der Mythos ist eine von der Geschichte gewählte Aussage; aus der 'Natur' der Dinge vermöchte er nicht hervorzugehen" (Barthes, 1964, S.86). Ebenso hebt Poliakov in seiner Studie zum "arischen Mythos" die Verbindung von Mythologie und Geschichte hervor, die allein in der Tatsache zu Tage trete, daß sich jede Gesellschaft auf eine Genealogie, auf einen Ursprung berufe. "Es gibt keine Kultur, und mag sie auch noch so archaisch sein, die sich nicht auf diese Weise eine 'spontane Anthropologie' schafft (...) der genealogische Mythos ist die Urform des historischen Denkens" (Poliakov, 1993, S.17). Seine Mythen und Erzählungen "sind im allgemeinen mit Kosmologien verbunden" (ebd.).

Der Mythos kann also als historisch gelten, insofern er ein Bewußtsein der Vergangenheit und des Vergangenen schafft und indem er auf einen Ursprung allen Werdens hinweist. Die Vorstellung einer dauernden Gegenwart ist mit ihm durchaus nicht möglich; höchstens - wie bei Eliade gezeigt - das Bemühen, diese archaische Gegenwart durchs Ritual und die Wiederholung wieder einzufangen, sie erneut zu konstituieren. Jedoch braucht das historische Bewußtsein, das der Mythos schafft, keineswegs rational, bzw. den historischen Fakten entsprechend zu sein. Im Gegenteil formt der Mythos die Geschichte nach seinem Bilde; sie gerinnt ihm zur Erzählung und mithin zur Phantasie.

Dort wo der Mythos sich auf die Geschichte bezieht und sich nur über sie erst konstituiert, indem er eine Geschichte erzählt, die an den Verlauf der Welt gebunden ist, transformiert er diese Geschichte also wiederum in eine ihm entsprechende, mythologische Struktur. Und genau diese "mythische Struktur steht gegen die der Geschichte" (Blumenberg, 1971, S.29). Sie tut dies aufgrund der ihr immanenten Figur der Wiederholung, von der noch zu sprechen sein wird. Es ist daher nicht verwunderlich, daß es im Mythos eine Chronologie nicht geben soll, sondern nur Sequenzen. "Was sehr weit zurückliegt, aber inzwischen nicht dementiert oder verdrängt worden ist, hat die Annahme der Zuverlässigkeit für sich" (Blumenberg, 1990, S.142). Der Begriff der Geschichte im Mythos wirkt daher disparat; es ist keine im Sinne einer Historie sondern eine des Verweises auf Ursprünge und Wahrheiten: "Mythen antworten nicht auf Fragen, sie machen unbefragbar" (ebd.). Deshalb unterscheidet Blumenberg auch zwischen einem Geschichtsbedürfnis, wie es sich im Mythos ausdrückt, und der Geschichtserfahrung, in der sich das Erleben des real Vorgefallenen spiegelt. "Es besteht eine Antinomie von Wünschen und Wirklichkeiten. In der Wunschstruktur der Zeit spielen Anfang und Ende die wichtigste Rolle. Das Geschichtsbedürfnis tendiert auf Markierungen von der Deutlichkeit des mythischen Typs, die Bestimmungen darüber erlauben, wie sich das individuelle Subjekt mit seiner endlichen Zeit zu den es weit übergreifenden Großraumstrukturen der Geschichtszeit ins Verhältnis setzen darf" (ebd., S.113). Mit einem Wort: Das mythische Geschichtsbedürfnis gibt den Rahmen par excellence, den eine Genealogie benötigt; es schafft die archaisierende Hinwendung auf ein ursprungsmächtiges Vergangenes, auf eine Weise der Begründung von Dasein und Welt.

Der Mythos selbst ist zweifellos geschichtslos. Er basiert auf der immer erneuten Wiederholung, der zwar ein Bewußtsein von Vergangenem zugrunde liegt, die aber genauso in Richtung einer dauernden Gegenwart tendiert. Diese Wiederholung beispielhafter Handlungen, die der Mythos periodisch vollzieht, bedeutet die "ununterbrochene Wiederholung von Handlungen, die von anderen eingesetzt worden sind" (Eliade, 1994, S.17); von anderen, die keine Menschen sind, sondern über diesen stehen. "Ein Akt", so Eliade, "erhält Sinn und Wirklichkeit ausschließlich in dem Maße, als er eine urtümliche Handlung wiederholt" (ebd.). Genauso schafft der Rassismus im Rekurs auf den Mythos Geschichte als gestaltendes Prinzip ab, indem allein der archaische Akt der Rassenkonstitution in den Vordergrund gerückt wird, der alles weitere Geschehen bestimmt. Der Unterschied ums Ganze liegt nun darin, daß der ursprüngliche Mythos die Tendenz einer ewigen Gegenwart verkörpert, die ein Potential an Spiel, Pluralität und Freiheit birgt; der Rassismus hingegen verkommt zur gegenwärtigen Ewigkeit, in die sich Starre und Gewalt eingegraben hat.

Dies Geschichtsbewußtsein, das im Rassismus dominiert und Geschichte aus einem Prozeß in eine organische Wesenseinheit transformiert, kommt in Spenglers "Untergang des Abendlandes" zum Ausdruck[20]. Spengler unterscheidet dort

---

[20] Ebenso wie Ernst Jünger oder Carl Schmitt ist Oswald Spengler kein originär rassistischer Theoretiker. Doch genau wie sie hat er in den 20er Jahren entscheidend dazu beigetragen, ein Gedankengut zu etablieren, dessen Nähe zum Rassismus fließend ist und worauf dieser in seinen Begründungsversuchen aufbauen konnte. Fakt ist ja ohnehin - Hannah Arendt hat darauf hingewiesen (vgl. Arendt, 1986, S.566) -, daß es eine eigene rassistische Theorie im Grunde nie gegeben hat. Vielmehr hat diese sich stets aus der Aufnahme und Transformation verschiedenster Versatzstücke genährt. Spenglers ungeheuer populärer "Untergang des Abendlandes" ist in diesem Zusammenhang nicht zu unterschätzen. Zwar spricht er selbst nicht von Rassen - obwohl ihm der Begriff keineswegs fremd ist -, sondern von Kulturen. Doch eine "Kultur" ist für Spengler ein nahezu rassisch geschlossener Kreis von Menschen - gebunden an eine charakteristische Landschaft, die ihr Wesen ausmacht; verbunden durch eine gemeinsame seelische Verfassung sowie durch eine ursprungsmythische Genealogie. Schließlich kennzeichnet Spengler selbst sein Werk als eine explizit "deutsche Philosophie" und mehr als einmal hebt er das "Nordische" als Träger der von ihm favorisierten menschlichen und historischen Eigenschaften hervor (vgl. Spengler, 1923, S.430ff).

zwischen Natur und Geschichte. "Natur ist die Gestalt, unter welcher der Mensch hoher Kulturen den unmittelbaren Eindrücken seiner Sinne Einheit und Bedeutung gibt. Geschichte ist diejenige, aus welcher seine Einbildungskraft das lebendige Dasein der Welt in bezug auf das eigene Leben zu begreifen und diesem damit eine vertiefte Wirklichkeit zu verleihen sucht. Ob er dieser Gestaltungen fähig ist und welche von ihnen sein waches Bewußtsein beherrscht, das ist eine Urfrage aller menschlichen Existenz" (Spengler, 1923, S.10). Es ist in diesem Zusammenhang wichtig, sich klar zu machen, in welcher Form Spengler die Begriffe Natur und Geschichte gebraucht, um sodann festzustellen, daß sein vom Naturbegriff explizit abgesezter Geschichtsbegriff ganz ebenso naturhaft gedacht ist.

Natur bedeutet für Spengler das Gewordene, das sich nicht mehr verändert und allein noch dem Zerfall preisgegeben ist. Sein Synonym sind ihm die westlichen Zivilisationen, die in ihrem Überdruß und ihrer Selbstgefälligkeit nur noch jenen "Untergang des Abendlandes" zu erwarten haben. Als Natur gilt ihm also eigentümlicherweise das Erstarrte; obwohl doch gerade die Natur dem ewigen Prozeß des Werdens, Wachsens und Vergehens ausgesetzt ist, den Spengler zudem seiner Geschichtsbetrachtung zugrunde legt. Denn historische Erfahrung ist ihm eins mit organischer Erfahrung. Spengler sieht "in der Weltgeschichte das Bild einer ewigen Gestaltung und Umgestaltung, eines wunderbaren Werdens und Vergehens organischer Formen" (ebd., S.29). Schließlich scheut er sich auch nicht, das Bild des Wandels einer Kultur durch die Geschichte hindurch, vom Anbeginn bis zur Gegenwart in sog. "Geistesepochen" unterteilt, in die Phasen der Jahreszeiten zu zergliedern oder gar mit dem Altern eines Menschenlebens zu vergleichen. "Ich sehe (...)", so Spengler, "das Schauspiel einer Vielzahl mächtiger Kulturen, die mit urweltlicher Kraft aus dem Schoße einer mütterlichen Landschaft, an die jede von ihnen im Verlauf ihres Daseins streng angebunden ist, aufblühen, von denen jede ihrem Stoff, dem Menschentum, ihre eigene Form aufprägt, von denen jede ihre eigene Idee, ihre eigenen Leidenschaften, ihr eigenes Leben, Wollen, Fühlen, ihren eigenen Tod hat" (ebd., S.28). Die Bilder dieser Spengler'schen Visionen machen klar, wie Geschichte hier einerseits in Kategorien der Natur gedacht wird, einer Pflanze gleich, die auf Gedeih und Verderb die Mitgift der Muttererde gebunden ist; die Bedeutung der Landschaft in ihrem Einfluß auf die spezifischen Charakteristika einer jeden Kultur ist bei

---

Die eindeutig rassistische Theorie steht Spengler zwiespältig gegenüber. Rosenberg etwa bemängelt, daß Spengler die rassisch-seelischen Gewalten, denen die Weltgestaltung obliege, seiner Theorie der Kulturkreise opfere; jedoch: "Trotzdem war Spenglers Werk groß und gut. Es schlug ein wie ein Gewitterregen, knickte morsche Zweige, befruchtete aber auch sehnende, fruchtbare Erde" (Rosenberg, 1943, S.404).

Spengler groß. Andererseits gerinnt Geschichte auch zur Phantasie, da sie ja weniger der vorhandenen Erfahrung, als der "Einbildungskraft" des Menschen zur Gestaltung überlassen ist. Damit verschränken sich im Bild der Geschichte Mythos und Natur. Am Anfang lag der archaische, reine Ursprung, der aber zunehmend korrumpiert wurde; und dies in einem Zeitlauf, der einem "Lebensalter" gleichkommt und wie dieses sein natürliches Ende dort findet, wo er sich verbraucht hat.

Dieses Motiv, daß sich im Rassismus wiederfindet, geht direkt auf den Mythos zurück. Barthes bspw. charakterisiert als das eigentliche Prinzip des Mythos, daß er Geschichte in Natur verwandelt. "Der Mythos verbirgt nichts und stellt nichts zur Schau. Er deformiert. Der Mythos ist weder eine Lüge noch ein Geständnis. Er ist eine Abwandlung (...) Vor der Alternative, den Begriff zu entschleiern oder zu liquidieren, findet der Mythos einen Ausweg darin, ihn 'natürlich' zu machen (...) alles vollzieht sich, als ob das Bild auf natürliche Weise den Begriff hervorriefe, als ob das Bedeutende das Bedeutete stiftete" (Barthes, 1964, S.112f). De facto jedoch ergibt sich jenes erst aus diesem, da zu allererst ein Gegenstand gefunden sein muß, der interpretiert, d.h. mit Bedeutung versehen werden kann. Löst man den Sinngehalt insofern vom Gegenstand als urgegeben ab, worauf sich alles Dasein und Geschehen zu beziehen hat, so kreiiert man einen mythologischen Archaismus par excellence, der der Welt zuvorderst einen Namen gibt, um überhaupt einen Begriff von ihr zu erhalten.

Dieses Zusammenspiel mythologischer Elemente in der rassistischen Ideologie findet man bei Mosse sehr gut herausgearbeitet, der darauf verweist, daß sowohl Natur als auch Geschichte im Kontext des Mythos als Verkörperungen ewiger Kräfte gelten, die der Gestaltungsmächtigkeit des Menschen entzogen sind. Im Konzept des organischen Geschichtsverlaufs drückt sich eine fast gewaltsame Nivellierung alles Geschehens und alles Lebendigen zu einer eng verwobenen Einheit aus. "Natur wurde eine 'ursprüngliche' Kraft und ihr Rythmus diente dazu, alles, was in ihr lebte, zu einem Ganzen zu verbinden" (Mosse, 1990, S.34). Genauso wird Geschichte hier viel mehr als Schicksal verstanden, da sie als Teil eines mithin göttlichen Planes gilt. "Sie war eine andere wesenhafte Kraft, die Objektivierung des Schicksals durch die Zeit (...) So gesehen verkörperten Natur und Geschichte die ewigen und ursprünglichen Kräfte des Universums (...) beide erhöhten das Primitive als das Ursprüngliche" (ebd.). Wenn es nun darum geht, die Funktion dieser an den Mythos anknüpfenden Natur- und Geschichtsbetrachtung herauszufinden, so kann Barthes dazu das Stichwort geben. Denn er stellt fest, daß der Mythos in dem Auftrag stehe, die historische Intention als Natur und den Zufall als Ewigkeit zu begründen (vgl. Barthes, 1964, S.130).

Daran anschließend bemerkt er weiter, dieses Vorgehen entspreche exakt dem der bürgerlichen Ideologie. Das jedoch darf bezweifelt werden. Natürlich gibt es in der bürgerlichen Ideologie das Interesse, den erreichten Status Quo als nicht weiter hinterfragbar und gegeben zu etablieren, um auf diese Weise die bestehende Gesellschaftsformation und deren Herrschaftsverhältnisse hegemonial abzuschließen. Weber z.b. hat darauf hingewiesen, daß der Prozeß der Schließung von Gemeinschaften das Ergebnis ökonomischer Prozesse sei (vgl. Weber, 1980, S.201). Gerade dies jedoch widerspricht der mythischen Intention, die darauf angelegt ist, die Tendenz zu einem Bewußtsein ewiger Gegenwart zu vertiefen und dies über das Prinzip der Wiederholung der Geschichte erreicht. Dieses Prinzip ist wiederum in nuce in Spenglers Konzeption vom zyklischen Werden und Vergehen der Kulturkreise enthalten. Es ist daher gerade nicht der originär bürgerlichen Ideologie eigen, sondern vielmehr ihren reaktionären Elementen. Die lehnen sich zwar gegen die bürgerliche Gesellschaft auf, lassen sie in ihren Grundfesten jedoch unangetastet und treiben sie sogar partiell voran.

Mit Fug und Recht kann Baumann daher die These aufstellen, die "Ironie der Geschichte" habe es gewollt, "daß antimodernistische Phobien Kanäle und Instrumente fanden, die allein die Moderne zu entwickeln imstande war" (Baumann, 1992a, S.60). So liegt auch im Rassismus und seinem Rückgriff auf die Mythologie eine Abwehr gegen die Moderne begründet, die deren Expansion erst ermöglicht. Die Moderne, die mit den Traditionen bricht, die die alten Gewißheiten zerstört und neue Sozialstrukturen etabliert, verängstigt. Das immer wiederkehrende Bild vom Moloch der Großstadt, das den Untergang der Kultur symbolisiert, wie auch Rosenbergs darauf gründende Forderung, das Recht auf Freizügigkeit abzuschaffen, stehen hierfür beispielhaft. Eine Weltanschauung wie der Rassismus nun kultiviert innerhalb der Moderne einen Archaismus, der ihr zwar mental die Stirn bietet, es praktisch aber erlaubt, sie umzusetzen, ohne in die Bodenlosigkeit zu fallen, die sie mit sich zu führen vermag.

Denn obwohl er sich großsprecherisch zum radikalen Gegner all dessen macht, was mit der modernen, kapitalistischen, liberalen Zivilisation verbunden wird, so tastet der Rassismus doch de facto weder deren ökonomische noch soziale Grundlagen an. Vielmehr läßt er sich von dieser als Ventil nutzen, das innerhlb seines Systems klare Verhältnisse bietet gegenüber der fortschreitenden Unübersichtlichkeit der kapitalistischen Expansion in alle Bereiche des sozialen Lebens. Dieser vermeintliche Halt, den Archaismen wie Nationalismus und Rassismus bieten, erlaubt wiederum ein weiteres, rasches und befriedetes Voranschreiten der rationalen, kapitalistischen Gesellschaft, der latent eine ihr eigene, sie befördernde Mythologie untergelegt bleibt. Die Funktion des Mythos besteht somit darin, soweit ist Barthes zuzustimmen, "das Reale zu entleeren (...) Der Mythos leugnet nicht die Dinge, seine Funktion besteht im Gegenteil darin, von ihnen zu sprechen. Er reinigt sie nur einfach, er macht sie unschuldig, er gründet sie als Natur und Ewigkeit, er gibt ihnen eine Klarheit, die nicht die der Erklärung ist, sondern die der Feststellung (...) Indem er von der Geschichte zur Natur übergeht, bewerkstelligt der Mythos eine Einsparung. Er schafft die Komplexität der menschlichen Handlungen ab und leiht ihnen die Einfachheit der Essenzen (...)" (Barthes, 1964, S.131).

Diese mythisch orientierte Einschmelzung von Geschichte in Natur findet sich bspw. bei Spengler; die sich daran anschließende organische Geschichtsbetrachtung kommt dort ebenfalls zum Ausdruck: "Eine Kultur wird in dem Augenblick geboren, wo eine große Seele aus dem urseelenhaften Zustande ewig-kindlichen Menschentums erwacht (...) Sie erblüht auf dem Boden einer genau abgrenzbaren Landschaft, an die sie pflanzenhaft gebunden bleibt. Eine Kultur stirbt, wenn eine Seele die volle Summe ihrer Möglichkeiten in der Gestalt von Völkern, Sprachen, Glaubenslehren, Künsten, Staaten, Wissenschaften verwirklicht hat und damit wieder ins Urseelentum zurückkehrt" (Spengler, 1923, S.144). Eine Kultur gilt hier also nicht nur als ein einer Pflanze vergleichbares organisches Wesen, sondern in ihrem Gestaltungsreichtum auch als begrenzt. Ist dieser erschöpft, so muß auch sie enden und einem neuen Kreislauf von Werden und Vergehen Platz machen. Es ist dies, was Eliade die Wiederholung des kosmogonischen Aktes nennt.

Eliade spricht auch davon, daß der Mensch, ohne eine dahinterstehende übergeschichtliche Intention, die Geschichte zu ertragen nicht in der Lage wäre. So sei es auch in der Moderne möglich, zu versuchen, die Geschehnisse der Geschichte zu verhindern, indem eine "Reintegration der menschlichen Gemeinschaften in die (künstliche, weil anbefohlene) Welt der Archetypen und ihrer Wiederholung" angestrebt werde (Eliade, 1994, S.166). Eine solche Reintegration wäre gleichbedeutend mit der Reintegration der Geschichte, in der sich, laut Eliade, Freiheit und Neuigkeit ausdrücken, in die Natur, in der sich alles bloß wiederhole. Kennzeichen der Moderne ist nun für Eliade gerade jenes Interesse für die Unumstößlichkeit und die Neuheit der Geschichte. "Und in geraden Gegensatz dazu (...) kämpfte die archaische Menschheit und verteidigte sich mit allen Mitteln gegen alles Neue und Unumstößliche, das die Geschichte mit sich brachte" (ebd., S.62). Um einmal mehr Joseph Goebbels zu bemühen: "Keine Eiche wächst ohne Boden, Wurzel und Kraft. Kein Mann kommt aus dem Wesenlosen. Das Volk ist sein Boden, die Geschichte seine Wurzel, das Blut seine Kraft (...) Die Rasse ist der Nährboden aller schöpferischen Kräfte. Die

Menschheit, das ist eine Annahme. Wirklichkeit ist nur das Volk. Die Menschheit ist nichts anderes als die Vielheit von Völkern. Das Volk ist organisch. Die Menschheit ist nur organisch geworden. Organisch sein, das heißt die Fähigkeit in sich bergen, organisches Leben zu erzeugen" (zitiert nach: Mosse, 1993, S.142). Als vordringliche Bedingung für ein Volk gilt damit dessen Verwurzelung in der Natur, die es geschaffen hat. Die Natur ist der Schoß, aus dem alles Leben, auch in seiner seelischen Determiniertheit, quillt. Sie hat die Rassen vor Urzeiten gezeichnet und läßt über deren Bestimmungen hin Geschichte sich vollziehen.

Geschichte gerinnt damit zum Schicksal und ebenso zu Natur, da sie metaphysisch bestimmt und von jeder Kontingenz, jedem Ansinnen gegen die Eigenschaften des Blutes, entleert ist. Das Soziale erwächst aus der gegebenen Geschichte; es entsteht nicht mehr in sich verflechtenden Geschehensprozessen, sondern liegt in seiner Wesenheit tief in ihrer Natur eingegraben. Geschichte wird Natur, weil sie von nun an einen unveränderlichen Kern enthält und Veränderung gleichzeitig nur noch als zyklische Wiederholung sich abspielen kann; Geschichte selbst wird ein organisches Element. Insofern kann sie ertragen werden, "nicht nur weil sie einen Sinn hatte, sondern auch, weil sie letztlich notwendig war", (Eliade, 1994, S.145) wie Eliade für die archaischen Gesellschaften anführt.

Die Aufnahme des Mythos und seiner Struktur durch die rassistische Weltanschauung ist damit durchaus dem ebenbürtig, was Blumenberg die "Arbeit am Mythos" nennt. Mythische Elemente werden aufgenommen, sie werden im gegenwärtigen Kontext ausgedeutet und verändert und damit in gewisser Weise weiterentwickelt. Denn schließlich ist die Geschichte, die der Mythos erzählt, nach Blumenberg in sich weder starr noch festgefügt. Da sie keinen eindeutigen Anfang besitzt, ist sie in keiner Totalität irgendeines Begründungszusammenhanges grundiert. Sie ist variabel und anschmiegsam, wie Blumenberg es gezeigt hat und in seiner Kennzeichnung des Mythos zum Ausdruck bringt: "Der Mythos repräsentiert eine Welt von Geschichten, die den Standpunkt des Hörers in der Zeit derart lokalisiert, daß auf ihn zu der Fundus des Ungeheuerlichen und Unerträglichen abnimmt" (Blumenberg, 1990, S.131). Das bedeutet, daß Stellenwert und Gestalt des Mythos sich mit dem Ausdruck jenes "Ungeheuerlichen und Unerträglichen" ändern, da sie daran gebunden sind, wie diese von den Menschen erfahren werden. Jedoch ist diese "Arbeit am Mythos" bei Blumenberg vorrangig ästhetischer Art und drückt sich somit im kulturellen Schaffen aus. Der Prozeß, der den unterschwelligen Strang der Moderne kennzeichnet, ist dagegen nicht maßgeblich einer der Arbeit am Mythos, sondern einer der Arbeit mit dem Mythos. Das besagt, daß der Mythos aus seiner Funktion als relativ selbständiges Medium des Schreckensbannes innerhalb der säkularen

Moderne herausgelöst und in ein Medium der Weltgestaltung selbst transferiert wird. Nicht länger ist er Ausdruck der Erfahrungen der Menschen mit der Welt und Mittel zur Depotenzierung ihrer Schrecken. Vielmehr gerät er nun zu einem Instrument, daß den Grund für derartige Erfahrungsräume erst noch herstellt. So geschieht es bei der Konstituierung des Anderen als schicksalhaftem Gegner und so verhält es sich auch bei der Umschmelzung von Geschichte in Natur. Der archaische Mythos, der innerhalb der modernen Zivilisation, mit dem Zweck dieselbe gangbar zu machen, als völkische bzw. rassistische Ideologie reproduziert wird, kann das einstmals emanzipative Potential des Mythos nicht mehr entfalten. Zu sehr hat die Moderne sich selbst schon von den Naturkräften des Mythos emanzipiert, indem sie den Menschen als Weltgestalter inthronisiert und ihm die nötigen technologischen Hilfsmittel zur Hand gegeben hat.

Unter diesen Umständen vermag der Mythos nur noch eine starre Linie des Ursprungs zu zeichnen, die brachial aus dem Weg räumt, was ihr widerstrebt. Der moderne Mythos ist die Rückversicherung des Ursprungs, den die Moderne selbst in der Emphase des Fortschritts hinter sich ließ. Für diesen Fortschritt, der als Charakteristikum der bürgerlichen Gesellschaft eigen ist, findet Adorno das Bild vom Riesen: "Der Fortschritt, den das Immergleiche erzeugte, ist, daß endlich einer beginnen kann, in jedem Augenblick. Mahnt das Bild der fortschreitenden Menschheit an einen Riesen, der nach unvordenklichem Schlaf langsam sich in Bewegung setzt, dann losstürmt und alles niedertrampelt, was ihm in den Weg kommt, so ist doch sein ungeschlachtes Erwachen das einzige Potential von Mündigkeit; daß die Naturbefangenheit, in welche der Fortschritt selber sich eingliedert, nicht das letzte Wort behalte" (Adorno, 1969, S.37). Indem der Riese des Fortschritts blindwütig niedertrampelt, was auf seinem Weg liegt; indem er sich also verselbständigt und der Beherrschung durch seine Subjekte prinzipiell entzieht, nimmt er selbst bereits wieder mythische, überweltliche Züge an. "Innerweltlicher Fortschritt hat sein mythisches Moment daran", so Adorno, "daß er (...) über die Köpfe der Subjekte hinweg sich zuträgt und diese nach seinem Ebenbild formt" (ebd., S.43).

So liegt die Chance zur Flucht vor der Gewalt des Fortschritts im Mythos selbst. Blumenberg bemerkt deshalb zu recht, daß die Chance aller Remythisierungen in der Geschichtslosigkeit liege; einer Geschichtslosigkeit, wie sie die borniere Seinsgewißheit der Genealogie, die noch jeden Ursprungsakt als die Gegenwart bestimmend erachtet, ausdrückt: "In den leeren Raum lassen sich mythische Wendemarken am leichtesten projizieren. Deshalb ist die Ausschulung der Geschichte nicht so sehr ein Planungsfehler oder ein Mißverstand als vielmehr ein alarmierendes Symptom: Entweder ist Mythisierung schon im Gange oder sie wird durch den Verlust des geschichtlichen Zeitbewußtseins alsbald erzwungen" (Blumenberg, 1990, S.113).

In solchem Mythos betreibt Geschichte ihre eigene Negation, weil sie, wo sie als historisch kontingenter Prozeß fortschreitet, die Gewißheit des Mythos um das, was geschieht, hintertreibt. Daß Geschichte hier in Natur konvergiert, gleicht sie gegen sich selbst dem Mythos an, indem die Gesetze der Natur Priorität gewinnen. Solche Transformation ist der "Kunstgriff der Entpflichtung, Geschichte machen zu sollen" (Blumenberg). Die existentielle, auf die eigene Herkunft verweisende Frage, warum man denn lebt, beantwortet Hans Friedrich Blunck vor diesem Hintergrund sehr eindeutig: "Warum du lebtest? / Um die hohen Ahnen / In deinem Blut zu feiern, um das Leben / Aus dir und deinen Vätern aufzutragen (...) (zitiert nach: Loewy, 1990, S.63). Das bedeutet eine Urwesenheit der Rasse, die sich durch alle Zeiten hinzieht und deren Gestaltungsmacht niemals versiegt: "Darum: wenn auch heute noch, rund 2000 Jahre nach dem Auftreten der Germanen, irgendwo Nationalkulturen, Schöpferkraft und wagemutiger Unternehmungsgeist wirken, so verdanken diese Kräfte, selbst wenn sie sich untereinander noch so sehr befehden sollten, ihr Dasein einzig und allein der neuen nordischen Welle, die alles überziehend und befruchtend in stürmischen Fluten über das ganze Europa hinwegging (...)" (Rosenberg, 1943, S.83).

Geschichte wird dort zu Natur, wo sie nur noch Erfüllungshilfen für ursprungsmythische Determinanten zu leisten hat. Als organische Form, gleichsam als ein Gewächs, das sich von den Wurzeln, die es in der urgeschichtlichen Erde verankern und es allein am Leben erhalten, nicht zu trennen vermag, wird sie nunmehr zum bloßen Gefäß dessen, was sich schicksalhaft vollzieht. Die verbindenden Elemente, innerhalb der so gestifteten organischen Schicksalsgemeinschaft, sind die Kategorien von Blut, Rasse und Seele. Letztere sind in aller völkischer Theorie als Grundkategorien volkhaften Seins zu finden, während die Kategorie des Blutes sich in ihrer prägnanten Ausformung nur im bekennenden Rassismus wiederfindet. Der Weg der Geschichte als einer organischen Einheit ist daher vorgezeichnet. Diese Haltung findet sich bspw. in der folgenden Äußerung der Schriftstellerin Josefa Berens-Totenhohl wieder: "(...) denn das Volk ist ein Organismus. Seine Wurzeln reichen tief in den Boden der immerwährenden ewigen Schöpfung, und seine Blüten, d.h. seine Leistungen, sind diesem Boden gemäß" (zitiert nach: Loewy, 1990, S.81). Das was sich als Geschichte bildet, ist somit gebunden an das völkische Element, welches sich über die Geschichte doch erst konstituiert. Geschichte verläuft nicht mehr unabhängig von einer spezifischen Intentionalität, sondern bleibt angekoppelt an ein spezifisch wesenhaftes, seelisches Gebaren. Die völkisch/rassistische Weltschau betreibt somit die Resakralisierung des Geschichtsverlaufs, der doch in der Neuzeit erst seines religiösen Impetus' entzogen worden war. Damit wird eine entscheidende Errungenschaft der Moderne wesentlich unterlaufen: die Kennzeichnung von Geschichte als einem Prozeß, der sowohl das Merkmal der Kontingenz in sich trägt, als auch von der Gestaltungsfähigkeit der Subjekte abhängig ist.

Es sei, so bemerkt Hannah Arendt, die "Eigentümlichkeit des Handelns", einen sowohl unabsehbaren, als auch prinzipiell unabgeschlossenen Prozeß in Gang zu setzen. "Der Prozeßcharakter des Handelns hat innerhalb der Neuzeit alle anderen dem Handeln zukommenden Eigentümlichkeiten gleichsam aus dem Felde geschlagen, weil nur ihm die ungeheure Erweiterung menschlicher Möglichkeiten und Fähigkeiten zu danken ist (...)" (Arendt, 1992, S.227). Offensichtlich hat dieser neuartige Prozeßcharakter die Menschen aus ihren mit Traditionen und Rückbezügen angefüllten, abgeschlossenen Erfahrungsräumen gerissen und, auf der Spitze des Industrialisierungsprozesses, eine mächtige Hinwendung zu archaisierenden Deutungsmustern ausgelöst. Friedrich Griese, der als Repräsentant des "'Blut und Boden'-Schrifttums" galt (vgl. Loewy, 1990, S.314), beschreibt in großem Pathos diese Sehnsucht nach dem Archaischen, das mit Macht in die Gegenwart reintegriert werden soll: "Denn wer bin ich? Wie darf ich es wagen, bei eurem Namen / euch zu rufen? Euer war alles, Flut und Ebbe des Meeres, / der rauschende Wald, so tief er war, euer / die Breiten der Äcker // Ich aber wohne auf fremden Boden! Die Schwelle des Hauses, / der ich entschreite, die kargste Krume des Bodens unter den Füßen - / ureigen und fremd ist alles, ein Mietling / bin ich der Erde // (...) // Laßt mich am Wege und nehmt den Sohn. Denn sein ist noch alles: / das schwingende Rad der Sonne, der hoch am steigenden Bogen / in die Wölbung gehämmerte eherne / Kreis der Gestirne" (zitiert nach: ebd., S.65).

Hier wird der Prozeß des Handelns, in dem Welt erst auf riskante Weise Gestalt annimmt, indem sie durch ihrer Tätigkeit bewußte Subjekte gestaltet wird, wiederum umgekehrt in einen Schicksalszusammenhang. Dieses Moment kommt in der Geschichtsbetrachtung Spenglers sehr zum Tragen. Spengler holt den Verlauf der Geschichte aus dem freien Verlauf der Handlungen wieder zurück in einen mythisch grundierten Sinnzusammenhang, indem er Geschichte zur Vollstreckerin des Schicksals erklärt. Dieses Schicksal bezeichnet er als "das Wort für eine nicht zu beschreibende Gewißheit (...) so bezeichnen die Worte Schicksal, Fügung, Bestimmung eine unentrinnbare Notwendigkeit des Lebens. Wirkliche Geschichte ist schicksalsschwer, aber frei von Gesetzen" (Spengler, 1923, S.155f). Ja, er geht sogar noch weiter und erklärt, dies Schicksal repräsentiere die "organische Lehre des Daseins" (ebd., S.170) und stellt dem die Kategorie der Seele zur Seite, die Ausdruck der "Idee eines Daseins" (ebd., S.154) sein soll. In diesem Begriff der Seele, als einem metaphysischen Prinzip, liegt für Spengler alles Geheimnis des Seins verborgen. Eine spezifische Seelengestalt ist jeder Kultur eigen, aus ihr heraus entfaltet diese ihr Wesen und ihre Geschichte. "Alles, was überhaupt geworden ist, alles, was erscheint, ist Symbol, ist Ausdruck einer Seele (...) Alles Vergängliche ist nur ein Gleichnis" (ebd., S.138). Somit disqualifiziert Spengler zum einen bündig den Prozeßcharakter der Geschichte, um ihr in der Aureole eines organischen Wesens zu huldigen, das sich anschicke, jene Seele als transzendentes Prinzip zu verwirklichen - das jedoch wiederum nicht als in sich abgeschlossen, sondern als "das ewig Werdende" (ebd., S.390) gilt. Hier wirkt Spengler seltsam inkonsequent in seiner begrifflichen Fassung des Werdens und des Gewordenen - ein Zug, der ja bereits bei seiner ambivalenten Charakterisierung der Natur auffällt. Entscheidend dabei bleibt jedoch die Dominanz des Seelenhaften über die Gestalt der Geschichte, welches dieser schicksalhaften Charakter verleiht und Handlungsprozesse im kontingenten, Geschichte konstituierenden Sinne, domestiziert. "(...) und der gleiche Stil beherrscht die Geschichte, die man macht und die, welche man schaut" (ebd., S.193) - so werden Gestalten und Erfahren von Geschichte, wie auch ihre Bedeutung als Vergangenheit auf den einen Nenner des seinshaft Bestimmenden zurückgeschmolzen.

Die Nähe zu einer Konzeption wie der von der "Rassenseele", wie sie bspw. bei Rosenberg zu finden ist, ist hier mit Händen greifbar. Dem nämlich gilt seine Form von Seele ebenso als für die Weltgestaltung grundlegend, wie auch als transzendentales Phänomen, das wohl erfahrbar, aber kaum klar benennbar sei. "Die Rassenseele ist nicht mit Händen greifbar und doch dergestalt im blutgebundenen Volkstum, gekrönt und gleichnishaft zusammengeballt in den großen Persönlichkeiten, die schöpferisch wirkend einen Kulturkreis erzeugen, der wiederum von Rasse und Rassenseele getragen wird. Diese Ganzheit ist (...) eine Lebenstotalität" (Rosenberg, 1943, S.697). Hier gerinnt also Geschichte noch ungleich konsequenter zu einem naturhaften, organischen Werden. Die "Rassenseele" ist der konsequente Ausdruck der Beschwörung eines mythischen Einsseins der Lebenden mit der ewigen Natur und auch allem in ihr Vergangenen - wider einen nicht durchs Schicksal determinierten Verlauf der Geschichte. Genauso verhält es sich mit Rosenbergs Bezug zur Mythologie, zu der er sich schließlich freimütig bekennt und die ihr rassisches Symbol im Zeichen des Blutes findet. Das Blut ist in jedem Fall das für den Rassismus entscheidend verbindende Element von Natur, Geschichte, Subjekt und metaphysischem, seelischen Prinzip.

Rosenberg erklärt seinen Lesern, "daß der Mythus des Blutes und der Mythus der Seele, Rasse und Ich, Volk und Persönlichkeit, Blut und Ehre allein, ganz allein und kompromißlos das ganze Leben durchziehen, tragen und bestimmen muß (...) Mythus ist für 100.000e von Seelen nicht etwas, was man mit gelehrter Überheblichkeit als Kuriosität in Katalogen vermerkt, sondern das Neuerwachen des zellenbildenden seelischen Zentrums" (ebd., S.699).

Solche mythischen Begründungsversuche, wie sie Spengler und Rosenberg hier mit Blick auf eine "Kultur" oder "Rasse" im ersten Drittel des 20. Jahrhunderts vorlegen, liegen ganz auf einer Linie mit dem, was über die Struktur des Mythos bekannt ist. Bei Blumenberg wie bei Eliade wird das übermenschliche Moment, das im Mythos Sein wie Geschichte konstituiert, hervorgehoben. So weist Eliade darauf hin, daß im mythologischen Weltbild die profane Welt, die den Menschen und seine Werke beherbergt, "ein außerirdisches Urbild (besitzt), das als 'Plan' als 'Urform' oder ganz einfach als 'Abbild' begriffen wird, das auf einer höheren kosmischen Ebene existiert" (Eliade, 1994, S.21). Diese Urform ist sowohl bei Spengler als auch bei Rosenberg die schicksalspendende Seele, die sich in alle Bestimmtheit des Seins eingräbt. Darüber aber, daß eine solche Urform als Kategorie klar benannt werden kann, kann sich eine Eigenart des Mythos zunutze gemacht werden, die Blumenberg aufzeigt, die bei ihm jedoch durchaus neutral bleibt. "So sicher es ist", schreibt Blumenberg, "daß Mythen erfunden worden sind, obwohl wir keinen Erfinder und keinen Augenblick der Erfindung kennen, wird doch diese Unkenntnis zum Indiz dafür, daß sie zum Bestand des Uralten gehören müssen, und alles, was wir kennen, schon in die Rezeption eingegangener Mythos ist" (Blumenberg, 1990, S.294).

Was hier für die Dignität und noch aktuelle Autorität des Mythos spricht und ob dessen Uneindeutigkeit ein Moment fortwährender Pluralität verbürgt, wird im Rassismus der Herrschaft dienstbar gemacht. In ihm gerät das Dunkel, aus dem der Mythos stammt, zur höheren Weihe. So erwirkt der Rassismus gerade die Absolution einer Genealogie, die keinen Raum mehr freiläßt und deren Autorität sich auf ihr Wirken in der Ewigkeit gründet. Daß wiederum alles bereits vom Mythos gestreift ist, gilt nicht länger als Garant einer Pluralität, sondern vielmehr als der einer homogenisierten Struktur der Welt, die in eindeutige Herrschaftsverhältnisse gegossen ist. "Die Stärke einer Gemeinschaft", wie sie die westliche politische und philosophische Tradition repräsentiert, so verlautbart Friedrich Georg Jünger, "liegt in ihrer Rechtfertigung. Eine Blutgemeinschaft aber rechtfertigt sich nicht, sie lebt, sie ist da, ohne die Notwendigkeit einer intellektuellen Rechtfertigung zu empfinden" (zitiert nach: Loewy, 1990, S.211). So nimmt aller Mythos die Funktion einer "endgültigen Heimkehr ins

Ursprüngliche" (Blumenberg) an, die in Form eines wie immer pseudohaft gearteten Theoriegebäudes nur allzu leicht in gewaltsam nivellierende Totalität umzuschlagen vermag. Auch Heinrich kommt zu dem Schluß, daß als Beispiel für den Rückfall in eine ursprungsmythische Geisteslage, bzw. für das Beharren auf einer solchen, eine "genealogisierende Beschwörung der Mächte des Ursprungs im Mythos (...) von den Angehörigen einer Rasse", gelten kann, "wie sie durch die Aktivierung einer ursprungsmythischen Geisteslage, unter Berufung auf die heiligen Mächte von Blut und Boden, immmer wieder in der Profangeschichte zu einem mächtigen politischen Werkzeug tauglich war und ist" (Heinrich, 1983, S.23).

Im Rassismus, so wäre daher zu konstatieren, verstummt der Mensch, und wo er es nicht tut, da wird selbst das Sprechen zu Gewalt. Das ist so, weil in der Weltdeutung, die der Rassismus mit sich führt, die Dimension an Freiheit und Pluralität, die im Sprechen liegt, negiert wird. Während "nämlich das Finden des rechten Wortes im rechten Augenblick, ganz unabhängig von seinem Informations- oder Kommunikationsgehalt an andere Menschen, bereits Handeln ist" (Arendt, 1992, S.29), gerät das Wort im Rassismus zur bloßen Apologie der scheinbar gültigen Genealogie und ihres weltkonstituierenden Mythos. "Stumm ist nur die Gewalt", fährt Arendt fort, "und schon aus diesem Grunde kann die schiere Gewalt niemals Anspruch auf Größe machen" (ebd.). Gewalt ist der Rassismus schon in seiner Interpretation der Welt, welche alsdann die Subjekte seine Gewalt leibhaftig spüren läßt. Gewalt liegt darin, Geschichte als Schicksal zu denken, nicht als Prozeß und damit die Möglichkeit zum Handeln abzuschließen; sie liegt darin, Geschichte in Natur zu verwandeln, in eine organische Form, deren Werden aus einem Urquell entspringt und von aller Kontingenz gereinigt ist; und sie liegt darin, die Protagonisten im allein zu Natur umgedeuteten Raum in eine Dichotomie zu zwingen, die die Vernichtung der einen durch die anderen legitimiert und darüberhinaus als recht erachtet. "Natur" und "Geschichte" als Schicksal verstanden, ersetzen damit die Kategorie des positiven Rechts, das zu seiner Legitimation, wie Arendt anmerkt, selbst jeweils eine höhere Autorität benötigt, die zu sein, Natur und Geschichte aber bereits beanspruchen (vgl. Arendt, 1986, S.706). So gesehen fungieren Natur und Geschichte nicht länger als "die stabilisierenden Quellen der Autorität für das Handeln sterblicher Menschen, sondern (bezeichnen) in sich selbst Prozesse, deren inhärente Bewegungsgesetze zwar beobachtet und bewertet werden können, die aber abgesehen von diesem äußeren Wahrgenommenwerden keinerlei Entsprechung mehr im Inneren des Menschen (...) haben" (ebd., S.404).

Dies Denken, das Gewalt geworden ist, ermöglicht erst das Stigma, das zum modernen Holocaust führt. Der nämlich ist rational organisiert und doch irrational motiviert. Auf der Ebene des reinen Phänomens fügt er sich nahezu bruchlos in die Moderne ein. Der Rassist, der am Holocaust beteiligt ist, ist als solcher nicht völlig rational orientiert, wie sonst sollte er Menschen so behandeln, als seien sie keine. Sein Rückbezug auf die Welt, die ihn zum Tun anspornt, bleibt mythologisch grundiert. Doch diese Grundierung erst ermöglicht, neben der anonymen Apparatur der Bürokratie, das Grauen einer Moderne, die Geschichte abstellt und durch Natur ersetzt; und die somit selbst im Grauenhaftesten nur einer Bestimmung nachkommt, die den Menschen als Schöpfenden unerheblich macht. Wo Geschichte Natur wird, werden die Opfer unerheblich und ihre Bezeichnung als "Schädlinge" oder "Unkraut" logisch; ebenso wie die Täter für sich allein schuldlos bleiben. Das Pogrom war ehedem noch Leidenschaft, es war spontan. Deshalb kann es als Handeln gelten, das seinen Protagonisten die Verantwortung für ihr Tun auflädt, wie auch für dessen Folgen. Im Nationalsozialismus jedoch ist das Pogrom gerade tunlichst unterbunden worden, war die enthemmte Leidenschaft des "Rassenhasses" geradezu geächtet. Denn der dem Nationalsozialismus adäquate Holocaust war nichts als Beruf. Das Pogrom ist deshalb Barbarei in dem Sinne, als es die Gewalt in einer der Moderne scheinbar inadäquaten, nicht domestizierten Form offenbart. Der Holocaust, wie auch die ihn umringende bürgerliche Gesetzgebung, dagegen sind die sachlichen Treuhänder archaischer Gewalt und Leidenschaft in der modernen, rationalen, technologischen Gesellschaft.

Was die Determiniertheit rassistischer Weltdeutung im mythologischen Ursprungsgeschehen folglich konsequent ausschließt, ist das Faktum des Neuanfangs, das Arendt zufolge jeglichem Handeln zugrunde liegt. Denn dessen Anerkennung würde gleichzeitig bedeuten, daß sich menschliches Tun "aller Absehbarkeit und Berechenbarkeit entzieht, daß in diesem einen Fall das Unwahrscheinliche selbst noch eine gewisse Wahrscheinlichkeit hat, und daß, was 'rational', d.h. im Sinne des Berechenbaren, schlechterdings nicht zu erwarten steht, doch erhofft werden darf" (ebd., S.167). Dagegen müht sich der Ursprungsmythos ja gerade darum, Gewißheit zu stiften über das Herkommen und den Fortgang der Welt. Die Mächte, die darin die Gewißheit garantieren - insbesondere die "Rassenseele" und das "Blut" - sind übermenschlich und also über die Vagheit menschlichen Handelns erhaben. Handeln erscheint hier nicht mehr dazu in der Lage, Prozesse auszulösen, die die Gewißheit der rassischen Genealogie zu leugnen vermögen. Geschichte, wie sie so betrachtet beispielhaft bei Rosenberg definiert wird, "ist nicht Entwicklung eines Nichts zu einem Etwas, auch nicht von Unbedeutendem zu Großem, auch nicht die Verwandlung eines Wesens in ein ganz anderes, sondern das erste rassisch-völkische Erwachen durch Helden, Götter und Dichter ist bereits ein Höhepunkt für immer. Diese erste große mythische Höchstleistung wird im wesentlichen nicht mehr 'vervollkommnet', sondern nimmt bloß andere Formen an" (Rosenberg, 1943, S.678).

Somit gilt Geschichte hier bereits im Moment ihrer ursprungsmythologischen Konstitution als vollendet und schließt sich gegen jede wesentliche Veränderung ab. Alles weitere Werden und Geschehen geschieht nur noch im Rahmen ihrer organisch determinierten Form. Der eigentliche Sinn der Ursprungsgeschichte wird damit vollends ad absurdum geführt, da diese doch einmal helfen sollte, Distanz zum Ursprung zu schaffen. "Der Entrinnende", sagt Heinrich, "erwirbt gegenüber dem Ursprung Selbständigkeit - bis hin zu Angst und Ohnmacht des Alleingelassenseins von dem ihn tragenden Ursprung" (Heinrich, 1983, S.15). Umgekehrt ist der Verlust der Selbständigkeit der Preis, der für jedes Beharren im Ursprung zu entrichten ist - bis hin zur Opferung des Selbst an den es verschlingenden Ursprung. Das Verharren im Mythos, das Festhalten an der essentiell immer gleichen Substanz wird so zur Fanatismus produzierenden Erstarrung.

Solchen Hang zur "Erstarrung" macht auch Arendt aus. Denn da es die Aporie des Handelns sei, daß dessen Konsequenzen schier unabsehbar sind in ihrer fortlaufenden Prozeßhaftigkeit und es deshalb unmöglich sei, "für das Entstandene je einen Einzelnen verantwortlich zu machen" (Arendt, 1992, S.214), bestehe von jeher der Hang dazu, "sich nach einem Ersatz für das Handeln umzusehen in der Hoffnung, daß der Bereich der menschlichen Angelegenheiten vielleicht doch noch von dem Ungefähr und der moralischen Verantwortungslosigkeit errettet werden könne, die sich aus der einfachen Tatsache der in jedes Handeln verstrickten Pluralität von Handelnden ergibt" (ebd.). Die Einbettung allen Geschehens, allen Seins in die Unerbittlichkeit rassischer Genealogie stellt einen solchen Ersatz dar, der die Menschen äußerst wirksam von der Verantwortung für ihr Handeln, wie auch für die Initiative dazu überhaupt entbindet. Die Gestaltung der Welt obliegt nicht mehr den Subjekten, sondern größeren Mächten, die sich der Menschen nur gleichsam als ihrer Handlanger bedienen. Das ist die mythische Volte innerhalb der Moderne, hinter die Moderne zurück. Tradition und Sitte "sind durchblutet von dem lebendigen Strom, der aus Urtiefen aufsteigt, alt, uralt und der doch ewig neu ist, ewig jung" (Josefa Berens-Totenhohl, zitiert nach: Loewy, 1990, S.81).

Geschichte im Kontext rassistischer Weltdeutung ergibt sich demnach aus der mythisch aufgeladenen Kategorie der Rasse selbst; aus dem Wirken, das sie als "rassengebundene Volksseele" ausübt, da sie als solche zum "Maß aller unserer Gedanken, Willenssehnsucht und Handlungen" stilisiert wird (Rosenberg, 1943, S.697). Geschichte ist damit - entgegen Spenglers Wunsch, sie solle mit Gesetzen nichts zu schaffen haben - auf nichts weiter als auf die gesetzmäßige Erfüllung einer natürlichen Bestimmung heruntergebracht. Wobei sie nach Arendt das gerade nicht sein kann, da sie ihr zufolge sich erst aus dem vielfältigen Ensemble menschlicher Handlungen ergibt. "Die Unabsehbarkeit der Folgen gehört vielmehr zum Gang der von einem Handeln unweigerlich erzeugten Geschichte; sie bildet die dieser Geschichte eigene Spannung, die ein Menschenleben spannt und in Atem hält, und ohne die es vor Langeweile förmlich in sich zusammenfallen müßte" (Arendt, 1992, S.184). Mit dieser, Handeln und Geschichtsverlauf in Zusammenhang bringenden, Konzeption erreicht Arendt einen adäquaten Begriff von dem, was Geschichte sein sollte. Indem sie sich über ihre Akteure erst vollzieht und konstituiert, entzieht sie sich doch wieder deren letztgültiger Gestaltungsmacht, da sie jene Prozeßhaftigkeit entfaltet, die weit über den subjektiven Horizont hinaus geht. Geschichte in diesem Sinn bleibt für die Akteure immer höchst kontingent und ist in ihrem ganzen Gehalt jeweils erst in der "Rückschau" erschließbar (vgl. ebd., S.228).

Folgerichtig verhält es sich so, berücksichtigt man diese Dimension menschlichen Handelns, daß "die Geschichte, wiewohl offenbar durch menschliches Handeln entstanden, doch von Menschen nicht 'gemacht' wird" (ebd., S.177). Als Prozeß verwirklicht Geschichte sich vielmehr selbst, stets gebunden an das individuelle, Verantwortung aufbürdende Handeln der Subjekte. Denn der sich aus dem Handeln selbst entspinnende, sich davon ablösende Prozeß, der Geschichte kreiert, entbindet die Subjekte nicht von der Verantwortung dafür, ihn einstmals begonnen zu haben. Diese aus dem Handeln resultierende Verantwortung der Subjekte für ihre Geschichte und damit für die Welt, löst der Rassismus im Mythos des Blutes auf. "Die 'Ausgliederungsfülle' des Volkstums wird also hiermit organisch auf ihre blut-seelischen Urgründe zurückgeführt, nicht auf wesenlose Kulturkreise und blutlose Menschheitskombinationen, aus denen nicht ersichtlich ist, aus welchem Grund sich aus ihnen die ja notgedrungen zugestandene reiche Volkskultur entfalten kann" (Rosenberg, 1943, S.697).

In solcher Beschwörung der Macht des Blutes, der Rasse als mythologischem Urgrund, klingt en nuce die Abwehr der Geschichte durch den "archaischen Menschen" durch, wie sie von Eliade konstatiert wird. Dieser nämlich, dessen mythische Weltdeutung sich ja in der des Rassismus wiederfindet, versucht, "sich mit allen Mitteln der Geschichte entgegenzustemmen, die er als eine Folge unumstößlicher, unvorhersehbarer Ereignisse von autonomem Wert" (Eliade, 1994, S.107) betrachtet. Diese Losgelöstheit der Geschichte von der Welt, die in ständiger Wiederholung des "kosmogonischen Aktes" ewige Gegenwart impliziert, läßt sich freilich innerhalb der modernen bürgerlichen Gesellschaft nicht mehr aufrechterhalten bzw. zurückholen. Denn die ist schließlich, in ihrer Ideologie des Fortschritts, gerade an ein Voranschreiten des Geschehensprozesses gebunden. Sie weicht einer Konzeption der Schicksalhaftigkeit, die im urhaften Ereignis gründet und letztlich noch dort, wo sie den Geschichtsverlauf als solchen zugesteht, ewige Gegenwart im beständigen, schicksalhaften Fortwirken der Ursprungsmächte konstruiert.

Die mythologische Grundierung des Sozialen ist im übrigen für Adorno kennzeichnend für die ganze moderne, bürgerliche Gesellschaft. In der Offenheit und dem damit einhergehenden dummdreisten Gehabe des Rassismus erführe sie demnach bloß ihre enthüllende Vollendung. "Solcher gesellschaftliche Naturbegriff", schreibt Adorno, "hat seine eigene Dialektik. Die Naturgesetzlichkeit der Gesellschaft ist Ideologie, soweit sie als unveränderliche Naturgegebenheit hypostasiert wird. Real aber ist die Naturgesetzlichkeit als Bewegungsgesetz der bewußtlosen Gesellschaft (...) Denn die konstitutiven Formen der Vergesellschaftung, deren eine jene Mystifikation ist, behaupten ihre unbedingte Suprematie über den Menschen, als wären sie göttliche Vorsehung. Der Satz von den Theorien, die zur realen Gewalt würden, wenn sie die Massen ergriffen, gilt bereits für die allem falschen Bewußtsein vorausgehenden Strukturen, die der gesellschaftlichen Übermacht ihren irrationalen Nimbus, den Charakter fortwesenden Tabus, des archaischen Bannes bis heute sichern" (Adorno, 1970, S.347).

Bei Adorno und Benjamin ist auch eine "Theorie der Naturgeschichte" (Adorno) zu finden, die in ihrer Verbindung von Natur, Geschichte und Mythischem einen weitaus adäquateren Interpretationsgehalt erreicht, als jede Apologie der Geschichte als Natur innerhalb der völkischen Ideologie. Beiden geht es interessanterweise ebenfalls darum, die "übliche Antithese von Natur und Geschichte aufzuheben" (Adorno, 1973, S.345). Nichts anderes betreibt ja die rassistische Mythologisierung, indem sie Geschichte als Natur und damit als unvergängliche, organische Einheit setzt. Genau das Gegenteil jedoch wird nun zum Bestreben. Denn was erlebt, erfahren und integriert werden muß, ist die Geschichte als "vergängliche Natur" (Benjamin), nicht aber als schicksalhaft determinierte.

Das gilt, obwohl hier gerade für den Begriff der Natur die Affinität zum Mythos herausgearbeitet wird, da das in ihr Erscheinende das repräsentiert, was als schicksalhaft gefügt sich darstellt und das "vorgegebene Sein der menschlichen Geschichte trägt" (ebd., S.346). Geschichte hingegen besagt für Adorno "jene Verhaltensweise der Menschen, jene tradierte Verhaltensweise, die charakterisiert wird v.a. dadurch, daß in ihr qualitativ Neues erscheint, daß sie eine Bewegung ist, die sich nicht abspielt in purer Identität, purer Reproduktion von solchem, was schon immer da war, sondern in dem Neues vorkommt und die ihren wahren Charakter durch das in ihr als Neues erscheinende gewinnt" (ebd.). Das ist nun ein Begriff von Geschichte und eine Anwendung des Mythosbegriffes, die Blumenbergs Konzeption der "Arbeit am Mythos" sehr nahe kommt. Der sagt schließlich, daß der Mythos den Machtpegel der Götter herabsetze. Seine "Geschichtsmächtigkeit" bestehe darin, daß jede Geschichte der blanken Macht eine Achillesferse mache, z.B. über den durch sie erzeugten Rechtfertigungsdruck der Herrschaft (vgl. Blumenberg, 1990, S.22). Entschiedener aber noch gilt Blumenberg - und ist es auch im Zusammenhang mit Benjamin und Adorno -, "daß etwas was man die 'Qualität' des Göttlichen nennen könnte, als nicht von Anfang an oder von Ewigkeit her urgegeben vorgestellt wird. Was dem Bewußtsein versichert wird, ist, was es ein für alle mal hinter sich lassen soll" (ebd., S.127).

Diese Affinität im Mythosbegriff ist um so erstaunlicher, als Adorno ansonsten nicht viel gute Worte für den Mythos übrig hat. Dieser gilt ihm vielmehr in der "Dialektik der Aufklärung" als die Geschichte, wie sie von den Siegern geschrieben wird: "Daher gelten denn der mythischen wie der aufgeklärten Gerechtigkeit Schuld und Buße, Glück und Unglück als Seiten einer Gleichung" (Horkheimer/Adorno, 1990, S.22). Bei Benjamin liegen die Dinge bereits anders. Er hat stets das Moment des Mythischen in seine Philosophie zu integrieren versucht; etwa wenn er die Geschichte als Gegenstand einer Konstruktion nicht der homogenen Zeit, sondern der Jetztzeit verstanden wissen will: "Die Jetztzeit, die als Modell der messianischen in einer ungeheuren Abbreviatur die Geschichte der ganzen Menschheit zusammenfaßt, fällt haarscharf mit der Figur zusammen, die die Geschichte der Menschheit im Universum macht" (Benjamin, 1965, S.93); und jede Sekunde könnte ihm zufolge "die kleine Pforte (sein), durch die der Messias eintreten könnte" (ebd., S.94).

Die Differenz zur Handhabung von Natur und Geschichte in der organischen Philosophie Spenglers ist offenkundig frappant. Für den stellt beides nämlich zwei Möglichkeiten des Menschen dar, "die ihn umgebende Wirklichkeit als Weltbild zu ordnen (...) Eine Wirklichkeit ist Natur, insofern sie alles Werden dem Gewordenen, sie ist Geschichte, insofern sie alles Gewordene dem Werden einordnet (...) Natur ist der Inbegriff des gesetzlich Notwendigen (...) Erlebtes ist

Geschehenes, ist Geschichte (...) Das Gesetz, das Gesetzte, ist antihistorisch. Es schließt den Zufall aus" (Spengler, 1923, S.129). Das freilich impliziert eine reichliche Starrheit sowohl des Geschichts- als auch des Naturbegriffes. Ist erst einmal einer von beiden in solcher Eigenart festgeklopft, so gibt es davon kein Loslösen mehr. Welt reproduziert sich dann nur noch langweilig auf der dürftigen Folie eines Determinismus, der, bei aller scheinbaren Dichotomie von "Werdendem" und "Gewordenem" doch nur auf die Apolgie organischer Schicksalhaftigkeit des Weltlaufs hinführt. Ganz anders dagegen jene "Verschränkung von Natur und Geschichte" (Benjamin) als allegorischem Ausdruck, die beides dialektisch ineinander eingreifen läßt. Einem solchen Ansatz zufolge ist Geschichte gerade nicht als bloße Kontinuität denkbar, die sich bündig aus dem einen oder anderen Terminus erschließt. Vielmehr gilt sie hier als "die Einheit von Kontinuität und Diskontinuität. Die Gesellschaft erhält sich nicht trotz ihres Antagonismus am Leben sondern durch ihn" (Adorno, 1970, S.312). Und weiter: "Nicht aber ist darum die Einheit zu verleugnen, welche die diskontinuierlichen, chaotisch zersplitterten Momente und Phasen der Geschichte zusammenschweißt, die von Naturbeherrschung, fortschreitend in der Herrschaft über Menschen und schließlich die über inwendige Natur" (ebd.).

In solcher Diskontinuität von Geschichte ortet René Buchholz ein Verfallsmoment im Fortschritt selbst, das wiederum auf Natur verweist. "Was als Festgefügtes, auf Dauer Geschaffenes dastand, erschließt sich als Gewordenes und dem Naturprozeß Überantwortetes (...) Im Verfall wird ein Recht der Natur eingefordert, er ist 'die Rache der Natur für die Vergewaltigung, die der Geist ihr durch die Formung nach seinem Bilde angetan hat' (Simmel)" (Buchholz, 1994, S.64). Daß Buchholz hier gerade Georg Simmel heranzieht, ist nicht weiter verwunderlich, da Benjamin selbst sich in seinem Trauerspielbuch auf Simmels Betrachtung der Ruine, als Allegorie von Natur als gefallener Geschichte, bezieht. "Auf dem Antlitz der Natur", so Benjamin, "steht 'Geschichte' in der Zeichenschrift der Vergängnis" (Benjamin, 1993, S.155). Die Ruine steht somit für eine allegorische Physiognomie der Natur-Geschichte, mit welcher die Geschichte sich "sinnlich (...) in den Schauplatz" (ebd.) verzogen habe. Geschichte wird hier also als Natur gesetzt, gerade aufgrund ihres vergänglichen, ihres stetig sich verändernden Charakters. Adorno greift diese Kennzeichnung Benjamins auf. So geben sie dem Verhältnis von Natur und Geschichte eine adäquate Ausdeutung zum einen als Vergängliches überhaupt, was bedeutet, daß Geschichte an sich nur marginal erfahrbar ist - worauf ja auch Arendt hingewiesen hat -; zum anderen als Diskontinuität, die sich sowohl jenseits eines linearen, zielgerichteten Prozesses, als auch jenseits eines ursprungsmythisch begründeten, abspielt. Geschichte in dieser Form von Vergänglichkeit erhält damit ein nicht unbedeutendes Moment an Kontingenz. "Die Natur als Schöpfung ist von Benjamin selbst gedacht als gezeichnet mit dem Mal der Vergänglichkeit. Natur selbst ist vergänglich. So hat sie aber das Moment der Geschichte in sich. Wann immer Geschichtliches auftritt, weist das Geschichtliche zurück auf das Natürliche, das in ihm vergeht" (Adorno, 1973, S.359).

Eine originäre, schicksalstiftende Schöpfungsmacht kann es demnach nicht geben. Das widerspricht freilich diametral der Ansicht Spenglers, dieses "trivialen Sauhunds" (Benjamin), von der Geschichte. Für den steht allein die Geschichte im Zusammenhang der Zeit, jedoch allein als Kontinuität. "Geschichte aber ist gegenwärtiges Geschehen mit dem Zug in die Zukunft und einem Blick auf die Vergangenheit. Die Natur steht jenseits aller Zeit, mit dem Merkmal der Ausdehnung, aber ohne Richtung" (Spengler, 1923, S.207f). Nur indem Spengler Geschichte und Natur formal derart trennt, kann es ihm gelingen, beide als organische Phänomene zu betrachten, d.h. beide als Natur an sich. Denn wie gezeigt, liefe gerade deren Vermittlung auf einen diskontinuierlichen, kontingenten Begriff von Geschichte hinaus. Bezeichnend auch, daß Spengler die von ihm propagierte "wirkliche Geschichtsbetrachtung faustischen Stils" (ebd., S.127) als eine Betrachtung des "Gesamtgebildes der Weltgeschichte (...) wie etwas unendlich Fernes und Fremdes" (ebd.) begreift. Wer aber so auch die Gegenwart, die zu Geschichte wird, wie etwas Fernes betrachtet, der muß um die Zukunft und ihre Ergebnisse wissen - was Spengler ja tut, indem er dies Telos dem Prinzip des Organismus und des jahreszeitlichen Wechsels angleicht, also zu Natur mutieren läßt. So geschieht schon bei Spengler jene rabiate, gewaltsame Mythologisierung des Geschichtsverlaufs als ewige Wiederholung des Ursprungsaktes, wie sie im zur Macht gelangten Rassismus schließlich ihre Exzesse feiern sollte.

Denn schließlich wird die Rückkehr in eine "harmonische Natur", heraus aus der als degeneriert geltenden Moderne, hierin mit den Mitteln des Terrors, des Stigmas, des Pogroms, der Vernichtung betrieben. Jene Natur aber kennzeichnet sich, so Adorno, letztendlich durch ein wenig harmonisches Fressen und Gefressenwerden, das von der Gesellschaft stets nur verlängert, nie aber in Versöhnung überführt wurde. "Menschliche Geschichte, die fortschreitender Naturbeherrschung, setzt das bewußtlose der Natur, Fressen und Gefressenwerden, fort" (Adorno, 1970, S.346f). Kein Wunder, daß dort, wo jener Zustand heiliger Natur mit den gewaltsamen Mitteln gerade der Naturbeherrschung erreicht werden soll, die Gründungsmächte solcher Rückkehr - Natur und Mythos - in barbarischer Gewalt und Nivellierung durch die Herrschaft verenden. Natur wie auch Geschichte werden somit zur bloßen Apologie der Herrschaft und ihres völkischen bzw. rassischen Idioms heruntergebracht. "Die Geschichte in allem, was sie Unzeitiges, Leidvolles, Verfehltes von Beginn an hat, prägt sich in einem Antlitz - nein in einem Totenkopfe aus" (Benjamin, 1993, S.145). Dies Bild wählt Benjamin treffend zur Charakterisierung des geschichtlichen Antlitzes, das sich nur als Vergängliches zeigt. Der Rassismus jedoch produziert in seiner Konsequenz jene Totenköpfe en nuce, indem er Geschichte am Subjekt verneint und sie seinem Verständnis der mythischen Ursprungssituation brutal anzugleichen sucht.

3.3. Diskurs und Ritual

> - *Könnten Sie nicht genau so gut das Gegenteil behaupten?*
> - *Wovon?*
> - *Ach, wovon immer.*
>
> Franz Baermann Steiner (1988, S.14)

Zweierlei sollte nunmehr klar geworden sein. Der Rassismus initiiert und inszeniert einen Diskurs, der sich vorzugsweise die Gestalt des Anderen zum Thema nimmt und durch die darin eingelagerten Zuschreibungen Lager wie auch Identitäten schafft. Darüberhinaus wird dieser Diskurs über den Anderen aber der Diskursivität enthoben, indem die Bestimmung dessen, was rassisch ist, aus jeder sozialen Kausalität herausgelöst und als ein die Geschichte determinierender Schicksalszusammenhang aufgehoben wird. Von Interesse wird daher nun sein, auf welche Weise der rassistische Diskurs zum einen seine spezifische Struktur herausbildet und wie er sich andererseits kommunikativ gegen seine nichtrassistische Umwelt abschließt.

Die Nähe zur Praxis des Mythos ist auch hier schnell gefunden. Denn statt seinen Diskurs kommunikativ zu entfalten, dichtet der Rassismus seine Glaubenssätze gegen jede Praxis der Argumentation ab und erschöpft sich schließlich in der Wiederholung und Akklamation des Rituals. Dieser Diskurs ist demnach nicht dazu bestimmt, der Auseinandersetzung zwischen tätigen, denkenden Subjekten dienlich zu sein, deren Überzeugungen sich im Widerstreit der Argumente erst noch bewähren müssen; sondern er dient vielmehr der Herrschaftsbildung, indem er einen homogen strukturierten Raum der Welterfahrung schafft, worin alles Erleben auf das eine Zentrum der Rasse ausgerichtet ist.

Das Ritual ist die Form, die dem Mythos eigen ist, um sein Wesen und seine Gesetzmäßigkeiten innerhalb des sozialen Raumes zu zelebrieren. Zwar ist die ursprüngliche Funktion des Mythos die, durch die Sicherheit, die sie den Menschen in der Welt verleiht, ihnen das Handeln zu ermöglichen. Doch der Mythos selbst, als Geschichte, die aufbewahrt werden muß, erwirbt als Resultat seiner Konservierung institutionelle Züge. Dazu gehört eine Spezifik der Regeln, die ihn umgibt, um ihn zu aktivieren. Es ist dies spezifische, in die soziale Welt der Lebenden eingelassene Regelwerk, das den Mythos in der Gegenwart sinnlich mit den Menschen verbindet. Das Ritual ist die Inszenierung des Mythos, die Wiedererweckung des Vergangenen im Jetzt und Hier. Indem es so den Mythos, seine Geschichte und Mächtigkeit belebt, verschmilzt es mit ihm und wird als Inszenierung zur Inkarnation des Mythos selbst. Daß diese Inkarnation des mythologischen Rituals als gegenwärtige Gestalt des Mythos, im Gegensatz zur ursprünglichen Funktion des Mythos - eben der, Handeln zu ermöglichen und Freiheit vom "Absolutismus der Wirklichkeit" (Blumenberg) zu erlangen - etwas prekäres an sich hat, hat Blumenberg bemerkt. Der weist darauf hin, daß die ritualisierte Handlung eine Obligation ihrer Wiederholung in sich trage, welche "die Gefährdung des Vergessens ihrer ursprünglichen Dienlichkeit und Bedeutung über die Zeit" (Blumenberg, 1971, S.32) mit sich bringe.

Dabei liegt die Crux keineswegs im Akt der Wiederholung an sich. Die mythische Wiederholung der Kosmogonie muß schließlich nicht zwangsweise zu Starrheit führen. Vielmehr kann sie als konstituierendes Merkmal einer jeden mythologischen Praxis gelten, da sie als "ewige Wiederkehr" den Sinn hat, Wirklichkeit herzustellen. "Diese 'ewige Wiederkehr' verrät eine Ontologie, die noch nicht durch die Zeit und das Werden verunreinigt worden ist (...) (Es) annulliert der 'Primitive' die Unumstößlichkeit der Zeit, indem er ihr eine zyklische Richtung zuschreibt. In jedem Augenblick beginnt alles wieder von vorn. Die Vergangenheit ist nichts als die Präfiguration der Zukunft. Kein Ereignis ist unumstößlich und keine Verwandlung ist endgültig" (Eliade, 1994, S.101). Somit käme, scheinbar absurd, der Wiederholung zuvorderst die Bedeutung zu, Determinanten zu vermeiden und die Vagheit des Gewordenen, wie auch dessen Veränderung, erst zu ermöglichen. Gleichzeitig soll in ihr natürlich der Mensch wieder in eine unmittelbare Nähe zum kosmogonischen Akt selbst gerückt werden. Im Ritus werden archaische Gesten, mythische Momente wiederholt, wodurch "jene Zeit" reaktualisiert wird (vgl. ebd., S.42). Der Mythos ermöglicht also durch seine Manifestation in der Wirklichkeit das Handeln in ihr; und das Ritual, als Form solcher Manifestation wiederum, ist die spezifisch mythische Handlungsform im Ensemble dieser Wirklichkeit.

Doch das Handeln des Rituals verbleibt im Schematismus, sein Sprechen verliert sich in Formeln, denn es gibt seinen Subjekten nicht die Freiheit, über das Ritual hinauszugehen, also autonomes Subjekt überhaupt erst zu werden. Das Ritual ist am Ende nichts weniger als frei, da es als Garantie für den als weltschöpfende Geschichte institutionalisierten Mythos gilt. Wie sehr sich das Motiv des Rituals als konstituierendes Element zur Entfaltung des rassistischen Mythos etabliert hat, deutet Mosse an, wenn er abermals darauf verweist, daß die durch "die Geschichte gerechtfertigten Bräuche (...) zur integrierenden Kraft der Rasse" werden (Mosse, 1990, S.71). Der Schematismus des Rituals ist im Rassismus also ein Baustein der angestrebten Herstellung von sozialer

Homogenität. Wo die Wirklichkeit durch einen Katalog von Ritualformen in ihren Handlungs- und Darstellungsweisen synchronisiert wird, erliegt sie dem Absolutismus derjenigen, die die zugehörige Interpretation, die benötigt wird, um den Sinn der so konstruierten Welt zu erschließen, bereithalten. So findet sich auch bei Blumenberg der Hinweis darauf, daß die Erläuterung der Rituale, als "des Unverstandenen", durchaus nicht jederzeit und nicht jedem Publikum zugänglich gemacht wird: "das Unverstandene hat seine Gewalt über die Menschen, und Erläuterung ist nicht für jedermann" (Blumenberg, 1971, S.33). In diesem Sinne verliert auch das Ritual seine fragile Fähigkeit, dem Handeln und Sprechen einen Rahmen zu geben und dient sich der Herrschaft des Souveräns an. Daß es, als Stimme der mythischen Götterwelt selbst, so ungreifbar wie unmittelbar in der Vorzeit wurzelt, verleiht ihm noch dazu die Aura des Erhabenen. Durch die damit verbundene Würde und Autorität vermag es zu ergreifen.

Wo nun allerdings das Ritual kraft seiner vorgeschriebenen Figuren die den Menschen gemeinsame Welt in Szene setzt, da verschwindet Öffentlichkeit als Medium von Intersubjektivität. Denn nicht der Austausch zwischen den Subjekten selbst steht nun mehr im Vordergrund, sondern die Ausrichtung auf ein alles strukturierendes Prinzip allein. Gerade solche Öffentlichkeit als intersubjektives Prinzip ist es aber, die laut Hannah Arendt das Bewußtsein von einer den Subjekten gemeinsamen Welt überhaupt gewährleistet. "Die Gegenwart anderer, die sehen, was wir sehen und hören, was wir hören, versichert uns der Realität der Welt und unserer selbst", führt sie aus und begründet dies darin, daß "unser Realitätsgefühl durchaus davon abhängig ist, daß es Erscheinungen und damit einen öffentlichen Raum gibt, in den etwas aus der Dunkelheit des Verborgenen und Geborgenen heraustreten kann (...)" (Arendt, 1992, S.50). Solch öffentlicher Raum jedoch wird im Prinzip des Mythos, als eines "Erzählmodus kompakter Sinndeutung" (Vondung, 1992, S.208) tendenziell auch im Ritual als noch "geschlossenere und unmittelbarere Form der Sinndeutung" (ebd., S.209) ganz aufgehoben. Im Ritual, das eine Reihe von Offenbarungssymbolen enthält und dem Publikum zugänglich macht, ist der völkische Mythos bestrebt, eine der kosmologischen ähnliche, "heilige Geschichte" zu erzählen und somit im Mythos selbst das Mysterium zugleich zu bekräftigen und zu enthüllen (vgl. ebd., S.212). Es liegt dem Ritual damit ein Prinzip zugrunde, das primär sozial organisiert und das Bestehende in geschlossene diskursive Bahnen lenkt, anstatt den Diskurs der Subjekte sich ungehemmt entfalten zu lassen: Insofern offenbart es sich im Rassismus als Form der Herrschaft wider die Freiheit und Autonomie der Subjekte.

Unverkennbar sind die religiösen Züge, die in solcher Absicht liegen. Die Praxis des Rituals und der Sinndeutungen, die es repräsentiert, erhebt sich somit in Höhen, wo es metaphysische Aspekte berührt und zur Sache eines Glaubens wird. Träger dieses Glaubens, so Mosse, ist das als Rasse definierte Volk. "Auf diese Weise wurde das Volk zu einer besonderen Einheit erhoben, mit dem Auftrag, den Heiligen Gral (...) zu behüten" (Mosse, 1990, S.72). Dieser "Heilige Gral" findet sich bspw. in den oben von Mosse erwähnten überlieferten Bräuchen. Denn "der Weg des Volkes durch die Geschichte war ein heiliges Drama, in dem sie (d.h. jene Bräuche, J.A.) nicht nur die Einheit von Leben und Natur, sondern die Erlösung selbst verkörperten" (ebd., S.71). In seiner Untersuchung zur Sprache des Nationalsozialismus führt Victor Klemperer bzgl. deren religiösen Gehalts aus, sie diene "einzig der Beschwörung. In welches private oder öffentliche Gebiet auch immer das Thema gehört (...) alles ist Rede, alles ist Öffentlichkeit (...) du bist nie mit dir selbst, nie mit den Deinen allein, du stehst immer im Angesicht deines Volkes" (Klemperer, 1991, S.29). Als besonders starkes Symbol erachtet er diesbezüglich die sog. "Blutfahne", deren Verehrung auf den Parteitagen der NSDAP einer "Mischung aus Theater und Kirchenregie" gleichkomme. "Die gesamte nationalsozialistische Angelegenheit wird durch dies eine Wort aus der politischen in die religiöse Sphäre gehoben. Und die Szene und das Wort wirken fraglos (...) Der Parteitag eine kultische Handlung, der Nationalsozialismus eine Religion (...)" (ebd., S.40). Es ist folglich der religiöse Impetus, der die Hierarchien festschreibt, welche das Ritual als soziales Gestaltungsprinzip produziert. Freiheit und Gleichheit im öffentlichen Raum sind da nicht mehr möglich, wo dieser der Normgewalt einiger Interpretationskundiger unterliegt, die das Wissen um sein Wesen selektiv und autoritativ an die Masse weitergeben.

Es ziemt sich daher, das Ritual als eine Form der Inszenierung sozialer Alltagsrealität, wie es hier für den Rassismus gefaßt werden soll, vom rein religiösen Ritual zu unterscheiden, das in erster Linie der Erfahrung und der Partizipation der Gläubigen am Transzendenten dient. Das religiöse Ritual ist sich bewußt, daß es keine profane Wirklichkeit schafft, bzw. dies nur sehr bedingt tut. Gleichwohl bleibt der religiöse Stellenwert des Rituals, der sich in der rassistischen Ideologie in die Alltagswelt einschleicht, von entscheidender Bedeutung. Denn durch jene ontologischen und gleichzeitig ins metaphysische überhöhten Kategorien wie Blut, Rasse und Rassenseele, gelingt es, die religiöse Mächtigkeit in die profane Welt herabzuholen und infolgedessen als zentrierendes Moment sowohl von individueller Persönlichkeit und allgemeinem Alltagshandeln zu etablieren. Auch in diesem Sinne ist Arendts Hinweis darauf zu verstehen, der Antisemitismus sei innerhalb der vom Ritual durchdrungenen Nazipropaganda "nicht mehr eine Frage einer Meinung über ein Volk, die Juden, sondern (er) wurde zur inneren Angelegenheit jedes Mitglieds, zu einer Frage seiner persönlichen Existenz" (Arendt, 1986, S.565). Daß damit verbunden das Verlangen nach Reinheit ist, ist nicht verwunderlich, verspricht die Orientierung am quasi-religiösen Gebot doch Läuterung und damit fast vollkommene Integrität des Individuums sowohl gegenüber sich selbst, als auch gegenüber der Herrschaft.

Wo Öffentlichkeit jedoch derart aufgebaut ist und sich vielmehr an religiöser, den Subjekten letztlich ferner Mächtigkeit orientiert, da ist jene "gemeinsame Welt", wie sie in Anlehnung an Arendt oben skizziert wurde, bestenfalls domestiziert, im schlimmsten Fall sogar ganz abgeschafft. Denn die ihr eigentlich eigene Vitalität bleibt jetzt reduziert auf ein starres Gehäuse. "Eine gemeinsame Welt verschwindet, wenn sie nur noch unter einem Aspekt gesehen wird; sie existiert überhaupt nur in der Vielfalt ihrer Perspektiven" (Arendt, 1992, S.57). Der Rassismus verengt die Perspektive auf die ihm eigene Zentralkategorie. Anders als über ihre Vermittlungsinstanz kann in ihm Welt nicht mehr betrachtet werden. Das Ritual schließlich, das das ihm eigene Mittel zur Formierung von Welt ist, gießt alle Soziabilität in eine Form. Das religiös orientierte Ritual setzt sich im säkularen Kontext absolut, es duldet kein anderes neben sich, das seine Hegemonie zu stören vermöchte. Diese absolute Eintönigkeit, beklagt Klemperer, spreche im "Dritten Reich" "mit einer schrecklichen Einheitlichkeit aus all seinen Lebensäußerungen und Hinterlassenschaften: aus der maßlosen Prahlerei seiner Prunkbauten und aus ihren Trümmern, aus dem Typ der Soldaten, der SA- und SS-Männer, die es als Idealgestalten auf immer andern und immer gleichen Plakaten fixiert, aus seinen Autobahnen und Massengräbern" (Klemperer, 1991, S.16).

Besonders verdichtet sich das Ritual zudem gegen das Prinzip von Öffentlichkeit, weil es sich aus dem Ursprünglichen, für Menschen nicht erreichbaren herleiten kann. In der "Vita activa" sind es die Menschen, die die Dinge schaffen, auch wenn deren Fortwesen sodann eine ganz eigene Dynamik annimmt, die dem Zugriff der Subjekte zu entrinnen vermag und selbst zu einer Determinante von deren Dasein wird. "Die Welt, in der die Vita activa sich bewegt, besteht im wesentlichen aus Dingen, die Gebilde von Menschenhand sind; und diese Dinge, die ohne den Menschen nie entstanden wären, sind wiederum Bedingung menschlicher Existenz. Die Menschen leben also nicht nur unter den Bedingungen, die gleichsam die Mitgift ihrer irdischen Existenz überhaupt darstellen, sondern darüber hinaus unter selbstgeschaffenen Bedingungen, die ungeachtet ihres menschlichen Ursprungs die gleiche bedingende Kraft besitzen wie die bedingenden Dinge der Natur. Was immer menschliches Leben berührt, was immer in es eingeht, verwandelt sich sofort in eine Bedingung menschlicher Existenz. Darum sind Menschen, was auch immer sie tun oder lassen, stets bedingte Wesen" (Arendt, 1992, S.16). Diese "Mitgift ihrer irdischen Existenz" bedeutet demnach auch eine Art von Bringschuld der Subjekte der Welt gegenüber, die sie ganz maßgeblich mit geschaffen haben. Sie zwingt zum Handeln in der Welt, dazu, den öffentlichen Raum durch Handeln und Verantwortung auszufüllen.

Die Differenz der Gewichtung zwischen dem, was erst durch Menschen wurde und was durch Menschen geschieht, sowie dem, was qua Natur die Weihe des Ewigen trägt, ist deshalb dabei, zu verwischen. Eine solche die Welt "bedingende Kraft" besitzen in der Logik des Rassismus jedoch allein jene "bedingenden Dinge der Natur". Welt konstituiert sich hier allein über das, was aus der Natur hervorgegangen ist und von ihr sein Recht und seine Fertigkeiten ableitet. Alles Tun, alles Denken der Menschen wurzelt demnach in der Natur, wie sie die Rasse ihren Leuten eingibt. Organ dieser weltschöpfenden Natur ist das Ritual; es organisiert die Welt und die Subjekte in der Sprache und der Symbolik, die der ewigen, ursprünglichen Natur adäquat sein sollen. "Die Bedeutung des Mythos", so hebt Vondung hervor, "manifestiert sich leibhaftig im Ritual (...) Durch die ständige Wiederholung und neuerliche Aktualisierung im Ritual wird das Heilsereignis stets wieder gegenwärtige Realität" (Vondung, 1992, S.216).

Es ist dieser Aspekt der Wiederholung, der verschiedentlich als wesentliches Element des Mythos hervorgehoben wird und als solcher auch Eingang in die Praxis des Rituals findet. Die Wiederholung ist etwa für Klemperer das zentrale Merkmal der nazistischen Sprache überhaupt: "der Nazismus glitt in Fleisch und Blut der Menge über durch die Einzelworte, die Redewendungen, die Satzformen, die er ihr in millionenfachen Wiederholungen aufzwang und die mechanisch und unbewußt übernommen wurden (...)" (Klemperer, 1991, S.21). So etwa charakterisiert Blumenberg die "Wiederkehr des Gleichen als Ungleiches" (wohlgemerkt) als die "homogene Strukturbestimmung" mythischer Wirklichkeit (Blumenberg, 1971, S.38). Das bedeutet, daß jeder Wechsel, jede Veränderung der Realität nichts in der Tat Neues, sondern lediglich eine weitere Variation des ursprünglichen und im Kern immer gleichen Themas wäre. Auch bei Eliade findet sich der Hinweis darauf, das "Paradox des Ritus" hebe profane Zeit und Dauer auf. "Durch diese Nachahmung wird der Mensch in die mythische Epoche versetzt, in der die Archetypen zum ersten Male offenbart wurden" (Eliade, 1994, S.49). Das wiederum bedeutet, daß in diesem Zusammenhang die "Wirklichkeit eine Funktion der Nachahmung eines himmlischen Urbildes" ist (ebd., S.17), wodurch eine "Teilhabe an der 'Symbolik des Mittelpunkts'" (ebd., S.18) gewährleistet werden soll. Die entsprechende Form der Praxis, dies in der Welt umzusetzen, bildet auch für Eliade, neben dem Zeichensytem der Symbole und den Erzählungen des Mythos, das Ritual. Dessen Form trägt entscheidend dazu bei, den Mythos zur empfundenen Wirklichkeit werden zu lassen, indem es alles und alles in seine Korsage zwängt und Welt allein auf den ihm eigenen Horizont beschränkt, Handeln im offenen Sinne daher obsolet werden läßt. Der Rassismus in seiner Nähe zur Mythologisierung von Wirklichkeit, so auch Mosse, gleicht einer "Pseudo-Religion", weshalb er "seine Versprechen hier und heute einzulösen" hat (Mosse, 1990, S.25). Sein Kniff bestünde nun darin, Mythos schlicht in Wirklichkeit zu verwandeln. "Der Rassismus ließ die Sonne stillstehen und hielt die Zeit an (...) Für das Leitmotiv seiner Interpretation der Gegenwart und seiner Hoffnung auf die Zukunft schuf sich der Rassismus Mythen: Mythen, die er dann in die Wirklichkeit umzusetzen suchte: Mythos als Wirklichkeit" (ebd.).

Wo aber nun der Mythos selbst in Form einer sowohl religiös gearteten als auch modernen Weltanschauung zur Wirklichkeit an sich wird, da transformiert sich das Bild von Realität. Dieses orientiert sich nun an den Bildern und Normen des Mythos; es orientiert sich jedoch nicht mehr an der Faktizität der gegenständlichen, sinnlich erfahrbaren Welt oder an allgemeinen ethischen Prinzipien - sofern diese nicht gerade Bestandteil des Mythos selbst sein mögen. Was hier zugunsten eines mythologisierten Verständnisses innerhalb des öffentlichen Raumes der menschlichen Gesellschaft aufgegeben wird, ist das, was Arendt zunächst schlicht den gesunden Menschenverstand nennt - nämlich die Orientierung des Einzelnen an einer durchs Subjekt bestimmten Ethik der Handlungsformen. Denn gerade die dazu am dringlichsten benötigten Essenzen, die sinnliche Erfahrung und die Fähigkeit zum eigenen Urteil, entfallen in einer mythologisch präformierten Welt. Eine solche benötigt nicht das Subjekt, da sie ohnehin gebunden bleibt an die Geschichte, den Kanon des "Organischen" und die Mächtigkeit ihrer Archetypen. Sie entspinnt daher eine ganz eigene Interpretation von Welt, die sich nicht zwingend mit der faktisch gegebenen Realität decken muß.

Den so sich vollziehenden Vorgang hat Arendt am zugegebenermaßen drastischen Beispiel der Durchdringung von Individuen durch die Dynamiken totaler Bewegungen, insbesondere der nationalsozialistischen, aufgezeigt. Dort, wo die ideologische, mithin mythische Folie sich vors Bewußtsein schiebt, verortet Arendt die Etablierung einer "fiktiven Welt", die zuvorderst eine Sache der Interpretation und seelischen Verinnerlichung ist, nicht aber die der Prüfung von Tatsachen. In diesem Zusammenhang der Mythologisierung von Wirklichkeit durch die Praxis von Ritual und Wiederholung auch im Rassismus, ist das bereits häufiger gefallene Wort "Weltanschauung" von Interesse. Klemperer bemerkt dazu, "was die LTI (d.i. die Sprache des Nationalsozialismus, J.A.) zu diesem Wort geführt hat, ist nicht etwa, daß sie darin eine Verdeutschung des Fremdwortes Philosophie sah (...) Sondern sie findet in dem Wort Weltanschauung das Schauen, die Schau des Mystikers, das Sehen des inneren Auges also, die Intuition und Offenbarung der religiösen Ekstase. Die Vision des Erlösers, von dem das Lebensgesetz unserer Welt ausgeht (...)" (Klemperer, 1991, S.153).

Das mythologische Weltbild ist ein klares und eindeutiges. Mag es auch seine Ambivalenzen und Geheimnisse besitzen, so ist es dennoch in sich geschlossen und von hoher Homogenität. "In dem bekannten Wusch, ein eindeutiges Weltbild, eine in sich stimmige Weltanschauung zu haben, die aus der Erfahrungsunfähigkeit der modernen Massen stammt und der eigentliche Motor aller Ideologien ist", erläutert Arendt, "liegt bereits jene Verachtung für die Wirklichkeit und Tatsächlichkeit in ihrer unendlich zu variierenden und nie einheitlich zu fassenden reinen Gegebenheit, die eines der hervorstechendsten Merkmale der totalitären fiktiven Welt bildet" (Arendt, 1986, S.700)[21]. Eine solche "total imaginäre Welt" zeichne sich dadurch aus, daß sie die ihr verhafteten Menschen "imaginär von der wirklichen Welt" abschließe (ebd., S.562).

Das z.B. eine an mythologischen Kategorien orientierte Weltsicht sich in solcher Form von der wirklichen Welt abzuschließen genötigt ist, liegt auf der Hand, da sie sonst frontal mit deren sinnlicher Erfahrung zusammenstieße. So muß sie den Spieß gleichsam umdrehen und das als Fiktion brandmarken, was nicht mit ihrem Gehäuse korrespondiert, das selbst Fiktion ist. Wo solcherart die Prämissen im Bewußtsein verschoben werden, da ist es nicht weiter verwunderlich, daß man "an die Realität der sichtbaren Welt" nicht glauben mag, daß diese Menschen "sich auf eigene, kontrollierbare Erfahrungen nie verlassen, ihren fünf Sinnen mißtrauen und darum eine Einbildungskraft entwickeln, die durch jegliches in Bewegung gesetzt werden kann, was scheinbar universelle Bedeutung hat und in sich konsequent ist" (ebd., S.559). Denn, so Arendt, und auch dies stimmt mit dem überein, was hier bereits über das mythologisch strukturierte Weltbild gesagt wurde, kennzeichnend sei, daß die Anerkennung der Zufälligkeit, "die eine

---

[21] Arendts Begriff der "Erfahrungsunfähigkeit der modernen Massen" erscheint in seiner Pauschalität nicht adäquat. Weder hat es in der von ihr geschilderten Form für die leere, mobartige Masse in den europäischen Nachkriegsgesellschaften des ersten Weltkrieges gegeben, noch ist wohl je der Zustand völliger Erfahrungsunfähigkeit des Subjekts gegeben. Eine Konstatierung, die übrigens in bemerkenswertem Widerspruch zur sonstigen Emphase von Arendts Handlungsbegriff steht. Wichtig und fruchtbar ist jedoch ihr Hinweis auf die realitätsabschließende Wirkung total werdender Ideologeme.

Komponente alles Wirklichen bildet" (ebd., S.560), verweigert werde - eine "Attitude der Flucht aus der Wirklichkeit in die Einbildung, von dem Ereignis in den notwendigen Ablauf des Geschehens" (ebd.). Eliade spricht davon, daß die Geschichtlichkeit von Fakten nicht lange der Verwandlungskraft der Mythisierung standhalte, sondern sich in der Überlieferung nur insoweit bewahrt, "als dieses geschichtliche Ereignis einem mythischen Modell möglichst genau entspricht" (Eliade, 1994, S.56). Genauso wird jedes Ereignis in die Geschlossenheit des Mythos hineingezogen mit jener "besessenen Blindheit, die der Realitätsflucht der Massen in eine in sich stimmige fiktive Welt eigen ist" (Arendt, 1986, S.560). Das Ereignis als solches verliert demnach an Wert; es steht nicht mehr als etwas eigenes, dynamisches da, das in die Welt verändernd eingreift und auf die Option eines Subjekts zurückgeht. Vielmehr gerät es zum nachrangigen Bestandteil des Ensembles einer mythischen Weltschau. "Die geschichtliche Figur wird ihrem mythischen Modell (...) angeglichen, während das Ereignis in der Kategorie der mythischen Handlungen eingeordnet wird (...)" (Eliade, 1994, S.57). Man kann also getrost sagen, daß sowohl die Negation von Geschichte durch Schicksal, als auch die Negation menschlichen Handelns vermittels mythischer Präformation, Voraussetzung für den Einschluß der wahrgenommenen Welt in jenes fiktive Gehäuse ist, das der "wirklichen Welt" den Rücken kehrt. Ergebnis eines solchen Prozesses wäre in letzter Konsequenz die Herstellung einer Welt, "die von sich aus, unabhängig vom Handeln der Menschen in ihr, gesetzmäßig ist, in Übereinstimmung mit den die Welt eigentlich durchwaltenden Gesetzen funtioniert" (Arendt, 1986, S.706).

Solche eigentlichen Gesetze finden sich vorbildlich in den Archetypen verkörpert, neigen also ohnehin zur eigenen Mythologisierung. Hitler selbst hat in einer Parteitagsrede vom September 1933 diese Tendenz, alles Handeln der Struktur der Weltanschauung, d.h. einem bestimmten Archetypus des das Handeln bestimmenden Seins, unterzuordnen, prägnant zum Ausdruck gebracht. Dort führt er aus: "Schon im Worte 'Weltanschauung' liegt die feierliche Proklamation des Entschlusses, allen Handlungen eine bestimmte Ausgangsauffassung und damit sichtbare Tendenz zugrunde zu legen. Eine solche Auffassung kann richtig oder falsch sein: Sie ist der Ausgangspunkt für die Stellungnahme zu allen Erscheinungen und Vorgängen des Lebens und damit ein bindendes und verpflichtendes Gesetz für jedes Wirken. Je mehr sich nun eine solche Auffassung mit den natürlichen Gesetzen des organischen Lebens deckt, um so nützlicher wird ihre bewußte Anwendung für das Leben eines Volkes sein" (Hitler, zitiert nach: Claussen, 1994, S.96). Die Weltanschauung ist somit Wahrheit geworden und ersetzt in sich die erfahrbare Wirklichkeit. Sie bedingt alles Tun, alles geschichtliche Werden, alles Dasein auf dem Urgrund ihrer mythologischen Gewißheiten über Herkunft, Sein und Werden der "Rasse" und der Geschichte. Jedoch unterminiert ein solcher Prozeß nicht nur die Struktur der vorgefundenen Welt allein, sondern ganz genauso die Integrität des einzelnen Subjekts. In einer derartigen, in sich stimmigen fiktiven Welt, die sowohl ohne Handeln als auch ohne als Prozeß begriffene Geschichte auskommt und durch Polarisierung bestimmt ist, verschwimmen die ehemaligen Subjekte zur homogenen Masse. Wo der Mythos seinen eigenen Diskurs zur Präformierung von Welt entfaltet und sich damit vor das einzelne Bewußtsein setzt, da verlieren Handeln und Sprache ihre soziale Funktion. "Sprechend und handelnd unterscheiden Menschen sich aktiv voneinander, anstatt lediglich verschieden zu sein (...) Sprechend und handelnd schalten wir uns in die Welt der Menschen ein, die existierte bevor wir in sie geboren wurden, und diese Einschaltung ist wie eine zweite Geburt (...)" (Arendt, 1992, S.165). Die fiktive Welt des Mythos reißt diesen Faden ab. Sie ist dazu prädestiniert, weil ihr Maß an Geschlossenheit angesichts der Rückführung allen Seins auf einen ursprungsmythischen Grund allzu stark ist. Zwar ist, wie Arendt anmerkt, kein Handeln ohne Sprache (vgl. ebd., S.168) und kein Mensch kann der Sprache und des Handelns ganz und gar entraten. Doch deren bloße Funktionalisierung im Rahmen des Ritus, des Wesens des Mythos, nimmt beidem ihre weltgestaltende Kraft, integriert sie in den Herrschaftsmechanismus der Archetypen. Der eigentümliche Diskurs des Mythos ist damit einer des Ritus, einer der Wiederholungen und der gesetzten Strukturen; er ist keiner des freien Diskurses, der Argumentation, des Handelns.

Insofern ersetzt der Ritus den Diskurs der öffentlichen Rede. Nach Habermas erfolgt eine jede gelungene Verständigung zwischen Subjekten jedoch diskursiv, d.h. die menschliche Rede entwickelt sich fort zu einer Form interaktiven Handelns, das aktiv auf die Intentionen des Anderen bezogen bleibt. Es liegt dieser Form von Diskursivität demnach entscheidend ein Element von Gleichheit zugrunde. Die einzelnen Subjekte werden im öffentlichen Raum als Handelnde plaziert, wo sie sich interaktiv untereinander einigen müssen. "Wenn eine Verständigung gelingt", erläutert Habermas, "führt sie unter den Beteiligten zu Einverständnis (...) Einverständnis kommt (...) nur unter Bedingungen zustande, die auf eine rationale Grundlage verweisen. Einverständnis beruht auf gemeinsamer Überzeugung" (Habermas, 1984, S.460). Diese Form eines egalitären Diskurses schließt offenbar entscheidende Aspekte des rassisch-mythologischen Diskursverfahrens aus, dem es vorrangig darum geht, die Ausrichtung der Diskursteilnehmer unter die Hegemonie einiger spezifischer

Prämissen zu bringen, also zuvorderst ein Element von Herrschaft im Diskursverfahren selbst zu etablieren.

Während Habermas noch davon ausgeht, daß Wahrheitsansprüche als Geltungsansprüche erscheinen, "die in die Strukturen möglicher Rede eingebaut sind"; daß Wahrheit ein "universaler Geltungsanspruch" sei und Wahrhaftigkeit "die Transparenz einer sprachlich sich darstellenden Subjektivität" verbürge (ebd., S.203f), werden innerhalb einer mythisch orientierten Weltschau ein Gegenstand oder eine Handlung doch "wirklich nur in dem Maße, wie sie einen Archetyp nachahmen oder wiederholen" (Eliade, 1994, S.48). Eliade spricht in diesem Zusammenhang auch von der Symbolik mythischer Präzedenzfälle, die die Wirklichkeit zeichnen und Wahrheit bestimmen. Was wahrhaftig ist, bleibt immer gebunden an die vorangehende Interpretation der Welt durch den Mythos. Diese hegemoniale Macht über den Diskurs, die der Mythos ausübt, hebt auch Barthes hervor, wenn er von dessen "eindringlichem Charakter" spricht: "Man erwartet von ihm eine unmittelbare Wirkung (...) Seine Wirkung wird für stärker gehalten, als die rationalen Erklärungen, die ihn etwas später demontieren könnten (...) Der Mythos ist nicht zu vervollkommnen und ist zugleich unbestreitbar. Weder Zeit noch Wissen fügen ihm etwas hinzu oder nehmen ihm etwas weg" (Barthes, 1964, S.114). Das bedeutet, daß das Faktum, daß die Menschen auf die Sprache angewiesen sind, noch lange nicht heißt, daß diese auch Wahrheit im emphatischen Sinn zu verbürgen vermag. Höchstens ist sie dazu in der Lage, gemäß der Interpretationsleistungen der Subjekte, Konstrukte von Wahrheit zu liefern. Die wiederum entstehen in der jeweiligen Lebensform der Subjekte. In ihren sozialen Manifestationen, ihren Bräuchen, Regeln, Interpretationen erzeugt sie eine spezifische Wirklichkeit für die in ihr lebenden Individuen. Diese geschaffene Wirklichkeit aber ist niemals ein geschlossener Rahmen, sondern ihrerseits jederzeit modifizierbar. Wahrheit an sich ist in ihr also auch nur partiell verbürgt und dem Reglement der geltenden Diskurse unterworfen.

Der Theoretiker des egalitären Diskurses dagegen hebt hervor, daß erst im Diskurs selbst der Geltungsanspruch einer Behauptung, einer Norm oder einer sonstigen Aussage zum Thema gemacht werden oder gar in Frage gestellt werden kann. Denn mit dem Eintritt des Subjekts in den Diskurs vollziehe sich auch der in die Argumentation. Diese zu akzeptieren bleibt auch entscheidend, da sie eine Gesprächssituation voraussetzt, die von ihrem Prinzip her "Öffentlichkeit des Zugangs, gleichberechtigte Teilnahme, Wahrhaftigkeit der Teilnehmer, Zwanglosigkeit der Stellungnahmen usw. garantiert (...)" (Habermas, 1992b, S.132). Dabei liegt es auf der Hand, daß hiernach jede gültige Norm Bedingungen genügen muß, die "von allen Betroffenen zwanglos akzeptiert (...) werden könnten" (ebd., S.134).

Freilich ist es, nach allem bereits hier erarbeiteten, ebenso offenkundig, daß der Geltungsanspruch aller durch den rassischen Mythos aufgestellten Sätze noch vor jedem Diskurs liegt, ja daß jener diesen überhaupt erst speisen will; und daß, ob der ursprungsmythischen Weihe, solche Sätze in ihrem Geltungsanspruch auch keineswegs in Frage gestellt werden wollen. Im Gegenteil begründen sie die Welt in ihrer ganzen Gestalt; und da sie den Rang der Wahrheit beanspruchen, wird dieser auch von dem Diskurs, den sie in die Welt setzen, eingenommen. "Deshalb", pointiert Barthes, "wird der Mythos als eine unschuldige Aussage empfunden: nicht weil seine Intentionen verborgen sind (...), sondern weil sie natürlich gemacht sind" (Barthes, 1964, S.115). In der Natur dieser Aussagen wurzelt deren natürliche Wahrheit, die Geschichte macht und die Welt, wie auch die Subjekte in ihrem Schicksal und ihrem Wesen gestaltet. Ihrer Mächtigkeit vermag sich niemand zu entziehen, da alles erst aus ihr hervorgegangen sein soll.

Diese Setzung ist ebenso banal wie gewaltsam. Sie versucht in krasser Weise die von Arendt konstatierte Tatsache zu negieren, daß alle Angelegenheiten, "die sich direkt im Miteinander der Menschen vollziehen" (Arendt, 1992, S.172), durch Ungewißheit gezeichnet sind. Schließlich versucht der Mythos in seiner Beschwörung der Archetypen, solche untrüglichen Gewißheiten im sozialen Raum wieder herzustellen und die Pluralität, die die Realität ausmacht, zu homogenisieren. Eine solche Rückführung dieses Merkmals von Realität auf wenige spezifische Indizien, wäre für Arendt schlechterdings undenkbar. "Das Einzige, woran wir die Realität der Welt erkennen und messen können", führt sie aus, "ist, daß sie uns allen gemeinsam ist (...) Ein merkliches Abnehmen des gesunden Menschenverstands und eine merkliche Zunahme von Aberglauben und Leichtgläubigkeit deuten daher immer daraufhin, daß die Gemeinsamkeit der Welt innerhalb einer bestimmten Menschengruppe abbröckelt (...)" (ebd., S.203). Im rassisch-mythischen Diskurs, der sich lediglich innerhalb der Grenzen der von ihm selbst geschaffenen fiktiven Welt bewegt, ist diese, Öffentlichkeit und Diskursivität garantierende, gemeinsame Welt schließlich an ihr Ende gebracht. Ein Credo daraus gemacht hat bspw. Alfred Rosenberg, der erklärt, es entzöge "sich die organische Philosophie unserer Zeit der Tyrannei der Verstandesschemen (...)" (Rosenberg, 1943, S.697).

Der auf den Mythos rekurrierende Diskurs hebt also den egalitären Diskurs auf und zwingt ihn in das Korsett seiner Prämissen. Als sozialer Machtfaktor ist er dazu schon deshalb genötigt, so führt Adorno mit Blick auf den Faschismus aus, weil es ihm unmöglich wäre, sich Anhänger vermittels rationaler Argumente zu verschaffen. Deshalb "muß seine Propaganda sich notwendig vom diskursiven Denken abwenden, um stattdessen psychologisch zu operieren und irrationale, unbewußte, regressive Prozesse zu mobilisieren" (Adorno, 1971, S.60). Sprache selbst funktioniere, da sie jeder rationalen Bedeutung entleert sei, in solchem Zusammenhang magisch und fördere archaische Regressionen (vgl. ebd., S.58). Das steht freilich in krassestem Gegensatz zu Habermas' Diktum, Verständigung scheine "als Telos der menschlichen Sprache innezuwohnen" (Habermas, 1984, S.401). Im Gegensatz dazu entpuppt sich bspw. der rasistische Diskurs nicht bloß als mythologisch geschlossen und hegemonial eingefaßt, sondern er ist darüberhinaus auch noch streng exklusiv. Zugänglich ist er prinzipiell ohnehin nur denen, die dem als homogenen Volkskörper definierten Kollektiv angehören; im Zweifelsfall sogar nur denjenigen, die diesen Diskurs als den ihren auch verinnerlicht haben. Nach außen hin schließt er sich ab. Die einen, die das Andere, Fremde, Feindliche repräsentieren, bleiben per se ausgeschlossen; die anderen, die noch nicht integriert sind, weil jener rassisch-mythologischen Weltschau nicht teilhaftig, erreichen mit ihrem argumentativen Diskursverhalten das geschlossene Denken des Mythos nicht. Alle bloßen Argumente gegen das Gebäude, das der mythologische Diskurs errichtet, "sind bereits dadurch disqualifiziert, daß die Massen die wirkliche Welt weder akzeptieren können noch akzeptieren wollen" (Arendt, 1992, S.574). Die Realität der fiktiven Welt zieht sich in sich selbst zurück. Ihre Sprache gerät zu einer "Philologie des Elends" (Klemperer). Und doch durchtränkt sie "Worte und Wortgruppen und Satzformen mit ihrem Gift, macht sie die Sprache ihrem fürchterlichen System dienstbar, gewinnt sie an der Sprache ihr stärkstes, ihr öffentlichstes und geheimstes Werbemittel" (Klemperer, 1991, S.22).

Ein derart beschaffener Diskurs zeichnet sich nächstens dadurch aus, daß er die eigenen Sätze als Wirklichkeit kapriziert, sich jedoch weigert, den Tatsachen zu vertrauen, wie sie die wirkliche Welt präsentiert. Solche Sicht der Welt widerspräche gänzlich Habermas' Benennung der "Welt als Inbegriff möglicher Tatsachen", als die sie sich jeweils "für eine Interpretationsgemeinschaft (konstituiert), deren Angehörige sich innerhalb einer intersubjektiv geteilten Lebenswelt miteinander über etwas in der Welt verständigen" (Habermas, 1992b, S.158). Denn solch intersubjektiver und egalitärer Verständigungsprozeß ist innerhalb des rassisch-mythologischen Diskurses gleichsam abgeschafft. Wo homogene Prämissen die Struktur von Wirklichkeit bestimmen, da wird ein Verständigungsprozeß kaum mehr benötigt; und wo der Diskurs einem geschlossenen Gehäuse gleicht und auf selektierter Teilnahme beruht, da erscheint das Telos eines zwanglosen Einverständnisses geradezu komisch. Schließlich ersetzen rassische Urteile die sozialen; und gerade die äußere Erscheinung der Subjekte, nicht aber deren Diskursfähigkeit, gilt als entscheidend für persönliche Integrität. Der mit dem Stigma behaftete bleibt unterworfen und unterlegen. An ihm kann und soll zu keinem Zeitpunkt eingelöst werden, was das Credo kommunikativen Handelns einfordert: daß sich nämlich die "Aktoren gegenseitig als zurechnungsfähige Personen anerkennen" (ebd., S.173) und daß der "moralisch achtungswürdige Kern einer Person erst in der performativen Einstellung gegenüber zweiten Personen" (ebd.) angetroffen werde.

Das Verhältnis zum Anderen jedoch bleibt ans Stigma gebunden und an Macht. Kommunikatives Handeln scheitert spätestens dort, wo sich Herrschaftsverhältnisse noch in deie Diskurspraxis eingegraben haben. Da aber alle Rede konstitutiv für menschliches Miteinander, mithin für das Handeln ist - so ja auch Habermas - ist nicht recht einzusehen, an welcher Stelle ein derart egalitärer, von Herrschaft freier Diskurs sich finden lassen soll.

Barthes zufolge "organisiert der Mythos eine Welt ohne Widersprüche (...), eine in der Evidenz ausgebreitete Welt (...)" (Barthes, 1964, S.131). Diese benötigt zu ihrer permanenten Bestätigung die Praxis des Rituals, das die vorgefaßten, ewigen Wahrheiten beständig wiederholt und den Diskurs der Subjekte ersetzt. Die Gewißheit der Herkunft, bestenfalls die Intuition, trägt das Ritual; nicht jedoch die Praxis der Sprache und des Handelns. Houston Stewart Chamberlein soll an dieser Stelle für solche Gewißheiten einstehen: "Einfach vermöge unserer Eigenschaft als lebendige Wesen steckt in uns eine unendlich reiche und sichere Fähigkeit, dort, wo es not thut, auch ohne Gelehrsamkeit das Richtige zu treffen. Wer unbefangen und mit lauterem Sinn die Natur befragt - 'die Mütter', wie sie die alten Griechen nannten - kann sicher sein, eine Antwort zu erhalten (...) Unmittelbar überzeugend wie nichts anderes ist der Besitz von 'Rasse' im eigenen Bewußtsein. Wer einer ausgesprochenen, reinen Rasse angehört, empfindet es täglich. Die Tyche seines Stammes weicht nicht von seiner Seite (...)" (Chamberlain, zitiert nach: Claussen, 1994, S.75). So avanciert die "Rasse" noch zum Gradmesser und Wegweiser aller menschlichen Regungen schlechthin; der religiöse Charakter der ihr damit, und im Merkmal der Auserwähltheit einer "reinen Rasse" zumal, eigen ist, ist mit Händen greifbar. Die Sedimentierungen der "Rasse" in der menschlichen Seele sind somit nichts weniger als Manifestationen des Metaphysischen selbst.

Solche naive Unbefangenheit, wie sie Chamberlains Äußerungen nahelegen, dient im sozialen Kanon eines Herrschaftsgefüges natürlich letztendlich nur dazu, dem Bestehenden zu akklamieren. Denn das "Natürliche" auch im Rassismus, bei aller verbalradikalen antibürgerlichen Opposition, erscheint mithin doch nur als das Faktische. So hat Adorno aufgezeigt, daß in derartigen Ritualisierungen der spezifische religiöse und politische Gehalt des einstigen, ursprünglichen Rituals ersetzt wird, "durch den Kult dessen, was ist" (Adorno, 1993, S.158). "Die Fetischisierung der Realität und der bestehenden Machtverhältnisse bringt die Individuen mehr als alles andere dazu, sich selbst aufzugeben und sich dem, was vermutlich Zukunft hat, zu überantworten" (ebd.). Auch Klemperer spricht von der "nazistisch-nordischen Hybris und ihrem Ersetzen des Denkens durch das Gefühl" (Klemperer, 1991, S.256). Dieses sei aber nur als Mittel dazu bestimmt, das Denken zu verdrängen; ein eigener Wert komme dem Gefühl im Nationalsozialismus im Grunde gar nicht zu - "(...) es mußte selber einem Zustand der betäubten Stumpfheit, der Willens- und Fühllosigkeit weichen; wo hätte man sonst die notwendige Masse der Henker und Folterknechte hergenommen? Was tut eine vollkommene Gefolgschaft? Sie denkt nicht, sie fühlt nicht mehr - sie folgt" (ebd., S.259).

Diese Rigidität mythischer Weltbilder hat schließlich auch Habermas erkannt, der ihnen bescheinigt, alle Erscheinungen zu einem einzigen Netz von Korrespondenzen zu verweben, ohne daß ihre Interpretationen "durch die Oberfläche des anschaulich Erfaßbaren" hindurchdrängen (Habermas, 1988, S.77). Auch für ihn steht der mythologische Diskurs demnach quer zum intersubjektiv orientierten Handeln. Vielmehr werde darin eine Theorie ermöglicht, "die die Welt narrativ erklärt und plausibel macht", sowie eine "Praxis, mit der die Welt auf imaginäre Weise kontrolliert werden kann" (ebd., S.79) - d.h. eine Welt, die sich dem bewußten Diskurs der Subjekte entzieht. Der Begriff der "Volkstümlichkeit" gewinnt im rassistischen Diskurs in diesem Zusammenhang an Bedeutung, da er für das Konkrete, das Sinnliche einsteht und "je sinnlicher eine Rede ist, je weniger sie sich an den Intellekt wendet, um so volkstümlicher ist sie. Von der Volkstümlichkeit zur Demagogie oder Volksverführung überschreitet sie die Grenze, sobald sie von der Entlastung des Intellekts zu seiner gewollten Ausschaltung und Betäubung übergeht (...) die Rede ist in solchem Rahmen inkrustiert und inszeniert, sie ist ein Gesamtkunstwerk, daß sich gleichzeitig an Ohr und Augen wendet, und doppelt an das Ohr, denn das Brausen der Menge, ihr Applaus, ihr Ablehnen wirkt auf den Einzelhörer gleich stark, mindestens gleich stark wie die Rede an sich" (Klemperer, 1991, S.57).

Was Barthes in der These zusammenfaßt, die Menschen stünden "zum Mythos nicht in einer Beziehung der Wahrheit, sondern des Gebrauchs" (Barthes, 1964, S.133), formuliert Habermas in der Einsicht, daß "in dem Maße, wie mythische Weltbilder Kognitionnen und Handlungsorientierungen beherrschen, die klare Abgrenzung eines Bereichs der Subjektivität nicht möglich zu sein scheint"

(Habermas, 1988, S.83). Nur schwer ist es da verwunderlich, daß im Kontext einer sich derart vors Bewußtsein geschobenen fiktiven Welt, die Lüge zum organisatorischen Mittel avanciert, wie Arendt feststellt. "Daß eine fiktive Welt nur durch Lügen zu etablieren ist, ist evident, aber ihre Sicherung bedarf eines in sich zusammenhängenden, dichteren Truggewebes, als es die bekannte Kurzbeinigkeit von Lügen gewähren zu können scheint" (Arendt, 1986, S.600). Die Strukturen von Weltbildern, so auch Habermas, bestimmen eine Lebenspraxis; sie sind konstitutiv für Verständigungs- und Vergesellschaftungsprozesse - selbst wenn die durch sie geschaffene Wirklichkeit eine der Fiktionen ist, die durch Lügengebäude zusammengehalten wird. Das was als wahr empfunden wird, scheint Priorität zu gewinnen vor dem, was tatsächlich ist. Auch wenn "in dem Maße wie die Lebenswelt einer sozialen Gruppe durch ein mythisches Weltbild interpretiert wird, (...) die Last der Interpretation dem einzelnen Angehörigen ebenso abgenommen (wird), wie die Chance, selber ein kritisierbares Einverständnis herbeizuführen" (Habermas, 1988, S.108), so geschieht dies doch grundlegend über das Bewußtsein des Subjekts selbst, das erst einmal korrumpiert sein will durch die zu Wahrheit mutierten Lügen des Szenarios einer fiktiven Welt.

Der im Ritual erstarrte rassisch-mythologische Diskurs demontiert demnach kurzerhand den intersubjektiven, ja er schafft diesen ab. Statt in einer Welt von sinnlicher Erfahrung sich auf die Kraft der Argumentation mit dem Anderen zu verlassen, begibt sich der einzelne in ein nahezu geschlossenes Universum der Ursprungsmythen, in welchem Handeln lediglich noch als ritualisiertes Sich-Verhalten eingefordert wird. "Der potentielle faschistische Gefolgsmann", so Adorno, "verlangt diese rigide Wiederholung (...) Die mechanische Anwendung dieser Muster ist eines der Kernstücke des Rituals" (Adorno, 1993, S.157). Religiöser Sprache und Formen kommt dabei die Aufgabe zu, den heiligen Charakter des Rituals zu verstärken. Das Ritual als Diskursersatz bleibt allemal williges Instrument der Herrschaft.

An diesem Punkt der Offenbarung des Rituals als Herrschaftsdiskurs scheint es sinnvoll, noch einmal auf Michel Foucault zurückzukommen, den Theoretiker des Diskurses der Herrschaft schlechthin. Auch für Foucault vollzieht sich der allgemein geltende Diskurs über die Subjekte und deren intersubjektives Handeln. Doch ist dieser Diskurs stets auch eingebunden in noch vor den Subjekten liegende Strategien der Macht. Diese durchfluten gleichsam den Gesellschaftskörper und richten sich die Subjekte nach Bedarf zu. Die normsetzende Macht, die die Subjekte beherrscht, ist somit Teil der Subjekte selbst; der Diskurs fließt zwischen beiden. "Der Grund dafür, daß die Macht herrscht, daß man sie akzeptiert, liegt ganz einfach darin, daß sie nicht nur als neinsagende Gewalt auf uns lastet, sondern in Wirklichkeit die Körper durchdringt, Dinge produziert, Lust verursacht, Wissen hervorbringt, Diskurse produziert; man muß sie als produktives Netz auffassen, das den ganzen sozialen Körper überzieht und nicht so sehr als negative Instanz, deren Funktion in der Unterdrückung besteht" (Foucault, 1978, S.35). Zudem ist es für Foucault eine Macht, die nicht schlicht auf die Individuen angewandt wird, sondern durch sie hindurch geht: "Das Individuum ist also nicht das Gegenüber der Macht; es ist (...) eine seiner ersten Wirkungen" (ebd., S.83).

Damit liegt für Foucault sicher nicht jener emphatische Diskursbegriff vor, wie er von Habermas her bekannt ist. Die Macht richtet sich die Körper durchaus diskursiv zu, eignet sie sich an - aber eben nur vermittels der bewußten Tätigkeit der Subjekte selbst. Schließlich produziert sie ein Wissen, das den Subjekten wiederum auch ein Machtpotential gegen die Macht an die Hand gibt. Die Macht der Diskurse präformiert die Subjekte demnach ebenso, wie sie sie agieren läßt und für eigene Optionen freisetzt. Diese normsetzende Macht bräuchte freilich nicht, wie bei Habermas, als "handlungsregulierende Kraft des in den pragmatischen Voraussetzungen der Argumentation aufgedeckten Gehalts einer besonderen Begründung" (Habermas, 1992a, S.96). Vielmehr gibt sie sich selbst den Grund, da sie erst die interaktiven Bezüge zwischen den Subjekten schafft, indem sie soziale Diskurse etabliert.

Foucaults Diskurskonzept liegt demnach zwar deutlich jenseits eines idealistischen kommunikativen Egalitarismus; es liegt aber auch ebenso deutlich vor dem Gehäuse des rassisch-mythologischen Diskurses, in welchem die Herrschaft allein noch das Sagen hat. Bei Foucault sind, allem Anschein zum Trotz, die Subjekte schließlich stets noch als Agierende gedacht und gefordert. Der Mythos des Rassismus dagegen macht aus ihnen bloß noch Ausführende eines Wahrheit verkörpernden Rituals. Was ihnen hier als subjektiver Akt bleibt, ist die Akklamation jener dunklen, verborgenen aber ewigen Wahrheiten; danach verschwinden sie als Subjekte in der Bedeutungslosigkeit eines vom Schicksal gelenkten Instrumentariums. An diesem Mechanismus bestätigt sich die These, die Wahrheit selbst sei die Macht (vgl. Foucault, 1978, S.54) und als solche von den sozialen Formen zu lösen, in denen sie sich jeweils verwirklicht. So betrachtet steht die Wahrheit - oder was dafür genommen wird - niemals ganz außerhalb der Macht, noch ist sie je ohne diese. "Die Wahrheit ist von dieser Welt; in dieser wird sie aufgrund vielfältiger Zwänge produziert, verfügt sie über geregelte Machtwirkungen (...), d.h. sie akzeptiert bestimmte Diskurse, die sie als wahre Diskurse funktionieren läßt; es gibt Mechanismen und Instanzen, die eine

Unterscheidung von wahren und falschen Aussagen ermöglichen und den Modus festlegen, in dem die einen oder anderen sanktioniert werden" (ebd., S.51).

So gesehen möchte man behaupten, der rassistische Mythos spitze seine Macht zu, indem er seine Wahrheit außerhalb dieser Welt stellt und ihr eine ewige, heilige, unhinterfragbare Aura gibt. Das macht es möglich, ihrer Produktion einen Rahmen zu verleihen, der die Subjekte als Ring zwar umfaßt, ihnen an der Produktion des Wahrheitsdiskurses selbst aber keinen Anteil mehr läßt. Was wahr ist und was falsch bestimmen die Priester, die Führer, die jenen Kontakt zum Heiligen haben dürfen - der Rest akklamiert. Habermas führt zugunsten des Diskurses an, Verständigungsprozesse könnten "nicht gleichzeitig in der Absicht unternommen werden, mit einem Interaktionsteilnehmer Einverständnis zu erzielen und Einfluß auf ihn auszuüben (...)" (Habermas, 1984, S.574). Das ist freilich richtig; aber es ist dort ganz unerheblich, wo es gar nicht darauf ankommt, ein Einverständnis, sondern lediglich Einfluß zu erzielen. Schließlich hat Habermas selbst noch darauf hingewiesen, die Mittel der Verständigung würden "durch Instrumente der Gewalt immer wieder verdrängt" (Habermas, 1992a, S.116). Die nationalsozialistische Sprache, so Klemperer, ziele aber gerade darauf ab, "den einzelnen um sein individuelles Wesen zu bringen, ihn als Persönlichkeit zu betäuben, ihn zum gedanken- und willenlosen Stück einer in bestimmte Richtung getriebenen und gehetzten Herde, ihn zum Atom eines rollenden Steinblocks zu machen" (Klemperer, 1991, S.29).

Die Funktion, die der jeweils gegebene Diskurs im sozialen Gewebe einnimmt, kann also mithin eine gänzlich andere sein, als die von Habermas allein fokussierte eines rekursiven Ringens um Einverständnis. Denn auch wenn Habermas die Besonderheiten eines mythisch orientierten Diskurses durchaus erkannt hat, so hält er diese in der gegenwärtigen Gesellschaft doch scheinbar für nicht relevant. Vielmehr vertraut er auf die gewachsene Kraft einer im historischen Prozeß rationalisierten Lebenswelt. Daß dies Vertrauen brüchig ist, daß die Rationalität der Moderne ambivalent ist und maßlose Gewalt, wie auch die Kultivierung von Archaismen in sich einschließt, das sollte bereits klar geworden sein. Eine wesentlich universalere Funktion des Diskurses, die dieser wohl innerhalb einer jeden sozialen Gruppierung ausübt, scheint hingegen seine durch Foucault benannte Rolle als Machtelement zu sein. Der egalitäre Diskurs schließlich bleibt fast immer Fiktion; er ist der Idealtypus schlechthin. Die menschliche Rede, die den Diskurs trägt, ist stets manipulierbar und der Herrschaft dienstbar zu machen. Soziale Macht jedoch verläuft in jedem Fall über die stattfindenden Diskurse, setzt sich in ihnen fest und modelliert sie zu ihrem Nutzen. Das Element des Diskurses als Prinzip der Macht und der

Wahrheitsschöpfung erkannt zu haben, bleibt Foucaults Verdienst gegen Habermas. Denn Wahrheit für die Individuen wird nicht durch den sie umkreisenden Diskurs wertfrei erschlossen, sondern sie wird für die Individuen erst durch die Regeln des Diskurses gesetzt. Die Form des Diskurses kreiert noch die Lebenswelt, in der sie stattfindet. Da der Diskurs der Subjekte stets auch eine Interpretationsleistung über ihre Bedingungen ist, kann er nie Wahrheit erschließen, sondern bloß scheinbare Wirklichkeit schaffen. Der Diskurs bleibt ohnehin immer zweite Natur, das Bild von der Welt bleibt bruchstückhaft und in weiten Teilen fiktiv.

Wo sodann, wie im Rassismus, das Angebot einer Gesamtkonstruktion von Welt und ihrer Wahrheit gemacht wird, verdichten sich die sinnstiftende Funktion und die Herrschaftsfunktion des Diskurses zu einem noch weit über den von Foucault benannten Zustand hinausgehenden Gehäuse. Hier wird das Subjekt vollends demontiert und dem Spiel der Rituale ausgesetzt, die die Regeln der Macht im Diskurs umsetzen.

Die Gewalt, durch die die Herrschaft sich den Diskurs möglicherweise aneignet, muß keine manifeste sein. Es genügt schon die diskursive, den intersubjektiven Diskurs jedoch vernichtende Gewalt des Rituals. Diese, merkt Foucault an, stellt die sowohl oberflächlichste als auch sichtbarste Form der sozialen Einschränkungssysteme dar, die die Macht kreiert. "Das Ritual definiert die Qualifikation, welche die sprechenden Individuen besitzen müssen (...); es definiert die Gesten, die Verhaltensweisen, die Umstände und alle Zeichen, welche den Diskurs begleiten müssen; es fixiert schließlich die vorausgesetzte oder erzwungene Wirksamkeit der Werte, ihre Wirkung auf ihre Adressaten und die Grenzen ihrer zwingenden Kräfte" (Foucault, 1991, S.27). Das Ritual also strukturiert noch die Sprache; in seinem Kontext ist es mächtiger als diese, die doch erst das Subjekt erschafft. Als "Ritual der Zivilisation", als "eingeschliffenes Schema" haben Horkheimer und Adorno denn auch den Antisemitismus bezeichnet (Horkheimer/Adorno, 1990, S.180). Im Zuge der Zivilisation, so erklären sie, sei das ursprüngliche "organische Anschmiegen ans andere", das "eigentliche mimetische Verhalten" erst durch eine organisierte Handhabung der Mimesis, schließlich durch die rationale Praxis selbst - d.h. im Kapitalismus: die Arbeit - ersetzt worden. "Unbeherrschte Mimesis wird verfehmt" (ebd., S.189), denn sie läßt noch außerhalb des hegemonialen, gewaltsamen Rituals die Nähe an jene Natürlichkeit und Heiligkeit anklingen, mit der einst auch Freiheit und Befreiung verbunden waren. Dies kommt auch in der Rede zum Ausdruck, worin laut Klemperer Organisches und Mechanisches zusammengekoppelt werden: "Hier liegt nun eine der stärksten Spannungen der LTI offen: Während sie überall das Organische, das naturhaft Gewachsene betont, ist sie gleichzeitig von mechanischen Ausdrücken überschwemmt (...)" (Klemperer, 1991, S.53).

Natürlich, so räumt Foucault freimütig ein, sei es "immer möglich, daß man im Raum eines wilden Außen die Wahrheit sagt" (Foucault, 1991, S.25) und damit dem eigentlich als wahr Geltenden zuwider läuft. "Aber", fährt er fort, "im Wahren ist man nur, wenn man den Regeln einer diskursiven 'Polizei' gehorcht, die man in jedem seiner Diskurse reaktivieren muß" (ebd.), d.h. wenn man die gesetzten Normierungen getreu befolgt. Schließlich kann, was als wahr gilt, nur innerhalb des Diskurses formuliert werden und nicht außerhalb seiner. Für die Einhaltung dieses Prinzips innerhalb des herrschaftlichen Diskurses bürgt das Kontrollinstrument der Disziplin. Insofern nimmt es nicht wunder, daß die Wirklichkeit des rassisch-mythologischen Weltbildes diskursiv nicht erreicht werden kann. Horkheimer und Adorno formulieren das bündig: "Dem Faschisten läßt sich nicht gut zureden (...) Er ist der Vernunft unzugänglich, weil er sie bloß im Nachgeben der anderen erblickt" (Horkheimer/Adorno, 1990, S.219). Sein Diskurs ist abgeschlossen vom intersubjektiven Diskurs und das Monopol auf Wahrheit, das sein Mythos einklagt und das keinerlei Pluralitäten zuläßt, läßt ihn allein als Monade. Alle rationalen, diskursiven Argumente müssen an ihm abprallen, denn sie erreichen nicht die Aura des mythologischen Weltbildes. "Diktatur", das hat schon Carl Schmitt gewußt, "ist der Gegensatz zu Diskussion" (Schmitt, 1993, S.67).

4. Versuch auf die Gegenwart -
Zum Standort einer rechten Intelligenz

Faustisch ist die deutsche Seele!
In ihr liegt der triebhafte Zug zur Arbeit
und ihren Möglichkeiten und die ewige Sehnsucht
nach Erlösung vom Geiste.
Joseph Goebbels (zitiert nach: Mosse, 1993, S.141)

Der Unterschied zwischen Dir und Mir?
Du.
Franz Baermann Steiner (1988, S.103)

Dieses Kapitel stellt nicht mehr den Anspruch, eine vollständige Untersuchung zu sein. Dazu bedürfte es einer eigenen Arbeit. Vielmehr möchte es schlaglichtartig die Frage stellen, ob die dem Mythologischen verhafteten, im vorigen herausgearbeiteten Deutungsmuster noch ihre Aktualität besitzen, oder aber ob sie marginalisiert sind. Aus diesem Grunde stützt sich mein Interesse weniger auf noch rassistisch argumentierende Publikationen aus dem rechtsradikalen Spektrum, die sich in der Regel mehr oder weniger eindeutig auf nationalsozialistische Ideologeme beziehen, sondern auf sich seriös gebende Verlautbarungen. Als Objekt einer solchen Frage bietet sich insbesondere ein Buch an, das AutorInnen versammelt, die sich selbst als eine rechte Intelligenz definieren und aus dieser Perspektive ihre Zeitdiagnosen abliefern. Es handelt sich dabei um den Sammelband "Die selbstbewußte Nation", dessen Beiträge sich um Botho Strauß' Essay "Anschwellender Bocksgesang" gruppieren. Nach Straußens Einlassungen in der Nr. 12/94 von "Theater Heute" wird man auch ihn guten Gewissens einen rechten Intellektuellen nennen dürfen. Der Band umkreist in nahezu 30 Essays und einer Vielzahl von Themen beständig die Frage nach der deutschen Nation. Inwieweit dabei einem mythologisierenden Denken gehuldigt wird, ist durchaus aufschlußreich.

Die Hauptthemen nationaler Identität umreißen die Herausgeber schon in ihrer Einleitung. Dort heißt es: "Selbstbewußtsein ist der Grund, auf dem die Anwesenheit des Menschen ihre vertraute Form findet. Diese Vertrautheit mit sich selbst weiß um Herrschaft und Gegenwart als Ressourcen künftiger Gestalt. Was so für das Beisichsein des einzelnen gilt, konstituiert auch das Gemeinsame:

Erfahrungsraum und Identität, Familie und Nation" (Schwilk/Schacht, 1994, S.11).

Schon hier ist der Bodensatz des Mythischen wiederzuerkennen, wie er in der Moderne wirkt. Es scheint, als sei er unverzichtbarer Bestandteil jeglicher Beschwörung kollektiver Identitäten; insbesondere aber solcher, die auf volkhafte und nationalistische Motive rekurrieren. Dabei verhält es sich den ganzen Band hindurch so, wie schon für Spengler, Schmitt und Ernst Jünger festgestellt wurde[22]: hier sprechen keineswegs Rassisten, die im Konstrukt des Mythos ihre Zuflucht suchen, um ein nahezu pathologisches Weltbild unnahbar zu machen. Jedoch bemühen sich die AutorInnen durchweg um die Kultivierung eines sozialen Mythos und propagieren die dazu notwendige "spirituelle Umkehr". Verdächtig wirkt da schon die allenthalben betriebene Distanzierung vom Nationalsozialismus - allerdings unter der einen Bedingung, als Deutsche nicht mehr unter "Ressentiment" gestellt werden zu wollen. So etwa Ulrich Schacht: "Die Anstifter und Täter von Auschwitz sind nicht zu entschulden; aber die Enkel der Täter müssen nicht entschuldet werden" (Schacht, 1994, S.64); "es gibt also kein Recht, die Deutschen mit Auschwitz zu stigmatisieren" (ebd., S.66).

So bekommt der "neue" Mythos unter der Hand leichthin aggressive Züge. Daß die sich auch als Theorie nicht einmal mehr ausbauen ließen, ist noch nicht ausgemacht. Noch zögert die rechte Intelligenz wohl vor allzu krassen Formulierungen. Politiker wie Edmund Stoiber haben mit der Rede von der "durchrassten Gesellschaft" solche Skrupel längst abgelegt. In den Bildern von der "Asylantenflut" und der zu errichtenden "Festung Europa" sind suggestive, sich an die Identität des nationalen Kollektivs wendende Redeweisen zum Alltagsgut geworden und nicht nur dumpfe Skinheads, sondern ein vielschichtiger Mob setzt dieses Gedankengut nun lange schon weitgehend ungestört um.

In diese Haltung fällt etwa ein Gerd Bergfleth affirmativ ein, wenn er feststellt die "Asylanten" erinnerten "die Deutschen daran, daß auch sie Heimatlose sind, die gar nicht fest auf einer Erde stehen, die zum Wirtschaftsstandort erniedrigt ist" (Bergfleth, 1994, S.103). Was sich hier Ausdruck gibt, ist der Jammer über den Verlust von Heimat, den die Deutschen nach Kriegsende vermeintlich erlitten hätten, indem derartige Begriffe unter Diskursverbot gestellt worden seien. Ein derart technokratisches Wort, wie "Wirtschaftsstandort", das die Produktion ganz offensichtlich über die Menschen stellt, geißelt in diesem Zusammenhang den Heimatverlust auf das schärfste. Denn schließlich bietet Heimat im von Bergfleth gemeinten Sinne nicht lediglich ein Zuhause irgendwo auf der Welt; sondern sie ist emphatischer Garant für das Herkommen des Menschen, für die ihn

---

[22] vgl. S.59, sowie die Fußnoten 16, 17 und 20.

verbürgende, bis zu den Ursprüngen des Seins reichende Geschichte, für das sich aus dem Zusammenspiel von Heimat und Volksgenossen sich ergebende Schicksal und für die persönliche Identität, die primär durch Heimat gewährleistet wird und die natürlich v.a. eine nationale ist. So gesehen ist Heimat deshalb in erster Linie ein metaphysischer Gegenstand - unabdingbar für den rechten Gang der Welt - und ist doch allenthalben den Klauen der modernen Technokratie und ihrem institutionellen Pluralismus zum Opfer gefallen. Heimat in diesem Sinne repräsentiert nichts weniger als einen Archetypus des Daseins, der die Menschen vereint mit der Natur und dieser erneut ihre Mächtigkeit und gleichzeitige Unterworfenheit unter die Behausung durch den Menschen zuschreibt. Die Rückkehr in den Zustand der Archetypen, so Eliade, steht für die Rückkehr in den Zustand des Einsseins mit den Gesetzen des Kosmos. Sie drückt insofern eine religiöse Sehnsucht des Menschen aus. "In Übereinstimmung mit den Archetypen leben lief aber darauf hinaus, das 'Gesetz' zu respektieren, denn dieses Gesetz war ja nichts anderes als eine primordiale Hierophanie, die in illo tempore geschehene Offenbarung der Existenznormen durch eine Gottheit oder ein mythisches Wesen" (Eliade, 1994, S.107).

Welche soziale Bedeutung die Bezeichnung eines Archetypus besitzen kann, sodaß sein Erhalt schier notwendig wird für den des Sozialen überhaupt, macht Blumenberg deutlich, wenn er ausführt, die mythologische Tradition scheine auf "Variation und auf die dadurch manifestierbare Unerschöpflichkeit ihres Ausgangsbestandes angelegt zu sein (...)" (Blumenberg, 1971, S.21). Deshalb erlaube sie, indem diese Tradition bestimmte Materialien und Schemata fixiert, jeweils zugleich auch "die Demonstration von Neuheit und Kühnheit als ermeßbare Distanzen zu einem Vertrautheitshorizont für ein in dieser Tradition stehendes Publikum" (ebd.). Die mit den mythologischen Archetypen verbundene Tradition besitzt demnach die zwiefache Aufgabe, die soziale Welt zu strukturieren und im je Neuen Identitäten für ihr Publikum zu schaffen. So gesehen ist es nicht verwunderlich, wenn beschwörend ausgerufen wird: "Keine Vergangenheit, wie dunkel sie auch sei, hebt die Zukunft auf. Jede Zeit birgt ihre eigenen Schrecken in sich und ihre eigenen Möglichkeiten, sie zu bannen. (Seebacher-Brandt, 1994, S.43). Der Weg zur sinnstiftenden Vergangenheit, der in Deutschland bislang durch Auschwitz versperrt war, das stets auf derartiges Gedankengut verwies, soll nun wieder freigelegt werden. Dazu muß die häßliche Mahnung Auschwitz wohl aus dem Weg geräumt werden und gerät so zum spezifischen Schrecken ihrer Zeit, wie es für uns Heutige die nukleare Katastrophe sein mag. Denn schließlich wird die volkhafte Vergangenheit, so meint man, um der in ihr eingelagerten Wahrheiten willen benötigt, die ihrem Volke Geschichte und damit Identität und Schicksal geben: "Wie will ein Volk leben ohne Gewißheiten?" (ebd.). Das sind triviale Banalitäten, sinnentleert, und man schämt sich fast, darüber zu schreiben. Doch der Ort ihres Diskurses und ihre öffentliche Aufnahme lassen ahnen, daß solche Trivialitäten einmal mehr zum gesellschaftlichen Konsens zu geraten drohen. Schließlich ist solche Klage auch literarischer zu formulieren. Dazu ist Bergfleth in der Lage und denunziert dabei die Emigration und die Westorientierung gleich mit: "Die Deutschen mögen sich nicht, weil sie dem Bild eines guten Deutschen nicht entsprechen können. Denn ein guter Deutscher kann nur ein gebrochener Deutscher sein, dem man mit Volk, Vaterland und Nation seiner sämtlichen Traditionen beraubt hat" (Bergfleth, 1994, S.103).

Bergfleth gerät zum großen Rufer des Mythos. Es ist, als habe Eliade über ihn gearbeitet, wenn Bergfleth schreibt, die Heimat sei "der fortwirkende Ursprung der Welt" (ebd., S.106). Das Bemühen um eine die Zeit stillstellende Wiederholung, die sich den Ursprüngen des Seins und dem kosmogonischen Akt selbst annähert, schimmert hier durch. Als Ergänzung hat die mythologische Wiederholung lediglich das spezifische Medium der Heimat bekommen. Dies Bemühen um die Versicherung des Ursprungs ist gerade bei Bergfleth allgegenwärtig. Sei es, daß er Heimat als "deutsches Urwort" (ebd., S.107) bezeichnet, oder daß er behauptet, "daß es eine Urheimat gegeben hat, in der noch keine Trennung war und der Mensch aufgenommen in den Frieden des Allebens der Erde" (ebd., S.111). Dies sind beinahe chiliastische Hoffnungen, da ja Bergfleth allezeit klarmacht, daß er unbedingt zurück möchte in jenen urhaften Zustand, in dem Heimat als ein Synonym für das wiedergefundene Paradies erscheint, das letztlich nur transzendentale Stiftung sein könnte. Eliade weist darauf hin, daß für den archaischen Menschen die "Wirklichkeit eine Funktion der Nachahmung eines himmlischen Urbildes" ist (Eliade, 1994, S.17). Diese Sehnsucht, hinter der profanen Welt das Urgestein des Heiligen zu entdecken, spiegelt sich in Bergfleths Archäologie von Heimat.

Gleichwohl drückt sich hierin auch ebenso unmißverständlich jene moderne Spezifik aus, dies mythische Verlangen anzubinden an eine Genealogie, an die Suche nach dem Urgrund des einen Volkes, so wie es in den Kapiteln 2 und 3 dargestellt wurde.

Die sich in dieser Suche wiederfindende Bedeutung von "Heimat" hat Spengler prägnant gefaßt: "Uns ist sie eine ungreifbare Einheit von Natur, Sprache, Klima, Sitte, Geschichte; nicht Erde, sondern 'Land', nicht punktförmige Gegenwart, sondern geschichtliche Vergangenheit und Zukunft, nicht eine Einheit von Menschen, Göttern und Häusern, sondern eine Idee (...)" (Spengler, 1994, S.434).

Eines stellt allerdings auch Bergfleth unmißverständlich klar, und weiß sich dabei einig mit Spengler, Schmitt und Rosenberg, daß nämlich "die Menschheit nicht zur Heimat werden kann, weil sie der Inbegriff von Entortung ist. Das Weltbürgertum kann zur Beheimatung des Menschen auf der Erde nichts beitragen, denn es erbt aus dem Liberalismus seiner maritimen Herkunft vor allem die Verachtung der Erde, die einhergeht mit der Verachtung von Heimat, Volk und Vaterland" (Bergfleth, 1994, S.105f).

In solch genealogischer Ursprungssuche liegt nun immer das aggressive Moment befangen, welches Lager setzt und die wahrgenommene Welt in Freunde und Feinde sauber aufzuteilen vermag. Das Bedürfnis danach vermittelt Ansgar Graw, der den von ihm ausgemachten Zeitgeist des "Kuschelns" lieber durch einen des Kämpfens ersetzt wissen will, um die fortschreitende Dekadenz aufzuhalten. Die Rückkehr zum Krieger, zum "Heroismus von Ernst Jüngers 'Stahlgewittern'" (Graw, 1994, S.285), soll somit als Garant verbindlicher Werte dienen. In solchen Phantasien gibt es freilich kein Leben ohne Krieg - in diesem Gedanken stecken Anklänge an Schmitt und Rosenberg. Auch Ernst Jünger hat im Krieg einmal das Mittel der Deutschen gefunden, sich selbst zu verwirklichen (vgl. Loewy, 1990, S.222f); und Rudolf G. Binding schrieb seinerzeit in einem offenen Brief an Romain Rolland: "Deutschland - dieses Deutschland - ist geboren worden aus der wütenden Sehnsucht, aus der inneren Besessenheit, aus den blutigen Wehen, Deutschland zu wollen: um jeden Preis, um den Preis jedes Untergangs. Davor versinkt jede Anklage" (zitiert nach: ebd., S.204). Dem kann Graw nur zustimmen, für den "das Sichwehren eine ewige Notwendigkeit ist und bleibt, weil die Zeitenläufte, äußere Gefährnisse und nicht zuletzt die 'ewige Linke' (Ernst Nolte) dem Status Quo immer aufs neue den Krieg erklären werden" (Graw, 1994, S.286). Zwar mag man den Krieg nicht mehr selber erklären, wie es ehemals noch als souverän galt; doch ein Leben, das nicht Krieg wäre, wäre scheinbar keines.

Wer möchte da nicht einstimmen? Heimo Schwilk tut es. In metaphysischem Jargon bringt er zu einer Parallelität, daß "der Schmerz für die Deutschen zu einer traumatischen Erfahrung geworden" (Schwilk, 1994, S.394) und "der deutsche Mensch (...) systematisch seiner nationalen Identität entkleidet" (ebd.) worden sei. Die seiner Ansicht nach gegenwärtig kultivierte Schmerzvermeidung nun sei eine Praxis, die der Annahme des Schicksals ausweiche, das riskant sei und schmerzhaft, das jedoch über diesen Pfad erst zum Glück führe, und sie bringe es, statt zu nationaler Identität und Heimat, nur zu einem "gesichtslosen" Verfassungspatriotismus. "Anders als die schmerzfeindliche Gesellschaft, die alle Widerstände einebnet (...), nimmt der 'riskante Mensch' sein Schicksal an (...) Den

Schmerz immer neu beginnen zu lassen in Selbstüberwindung und liebender Weltzuwendung, das ist die Maxime einer Ethik des Schmerzes, die im höchsten Bewußtsein die tiefste Form der Menschlichkeit erkennt" (ebd., S.400). Wem träte bei solchem Pathos nicht die Pose einer Breker-Statue vors geistige Auge? Förmlich ist zu spüren, wie jenes berühmte und berüchtigte Credo, das Hitler für die HJ gefunden hatte, sich hier in Literatur goß und nun als eine Form "liebender Weltzuwendung" ausgibt.

In diesem Reigen darf natürlich nicht der Bezug aufs Nordische fehlen, das sowohl als charakterliche Eigenschaft, als auch als Herkunftssiegel gilt. Bergfleth spricht, das Thema einleitend, von einem "Urbedürfnis nach Heimat", das den Deutschen notwendig innewohne, da sie "metaphysisch" bereits heimatlos seien (vgl. Bergfleth, 1994, S.116). Er schlägt darauf den Bogen zum Landschaftsbild Nordeuropas, das ihm das Abbild - nicht etwa nur die Metapher - der Seele des "nordischen Menschen" abgibt: "Denn die nordische Natur ist so unerlöst wie der nordische Mensch, und aus dieser doppelten Unerlöstheit erhebt sich eine unvergleichliche, allüberwindende Erlösung (...)" (ebd., S.117). Das ist offensichtlich ein bloßer Aufguß jener Theoreme, die Natur und menschliche Mentalität miteinander in Verbindung zu setzen versuchen, wie wir sie von Spengler, Rosenberg und anderen völkischen Denkern her kennen. Spengler etwa gründet jene Suche nach Erlösung in den Bräuchen der Wikinger, als dem nordischen Menschenschlag schlechthin: "Es war der Geist der Wikinger, der Hansa, jener Urvölker, welche die Hünengräber als Male einsamer Seelen aufschütteten (...), die ihre toten Könige auf brennenden Schiffen in die hohe See treiben ließen, ein erschütterndes Zeichen jener dunklen Sehnsucht nach dem Grenzenlosen, die sie trieb (...)" (Spengler, 1923, S.431). Eine bis zur Auflösung nationaler Geschichte gehende Überhöhung des nordischen Ursprungs findet sich zudem bei Jakob Graf: "Überall hat nordische Schöpferkraft mächtige Reiche mit hoher Gesittung entstehen lassen, und über einen großen Teil der Erde sind heute noch arische Sprachen und Kulturgüter verbreitet, obwohl das schöpferische nordische Blut an vielen Stellen längst wieder dahingeschwunden ist" (zitiert nach: Mosse, 1993, S.116). Da die legitimen Erben jenes nordischen Blutes die Deutschen sein sollen, wird die eigene Bedeutung anderer Nationen hiermit faktisch abgeschafft.

In ein solches Deutschtum paßt der folgende Satz von Botho Strauß: "Intellektuelle sind freundlich zum Fremden, nicht um des Fremden willen, sondern weil sie grimmig sind gegen das Unsere und alles begrüßen, was es zerstört (...)" (Strauß, 1994, S.23). Damit kehrt Strauß die Verhältnisse der fremdenfeindlichen Pogrome in Deutschland seit spätestens 1991 vollständig um.

Es handelt sich nun nicht mehr darum, daß manche sich mit den, durch einen faschistoiden bis mittelständischen Mob bedrohten, Flüchtlingen und ImmigrantInnen solidarisieren; sondern diese Solidarisierung geschieht laut Strauß allein, um dem eigenen Volk zu schaden, und sie erst beschwört die Gewalt herauf. Denn allein der "verklemmte deutsche Selbsthaß" sei es, "der die Fremden willkommen heißt", um auf diese Weise erst faschistoide Tendenzen in der Gesellschaft in Gang zu setzen (vgl. ebd.). Die so angegangenen Intellektuellen stehen folglich auf der falschen Seite der nationalen Freund-Feind-Linie, die den alltäglichen Krieg der Rassen ehern zu durchziehen scheint. Sie haben sich falsch entschieden, nämlich gegen das Kollektiv des eigenen Volkes. Das haben sie damit verraten und ihr Untergang wird kaum lange auf sich warten lassen. Denn "das ein Volk sein Sittengesetz gegen andere behaupten will und dafür bereit ist, Blutopfer zu bringen" (ebd., S.21), hält Strauß für eigentlich ganz normal und allein die gegenwärtige Dekadenz lasse uns ein derartiges Vorgehen als verwerflich empfinden. Wie wohl müßte Strauß dagegen die folgende Strophe aus Max von Schenkendorfs Gedicht "Muttersprache" klingen: "Ach, wie trüb ist meinem Sinn / Wenn ich in der Fremde bin, / Wenn ich fremde Zungen üben, / Fremde Worte brauchen muß, / Die ich nimmermehr kann lieben, / Die nicht klingen als ein Gruß" (in: Deutsches Lesebuch..., o.J., S.176).

Solche Bekundungen, wie die von Strauß, werden ergänzt durch Safranskis apologetisches Referat von den Schimären des "Bösen". In Anlehnung an Freud führt er aus, "jedes Nachdenken über die conditio humana, ob es nun auf das Verständnis des ganzen Seins, die Moral oder die Politik ankam, hatte sich früher stets herauszuarbeiten aus jener alles grundierenden Nacht, die man nannte: das Chaos, das Böse, das Übel. Und jede Heiligkeit des Denkens und der Zivilisation hob sich vor diesem dunklen Hintergrund ab" (Safranski, 1994, S.242). Das fatale an diesem Gedanken Safranskis ist nun, daß er nicht etwa jene Ambivalenz von Welt und Geschichte zu fassen vermöchte, in der stets emanzipatives Potential wie auch krude Gewalt sich befinden und kontingent auszuschlagen vermögen. Sondern er setzt "das Böse" als das eigentlich die Welt prägende Prinzip, das damit nicht einmal mehr anthropologisch ist, sondern gleich schon von kosmischer Bedeutung. Dieses Prinzip besitzt eine mystische Kraft, und vermag einzig durch strikt geregelte Verhältnisse eingegrenzt zu werden, was Safranski zurückführt zu einer gesellschaftlichen Lösung, wie sie schon Hobbes vorgeschwebt hatte. Denn gerade in der Subjektautonomie entpuppt sich ihm zufolge das Böse: "Aus des Menschen Freiheit sah man das Böse in die Welt kommen" (ebd., S.243); "das Böse ist also in verwirrender Weise ins Mysterium der menschlichen Freiheit verschlungen" (ebd., S.244). Nun ist diese

Denunziation der menschlichen Freiheit von konservativer Seite aus nicht unbedingt neu. Wieder neu ist im ausgehenden 20. Jahrhundert aber ihre Einbettung in ein mythologisierendes Vokabular und Weltbild. Strauß selbst begründet die ganze "rechte" Identität in einer ewigen, urgründigen Abkunft. Denn "rechts zu sein (...) von ganzem Wesen, das ist, die Übermacht einer Erinnerung zu erleben" (Strauß, 1994, S.24). Die wiederum äußert sich ihm zufolge in der "Anwesenheit von unaufgeklärter Vergangenheit, von geschichtlichem Gewordensein, von mythischer Zeit" (ebd.), die die "Totalherrschaft der Gegenwart" den Menschen jedoch zu rauben und auszumerzen bestrebt sei. Strauß scheint kaum zu ahnen, wie nahe er mit seiner Feier solch mythischen Erlebens und Einsseins Rosenbergs Definition steht, Rassengeschichte sei "Naturgeschichte und Seelenmystik zugleich; die Geschichte der Religion des Blutes aber ist, umgekehrt, die große Welterzählung vom Aufstieg und Untergang der Völker, ihrer Helden und Denker, ihrer Erfinder und Künstler" (Rosenberg, 1943, S.23). Denn genauso verhält es sich für Strauß, ganz mythisch gedacht, daß "die alten Dinge nicht einfach überholt und tot sind, daß der Mensch, der Einzelne wie der Volkszugehörige, nicht einfach nur von heute ist" (Strauß, 1994, S.22). Damit geht er im mythischen Denken auf, das davon ausgeht, das alle wichtigen Handlungen von den Göttern selbst, d.h. von ewigen Mächten offenbart werden. "Die Menschen tun nichts anderes als unaufhörlich diese beispielhaften und verbindlichen Akte zu wiederholen" (Eliade, 1994, S.45).

Dies ist nichts anderes als die aktuelle Beschwörung des mythologisierten Volkskollektivs, das sich in seiner Geschichts- und Schicksalsmächtigkeit über das Subjekt setzt und es in seinen völkischen Rahmen, seine Genealogie, seine Herrschaft drängt. Schließlich ist der Gedanke an Subjektautonomie in diesen Zusammenhängen fast zwingend verpönt. "Wo sich das Leben immer nur auf sich selbst bezieht, entsteht transzendenzarme, empfindungslose Tautologie (...)" (Lange, 1994, S.432). Dagegen werde "die Idee einer Volksgemeinschaft, einer Nationalkultur, das Bedürfnis nach Familie, Heimat, Kameradschaft (...) um so kostbarer, je eindringlicher wir wissen, daß dies alles gegen unsere grundlos geworfene Existenz errungen werden muß und nicht gegen einen rassischen oder sozialpolitischen Feind (...)" (ebd., S.437). Wird hier die mythische Suche nach volkhafter Herkunft und kollektiver Identität noch existentialistisch gewendet, um gerade nicht der wohl bewußten Gefahr rassistischer Positionen anheim zu fallen, so geht es im folgenden weniger vorsichtig zu. Denn nach Eberhard Straub bestätigt sich "wahre Authentizität" gerade darin, nicht "authentisch unverwechselbar leben zu wollen. Die Frage der Authentizität erübrigt sich wie das Ich, das Selbst, die Person. Auch sie gehört zu den alten Erzählungen, während deren Lebendigkeit auch das 'minmal self' nur ungern seine Würde darin finden möchte, das Resultat seiner Auflösung zu sein, nur Spielraum für aufleuchtende und verlöschende Zeichen und Symbole bereitzuhalten" (Straub, 1994, S.428). Immerhin hatte schon Alfred Rosenberg gewußt, daß "blutsmäßig gesunde Völker den Individualismus als Maßstab nicht kennen, ebensowenig wie den Universalismus" (Rosenberg, 1943, S.539). Auch Eliade weist darauf hin, daß im archaischen Bewußtsein persönlicher Erinnerung keinerlei Bedeutung beigemessen werde (vgl. Eliade, 1994, S.61).

Nicht fehlen freilich darf zuletzt das Anknüpfen an den Führer-, zumindest aber an den nationalen Elitegedanken. Denn nur unter der Führung einer befähigten Elite könne das "große nationale Abenteuer" (Jochen Thies) bestanden werden. Der Weg von einer eher pragmatisch gedachten zu einer mythisch überhöhten Elite ist indes nicht weit; und so spricht Schwilk auch von der "mystischen Beseelung des Ganzen durch exponierte einzelne" (Schwilk, 1994, S.400).

Zurück an den Ursprung des Mythos zieht es also alle, die sich hier als Vertreter einer rechten Intelliganz versammelt haben. Die diskursive Struktur des Mythos erscheint zwar nicht mehr, oder doch möglichst getarnt, als rassistisches Gedankengut, ist aber allgegenwärtig. "Die Heimat", so resümiert Bergfleth, "kann nicht geschaffen, sondern nur wiedergefunden werden. Denn sie kann nur so weit entfaltet werden, wie sie erinnert wird, weil sie unser Ursprung ist" (Bergfleth, 1994, S.111). Ein so begriffener Ursprung legt an die ihm Entspringenden seine Direktiven an und die messen sich, wie gesehen, am Paradigma des Volkes und der Nation - vom Blut wird aus Takt nicht mehr geredet.

Gleichwohl ist dies auch der Versuch der Wiederbelebung "Jener Zeit", der "illu tempus", von der Eliade spricht und in der sich der kosmogonische Akt zeigt. Es ist auch das Sehnen nach einer Form von Erlösung, das sich in der mythischen Zelebration völkischer Urhaftigkeit manifestiert. "(...) denn das Ursprungswissen des Mythos sagt uns, daß es eine Zeit gegeben hat, in der die Erde die Heimat des Menschen war. Und was einmal gewesen ist, das muß auch wiederkehren können" (ebd.). Auch dies erinnert an Spengler, der von einer "urseelenhaften Umwelt der frühesten Menschheit (...), ein lebendiges, ungreifbares (...) Ganzes" (Spengler, 1923, S.133) spricht. "Mag man sie Natur nennen, so ist sie doch nicht unsere Natur, nicht starrer Reflex eines wissenden Geistes" (ebd.).

Die Crux all dessen, scheint Strauß auszusprechen: "Anders als die linke, Heilsgeschichte parodierende Phantasie malt sich die rechte kein künftiges Weltreich aus, bedarf keiner Utopie, sondern sucht den Wiederanschluß an die lange Zeit, die unbewegte, ist ihrem Wesen nach Tiefenerinnerung und insofern eine religiöse und protopolitische Initiation" (Strauß, 1994, S.25). Leider, möchte man einwenden. Denn die Utopien der Linken, die nunmehr auch keine Konjunktur mehr haben, kreisen immer noch um den Menschen, um seine Befreiung von Herrschaft und ein gerechtes Dasein. Sicher sind sie die Fortsetzung ehemals chiliastischer Hoffnungen auf Erlösung. Doch sie möchten diesen Hoffnungen einen säkularen Grund geben, der es erlaubt, sie bereits im Jetzt einzulösen und nicht in der Erwartung transzendentalen Erbarmens. Die Archaismen der Rechten dagegen kreisen stets um den Krieg, um verzehrende und eingrenzende Urmotive. Chiliastisch orientiert sind sie ganz genauso. Doch sie sind es in der stummen Hoffnung darauf, daß das Althergebrachte als Garant ewiger Wahrheiten, sie von selbst in sich aufnehmen werde, ohne daß die Welt an sich sich ändern müßte. In ihrem fortwährenden Ritual der Mythologisierung der Moderne durch Volk und Nation wird Versöhnung niemals erreicht. Denn Versöhnung schließt die Menschheit als solche notwendig mit ein; partiell ist sie nicht zu bekommen. Die Rechte aber schließt, wir haben es gehört, die Menschheit aus.

5. Schlußbetrachtung

> *Der auf uns zukommt, ist ein Fremder (...)*
> *Dem Unendlichen verdankt er seinen kurzsichtigen Blick;*
> *der Vergangenheit, die tief in seinem Gedächtnis verborgen liegt,*
> *sein verletztes Lächeln - das Lächeln einer sehr weit zurückliegenden Verletzung;*
> *der Furcht, dem Mißtrauen wahrscheinlich, die Langsamkeit seines Ganges.*
> *Er weiß, daß alle Flucht Illusion ist.*
> *Schau. Er hält inne, überlegt, zögert.*
>
> Edmond Jabès (1993, S.17)

> *- So gespannt haben Sie zugehört... Nun vernehmen Sie noch das Ende der Geschichte.*
> *- Nein, denn dies ist der Teil, den ich immer kenne.*
>
> Franz Baermann Steiner (1988, S.15)

Ziel dieser Arbeit war es, darzulegen, wie sich das Phänomen des Mythos als ein konstituierendes Element der Moderne etabliert hat, auf das diese kaum verzichten kann, obwohl sie es nie wirklich integriert hat. Als ein solches Element bleibt der Mythos freilich unterirdisch, d.h. es findet keine offene Berufung auf ihn statt, denn die Prämissen des der Moderne zugrunde liegenden Projekts Aufklärung, sind schließlich solche, die gerade den Mythos, um mit Marx zu reden, als Ursache eines falschen Bewußtseins von der Welt denunzieren. Wollen sie also Kants Diktum, Aufklärung sei der Ausgang des Menschen aus seiner selbstverschuldeten Unmündigkeit, einlösen, so gilt es demnach zuvorderst, alle erdenklichen Spielarten des Aberglaubens, des Irrationalen und Mythischen aus der Welt der Menschen hinwegzufegen. Daß dies letztlich nahezu unmöglich ist, zeigt sich spätestens dann, wenn bürgerliche Emanzipation, als Trägerin des Aufklärungsgedankens und nationale Emanzipation zusammengehen. Der Nationalstaat, der pures Konstrukt ist und als solches die Bedürfnisse seiner Epoche am besten zu bedienen vermag, kann sich, wo er Identitäten und Identifikationen zu schaffen beabsichtigt, kaum als Konstrukt offenlegen. Er benötigt eine höhere Legitimation, wie die Verankerung in einer uralten Geschichte und erfindet deshalb den nationalen Mythos für das ihm eigene, als homogenes Kollektiv ebenfalls konstruierte Volk. Das Volk im kollektiven, nicht im sozialen Sinne ist ja nichts anderes als die Nation, die sich nicht politisch, sondern organisch definiert. So bringt es bspw. Friedrich Georg Jünger zum

Ausdruck: "Der Nationalismus ist geboren aus einem neuen Bewußtsein blutmäßiger Gemeinschaft; er will das Blut zur Herrschaft bringen" (zitiert nach: Loewy, 1990, S.82).

In diesem Verfahren werden traditionell mythische Elemente den gegebenen Erfordernissen angepaßt. Der Mythos, ehemals ein Mittel um den Schrecken der übermächtigen Welt zu bannen und die Freiheit des Menschen vor der Welt zu begründen, dient innerhalb der sich organiserenden kapitalistischen und nationalstaatlichen Moderne dazu, Abgrenzungen und Differenzen zu begründen, die einer absoluten anthropologischen Gewißheit unterliegen. Diese werden einer ursprungsgeschichtlichen und genealogischen Letztbegründung unterzogen, und schließlich werden innerhalb eines homogenisierten National- resp. Volksgebildes Hierarchien, Mentalitäten und Identitäten festgeklopft. Der Mythos als inhärentes Element der Moderne verkommt daher zum subtilen Instrument von Herrschaft.

Die Orte, an denen der Mythos schließlich wieder an die Oberfläche des Diskurses gezerrt wurde und das Verlangen nach Archaismen offen vertrat, sind die einander verwandten Phänomene des Antisemitismus und Rassismus[23]. Der Rassismus, der gemeinhin den Antisemitismus in sich einschließt, ist, so sollte aufgezeigt werden, die Ideologie einer sich selbst entfremdeten, kapitalistischen Moderne schlechthin. Das Ressentiment gegen alles scheinbar Andere und Fremde schwingt sich hier zu seinem auch gewalttätigen Höhepunkt auf, in einem scheinbaren Rekurs auf archaische und mythologische Motive, deren praktische Umsetzung, wie sich wiederholt gezeigt hat, den rein technischen Fortgang der Moderne nicht berührt. Im Gegenteil, so scheint es, verschafft das Ruhebad in Rassismus und Antisemitismus neue Energien zur Modernisierungsarbeit und erleichtert die Organisation gesellschaftlicher Reproduktion. Das "seelenlose" Zeitalter der Maschine, des Rationalismus verschafft sich im Erzfeind des "Irrationalismus" und seiner Ideologeme die ausgezeichnetsten Verbündeten.

Insofern soll hier noch einmal die Einsicht unterstrichen werden, die sich derzeit durchzusetzen beginnt: Rassismus, Antisemitismus, bodenlose Gewalt sind der Moderne nichts weniger als fremd, sie sind keine Rückfälle in eigentlich vergangene, vorzivilisatorische Zeiten, brechen auch nicht wild und überraschend von außen herein - vielmehr sind sie als Bestandteile der Moderne eingeschrieben. Die Moderne hat die Archaismen nicht überwunden, sondern auf spezifische Weise integriert. Das bedeutet auch, daß deren moderne Ausdrucksformen auch die Möglichkeit besitzen, im sozialen Geschehen die Oberhand zu gewinnen. Zu gegebener Zeit ist deshalb eine gesellschaftliche Eruption des ansonsten eher

---

[23] Daß diese Tendenz mit dem Ende der nationalsozialistischen Herrschaft nicht beendet ist, sondern gerade heute, da man in Deutschland sich um die Wiederbelebung nationaler Identität bemüht, noch aktuell ist, wurde in Kapitel 4 angedeutet.

subtilen Rassismus durchaus möglich. Die rassistischen und xenophobischen Vorgänge, die in der BRD seit Beginn der 90er Jahre zu beobachten sind, stehen in diesem Kontext. Schließlich ist das politische Denken in mythologischen Kategorien durchaus noch aktuell und neigt nach wie vor dazu, sich gegen das als fremd wahrgenommene zu wenden.

"Rassismus und Fremdenfeindlichkeit", so pointiert etwa Botho Strauß diese Haltung in affirmativer Weise, "sind 'gefallene' Kultleidenschaften, die ursprünglich einen sakralen, ordnungsstiftenden Sinn hatten (...) Der Fremde, der Vorüberziehende wird ergriffen und gesteinigt, wenn die Stadt in Aufruhr ist. Der Sündenbock als Opfer der Gründungsgewalt ist jedoch niemals lediglich ein Objekt des Hasses, sondern ebenso ein Geschöpf der Verehrung: Er sammelt den einmütigen Haß aller in sich auf, um die Gemeinschaft davon zu befreien. Er ist ein metabolisches Gefäß" (Strauß, 1994, S.39). Es ist gut möglich, daß dem einmal so gewesen ist; der französische Kulturtheoretiker René Girard hat ausführlich zu diesem Thema gearbeitet. Doch Strauß vermengt in seiner Prosa krude genug verschiedenste Vorgänge. Zum einen ist wohl offenbar, daß die gegenwärtige Gesellschaft keine Kultgemeinschaft mehr ist und auf absehbare Zeit auch keine sein wird. Die soziale Funktion eines sakralen Vorgangs fehlt deshalb dem Pogrom gegen die Fremden und ist nur in der Beschwörung längst vergangener archaischer Identitäten in das derzeitige fremdenfeindliche Klima hineinzuinterpretieren. Dabei ist keineswegs auszuschließen, daß unterirdisch solche archaischen Bräuche der Fremdenaustreibung, der Sehnsucht nach sozialer Reinigung durch Beseitigung des Anderen, noch erinnert werden. Sie lassen innerhalb der modernen Gesellschaft aber jede Legitimation vermisssen, und es ist mehr als zynisch, sie, mit Verweis auf ihre archaische Herkunft, nun aufs Tableau zu hieven. Zudem ist von Sakralität nichts mehr zu spüren, aktiv wird allein noch die bloße Gewalt. Die Opfer haben keinen heiligen, keinen rituellen Status mehr, sie sind nicht Teil der sie opfernden Gemeinschaft und die Täter haben auch nicht genug an ihrem Opfer, sondern verlangen nach mehr. Das im rassistischen Pogrom sich ein Fortwirken archaischer, mythologischer Regungen offenbart, das ist sicher. Wem das allerdings, wie Strauß, zum Verständnis schon genügt, der macht sich teilhaftig am Pogrom.

Unstrittig ist, daß die moderne kapitalistische Gesellschaft eben nicht nur jene rationale, aufgeklärte und diskursive ist, als die sie sich gern sehen möchte, sondern ebenso stets das Potential einer unmächtigen Gewalt mit sich schleift. "Der Mensch zählt Grausamkeit und Destruktivität zu seinen Fähigkeiten, wie er auch die Musik zu seinen Fähigkeiten zählt" (Reemtsma, 1994, S.51), kommentiert Jan Philipp Reemtsma die Aporie der modernen Ambivalenz, und daran ändern die seit der Aufklärung geltenden Prämissen am Ende gar nichts. Sie sind schließlich keine Verdikte, denen sich die Geschichte und die menschliche Natur gehorsam beugen, sondern sie sind Leitsätze, an denen sich eine menschlich werden wollende Gesellschaft orientieren kann, die sich stets des ihr inhärenten Gewaltpotentials gewiß bleibt.

Doch dies ist nicht die Gewohnheit gewesen. Vielmehr geschah zunächst jene verhängnisvolle Hypostase der Zivilisation an sich und die Herabwürdigung der Natur, in der neben der materiellen die immaterielle - Intuition, auch magisches - inbegriffen war. Diese Denunziation von Natur als negativem Gegensatz von Zivilisation und Ordnung gibt ihr aber auch die alte mythische Unnahbarkeit und Gewalt bzw. Leidenschaft zurück, die gebannt werden muß durch den Selbstbehauptungswillen des Menschen und eine mythische Erzählung. Gleichzeitig soll Natur durch diesen Akt ohnehin unterworfen werden. Die Marginalisierung einer bereits unterworfenen Natur führt daher dazu, in ihr das Andere zu sehen, gleichsam einen numinosen Gegenstand, der wiederum bedrohlich wirkt. Deshalb ist neuerliche Naturunterwerfung und -entfremdung vonnöten - oder aber die bedingungslose Rückkehr in ihren heiligen Schoß, in den Mythos. Die letztere Bewegung hat derzeit Konjunktur. Die gesamte Esoterik lebt von ihr, Frauen suchen das verschüttete Matriarchat, Männer suchen suchen den "wilden Mann" in sich selbst, rassistische Mythologie wird wieder zum Alltagsvokabular und die Rechte sucht unverdrossen den Anschluß an die ewigen Ursprungsmächte. Und doch stellen all diese Phänomene keine eigentliche Abkehr von der Moderne dar; sie stellen sie nicht in Frage, sondern führen sie im Gegenteil fort. Sie sind lediglich Ausdruck ihrer Aporie.

Die Faszination, die der Mythos in all diesen Bestrebungen ausstrahlt, geht auf seine ursprüngliche Eigenschaft zurück. Sie besteht darin, wie Blumenberg sagt, "daß er nur gespielt, durchgespielt, nur momentan 'geglaubt' zu werden brauchte, aber nicht zur Norm und zum Bekenntnis wurde" (Blumenberg, 1971, S.18). Das freilich ist bei dem im Kontext der Moderne stehenden Mythos ganz anders. Der Mythos, der der modernen Rationalität Paroli bieten will und auf der Suche nach festen, ewigen Gewißheiten, die unauflösbare Anbindung an die genealogischen Ursprünge von Volk und Nation sucht, ist notwendigerweise genötigt, sich abzuschließen. Wenn er den Grad an Sinnstiftung halten will, den er verspricht, muß er sich mit dem Anspruch auf Wahrheit in eins setzen und damit dogmatisieren. Der moderne Mythos ist in keiner seiner Spielarten zur Freiheit disponiert, am wenigsten im Rassismus. Sein Streben nach Gewißheit bindet ihn nur immer fester an die Strukturen von Herrschaft an. Diese Anbindung erfolgt, wie gezeigt, in der Naturalisierung von Geschichte und der damit verbundenen

Verwerfung von Kontingenz zugunsten des Schicksals, sowie der Abschaffung freien Handelns unter dem Druck der Prädetermination von Welt im Ursprungsgedanken.

Die Ambivalenz, die in einer solchen Kultivierug des Mythos beschlossen liegt, hat Jean Starobinski treffend formuliert. "So reduziert sich die Nachahmung der Alten nicht auf die schlichte Wiederholung von Bildern und Namen, sie wird zu einer Wiedereroberung des Feuers und zu einer Energieübertragung (...) Die Gestalt der alten Götter wird mit politischer Bedeutung besetzt. Sie sind die Zeugen, deren die Seele des Volkes bedarf, um sich selbst zu erkennen; sie sollen wieder werden, was sie waren: Bürgen und Gewährsleute, welche die soziale Gruppe nach ihrem Bilde geschaffen hat und worin sie ihre Wahrheit und ihre eigene Natur erkennt" (Starobinski, 1990, S.345f). Die Reintegration der Natur vollzieht sich über ihre Mystifizierung, über die Wiederentdeckung des Numinosen und des Mythologischen als identitäts- und konsensstiftender Kraft. Nur derart gebrochen findet Natur fortan ihren Platz in einer die Natur befehdenden Moderne.

Im Rassismus schließlich bemächtigt sich Natur doch des ganzen Subjekts und begnügt sich nicht mehr mit der äußeren Rolle des numinosen Gegenstands. Sie gerät selbst zum Demiurgen, indem aus ihr und dem Schicksal, das sie verbürgt, Rassen, Volkskollektive, seelische Dispositionen hervorgehen, die sich im ewigen Lauf der Zeiten nicht untreu werden dürfen, ohne die Strafe des eigenen Untergangs. Es ist sicher fraglich, ob man auf diese Phänomene des alten und des neuen Rassismus Webers Konstruktion vom Idealtypus zweckrationaler Handlung noch anwenden kann. hinter den Irrationalismen des Pogroms noch eine richtigkeitsrationale Motivation herauszufiltern, die nicht aufs mythologische geht, erscheint abenteuerlich. Hat sich also der Rassismus selbst aus der modernen Zivilisation herauskatapultiert, gegen die seine Ideologen so vehement streiten? Wäre das der Fall, dann stünde der Begriff der Zivilisation selbst zur Disposition. Denn schließlich sind Antisemitismus, Rassismus, Faschismus und Nationalsozialismus aus ihrer Mitte, aus ihren Strukturen und ihrer Geschichte selbst hervorgegangen. Es machte dann keinen Sinn mehr, von Zivilisation zu sprechen, wenn mitten unter ihr das Niemandsland einer archaischen Barbarei existieren sollte, dessen sie nicht mächtig würde. Ich möchte mich deshalb Reemtsmas diesbezüglichem Einwand anschließen: "Gäben wir den Begriff der Zivilisation auf (...), könnten wir auch die Unterschiede in den genannten Formen menschlicher Destruktivität nicht mehr erkennen, und paradoxerweise würde uns gerade das unversehens zurückführen zu einem naiven Zivilisationsbegriff. Die Rede von Auschwitz als einem 'Rückfall in die Barbarei' verkennt gerade die

Besonderheit der Barbarei der Zivilisation" (Reemtsma, 1994, S.48). "Die Zivilisation bedient sich nicht nur der zivilisierten Gewalt, sondern sie nimmt auch ihr Gegenteil, die losgelassene Gewalt, in den Dienst (...) Diesem Dispens der Zivilisation auf Zeit und für einen bestimmten Raum wohnt immer ein Risiko inne" (ebd., S.50).

Rassismus und Barbarei sind daher stets inhärenter Bestandteil der Moderne, auch wenn sie zu deren Prämissen in Widerspruch stehen. Man hat lange an eine stetige Fortentwicklung der menschlichen Gesellschaft in moralischer wie technologischer Hinsicht glauben können. Spätestens seit Auschwitz ist dieser Glaube versperrt und man muß sich der Ambigiutät der Wirklichkeit stellen. Jene negativen Determinanten der Moderne bleiben weder jemals außerhalb ihrer, noch geben sie das eigentliche Bild der Moderne, als ihr eingeschriebenes Telos, ab. Ihre Option ist jederzeit vorhanden und wird auch genutzt - in Deutschland wie in Ex-Jugoslawien. Das Risiko, das ihrer Aktivierung, dem Dispens der Zivilisation, innewohnt, ist die Überwältigung einer historisch erlernten Moral und Triebsublimierung des Subjekts. Auch der ungebrochene Glaube an Elias und Freud wirkt demnach anachronistisch. Insofern berührt der Rassismus zwar nicht den technischen Fortgang der Moderne, aber er berührt den mentalen Fortgang der Subjekte selbst.

In Kapitel 2 ist der Versuch gemacht worden, aufzuzeigen, wie sich die rassistische Ideologie gerade erst aus mit der Aufklärung und bürgerlicher Tradition zusammenhängenden Entwicklungslinien herausgeschält hat. Die Nähe des Sozialen zur Mythologie war nicht leichthin abzuschaffen. Wo eine blinde Kultivierung des Verstandes betrieben wurde, da fand sie ihren abseitigen Ausdruck in einem genealogischen Protest gegen die Moderne, der die ursprünglich verbürgten, aber freien Gewißheiten verewigen sollte. Im Rassismus findet somit die Synthese statt, zwischen einer Opposition gegen den Rationalisierungsprozeß und den libertären Postulaten der bürgerlichen Gesellschaft. Als solcher ist der Rassismus Kind und originärer Bestandteil der Moderne selbst. Er ist ein Ausdruck der in ihr liegenden Gewalt - der Gewalt gegen jede Natur und der Gewaltoption fast jeder wissenschaftlichen Errungenschaft. Denn von Beginn an hat der Rassismus seine Legitimierung durch den Kreis der Wissenschaften gesucht und sie im Holocaust schließlich in seinen Dienst genommen.

Die "Dialektik der Aufklärung" stellte solcherart den Mythos außerhalb der Zivilisation, als Rückschlag von Vernunft in archaische Barbarei. Für Horkheimer und Adorno ist Aufklärung sogar totalitär (vgl. Horkheimer/Adorno, 1990, S.12), d.h. in ihrem Rückfall in Mythologie kristallisiert sich pure Ideologie. Illusionslos konstatieren sie: "Der Mythos geht in die Aufklärung über und die Natur in bloße Objektivität. Die Menschen bezahlen die Vermehrung ihrer Macht mit der Entfremdung von dem, worüber sie Macht ausüben. Die Aufklärung verhält sich zu den Dingen wie der Diktator zu den Menschen" (ebd., S.15). Die Mythologie selbst nun habe den Prozeß der Aufklärung entfesselt. Doch diese sei in ihren absoluten Streben nach Gewißheit letztlich zum bloß "animistischen Zauber" verkommen. Auch die "Dialektik der Aufklärung" sieht also Aufklärung und Mythos notwendig miteinander verbunden. Doch sie sieht dies nicht als das Produkt einer Ambivalenz, als dialektischen Vorgang; sondern sie diagnostiziert es als den Rückfall von Aufklärung in ihre mythologischen Ursprünge und damit in die reine Barbarei des 20. Jahrhunderts, mithin als teleologischen, zirkelhaften Prozeß.

Dabei geben Horkheimer und Adorno die Aufklärung ja keineswegs ganz und gar verloren. Beharrlich halten sie an ihrem Projekt fest und fordern die Aufklärung der Aufklärung über sich selbst. Denn "die Aufklärung muß sich auf sich selbst besinnen, wenn die Menschen nicht vollends verraten werden sollen. Nicht um die Konservierung der Vergangenheit, sondern um die Einlösung der vergangenen Hoffnung ist es zu tun" (ebd., S.5). Diese "vergangene Hoffnung" ist freilich die auf Emanzipation, menschliches Dasein und Subjektautonomie. "Wir hegen keinen Zweifel (...)", schreiben Horkheimer/Adorno, "daß die Freiheit in der Gesellschaft vom aufklärenden Denken unabtrennbar ist. Jedoch glauben wir, genauso deutlich erkannt zu haben, daß der Begriff eben dieses Denkens, nichts weniger als die konkreten historischen Formen, die Institutionen der Gesellschaft, in die es verflochten ist, schon den Keim zu jenem Rückschritt enthalten, der heute überall sich ereignet. Nimmt Aufklärung die Reflexion auf dieses rückläufige Moment nicht in sich auf, so besiegelt sie ihr eigenes Schicksal" (ebd., S.3). Die hier geforderte Besinnung auf das in der Aufklärung sich Bahn brechende "rückläufige Moment" meint aber auch wieder nichts anderes, als die Domestizierung des als barbarisch und animistisch gescholtenen mythologischen Moments der Moderne. Das Irrationale, das der Welt anhaftet und von aller notwendigen Aufklärungspraxis und Vernunft doch niemals eingeholt werden wird, weil es der Vieldeutigkeit von Welt Ausdruck gibt, möchten auch Horkheimer und Adorno gebannt wissen, da sie es, inkarniert im Mythos, als das Verursacherprinzip moderner Gewalt ansehen.

Blumenberg weiß gegen eine solche Interpretation des Mythos einzuwenden, "es hieße, dem Mythos leichtfertig Aktualität zu verschaffen, wollte man ihn auf das Schema des Fortschritts projizieren. Er hat sein eigenes Verfahren, einen gerichteten Prozeß erkennen zu lassen, indem er zwischen Nacht und Chaos des

Anfangs und einer unbestimmt gelassenen Gegenwart von Raumgewinn, von der Veränderung der Gestalten zum Menschlichen hin erzählt (...): Die Welt verliert an Ungeheuern" (Blumenberg, 1990, S.127). Dieser Einwand hat seinen Wert. Schon da die Funktion des Mythos ursprünglich eine ganz andere war, als die des im Rassismus eingelagerten Mythos, kann hier von einem Rückfall schwer nur die Rede sein; höchstens von einer Transformation. Einen Rückfall hat es wenn, dann in die Urgewalten der Natur als solcher gegeben, denen sich gerade die biologistische Identitätssuche des Rassismus anheim gibt und aus ihnen seine Herrschaftsterritorien ableitet. Das Element des Mythos, das die nach reiner Vernunft schielende Moderne schlicht ausgegrenzt hat, ist darin bloß auf krude Weise integriert.

Der vermeintliche Rückschlag von Aufklärung in Mythos entpuppt sich so als bloßes Ausschlagen in die Domäne des modernen Mythos, der seit der Erfindung des Nationalen stets für die Herrschaft und gegen die Freiheit gewirkt hat. Eine Moderne, die den Mythos als sie mit bedingendes Element anders integriert hätte, hätte möglicherweise sein Aufgehen als krudes Unterfutter organischer Ideologie vermeiden können. Heute wäre der nun etablierte Rassismus freilich selbst durch einen ernsthaften Versuch der Integration des Mythos in die Konstituen der Moderne nicht mehr zu bannen.

Insofern begeht die Aufklärung keinen Rückfall in den Mythos, sondern in ihr macht sich auf häßliche Weise ein weder überwundenes noch irgendwie integriertes Prinzip geltend, dem einmal numinose Würde zukam, und das nun dem Spott und der Romantik überlassen ist. Auch Horkheimer und Adorno begehen damit den Fehler, den Mythos aus der Moderne auszuschließen und Vernunft, resp. Aufklärung mit purer Rationalität in eins zu setzen - selbst wenn sie mehr verlangen, als bloße Zweckrationalität.

Dabei könnte gerade das Moment des ursprünglichen Mythos, sein befreiendes Element wie auch die Akzeptanz des Nichtverständlichen und Intuitiven, ein höchst brauchbares Korrelat zu einer aufgeklärten Vernunft sein, worin auch das Nichtidentische selbst noch seine Heimat finden könnte, als Teil des Phantastischen, nie wirklich assimilierbaren Wirklichen innerhalb der Realität.

Epilog -
als Apologie

Der Schreibende versank.

In sein Meer aus Worten tauchte er ein, fand die Stimme, doch sich selbst nicht mehr. Einem Traumwandler glich er, wie er in Trance die Dinge berührte; hingestreckt auf dem Grunde der See, vom Tang überwuchert.

Nach dem Erwachen aber findet er sich verwundert in einem anderen Raum. Der leise Strom des Wassers tritt ihm noch aus dem Schädel. Wenn er nicht erschrecken will, muß er den Raum, den er für ein Meer genommen hatte, erst noch erkunden.

Das Geschenk der Trance allein wird ihm kaum genügen.

Bibliographie

Adorno, Theodor W. (1969), Fortschritt, in: ders., Stichworte, Frankfurt a.M.
ders. (1970), Negative Dialektik, Frankfurt a.M.
ders. (1971), Die Freudsche Theorie und die Struktur der faschistischen Propaganda, in: ders., Kritik, Frankfurt a.M.
ders. (1973), Die Idee der Naturgeschichte, in: ders., Gesammelte Schriften, Bd.I, Frankfurt a.M.
ders. (1991), Minima Moralia, Frankfurt a.M.
ders. (1993), Antisemitismus und faschistische Propaganda, in: Ernst Simmel (Hg.), Antisemitismus, Frankfurt a.M.
Anderson, Benedict (1988), Die Erfindung der Nation, Frankfurt a.M./New York
Arendt, Hannah (1986), Elemente und Ursprünge totaler Herrschaft, München
dies. (1992), Vita activa, München
dies. (o.J.), Natur und Geschichte, in: dies., Fragwürdige Traditionsbestände im politischen Denken der Gegenwart, Frankfurt a.M.
Barthes, Roland (1964), Mythen des Alltags, Frankfurt a.M.
Bauer, Leonard/**Matis**, Herbert (1988), Die Geburt der Neuzeit, München
Baumann, Zygmunt (1992a), Dialektik der Ordnung, Hamburg
ders. (1992b), Moderne und Ambivalenz, Hamburg
Benjamin, Walter (1965), Geschichtsphilosophische Thesen, in ders.: Zur Kritik der Gewalt, Frankfurt a.M.
ders. (1982), Das Passagenwerk, Muri
ders. (1993), Der Ursprung des deutschen Trauerspiels, Frankfurt a.M.
Bergfleth, Gerd (1994), Erde und Heimat, in: Heimo Schwilk/Ulrich Schacht (Hg.), Die selbstbewußte Nation, Frankfurt a.M.
Bloch, Ernst (1985), Leipziger Vorlesungen zur Geschichte der Philosophie, Frankfurt a.M.
Blumenberg, Hans (1971), Wirklichkeitsbegriff und Wirkungspotential des Mythos, in: Fuhrmann, Manfred (Hg), Terror und Spiel - Probleme der Mythenrezeption, München
ders. (1990), Arbeit am Mythos, Frankfurt a.M.
Bolz, Norbert (1989), Entzauberung der Welt und Dialektik der Aufklärung, in: Kemper, Peter (Hg), Macht des Mythos - Ohnmacht der Vernunft?, Frankfurt a.M.
Borkenau, Franz (1934), Der Übergang vom feudalen zum bürgerlichen Weltbild, Paris (Reprint bei Junius-Drucke, o.A.)
Buchholz, René (1994), "Verschränkung von Natur und Geschichte" - Zur Idee

der 'Naturgeschichte' bei Benjamin und Adorno, in: ders./Joseph A. Kruse, "Magnetisches Hingezogensein oder schaudernde Abwehr", Stuttgart und Weimar

Claussen, Detlev (1994), Was heißt Rassismus?, Darmstadt

Deutsches Lesebuch für höhere Schulen (o.J.), Karlsruhe

Eliade, Mircea (1994), Kosmos und Geschichte, Frankfurt a.M.

Foucault, Michel (1978), Dispositive der Macht, Berlin

ders. (1986), Vom Licht des Krieges zur Geburt der Geschichte, Berlin

ders. (1991), Die Ordnung des Diskurses, Frankfurt a.M.

Giddens, Anthony (1988), Die Konstitution der Gesellschaft, Frankfurt a.M./New York

Graw, Ansgar (1994), Dekadenz und Kampf, in: Schwilk/Schacht (Hg.), a.a.o.

Habermas, Jürgen (1984), Vorstudien und Ergänzungen zur Theorie des Kommunikativen Handelns, Frankfurt a.M.

ders. (1988), Theorie des Kommunikativen Handelns, Frankfurt a.M.

ders. (1992a), Diskursethik - Notizen zu einem Begründungsprogramm, in: ders., Moralbewußtsein und Kommunikatives Handeln, Frankfurt a.M.

ders. (1992b), Erläuterungen zur Diskursethik, Frankfurt a.M.

Heinrich, Klaus (1964), Versuch über die Schwierigkeit nein zu sagen, Frankfurt a.M.

ders. (1983), Vernunft und Mythos, Frankfurt a.M.

Heller, Agnes (1988), Der Mensch der Renaissance, Frankfurt a.M.

Hobsbawm, Eric J. (1991), Nationen und Nationalismus, Frankfurt a.M.

Horkheimer, Max (1984), Die Juden und Europa, in: Helmut Dubiel/Alfons Söllner (Hg), Wirtschaft, Recht und Staat im Nationalsozialismus, Frankfurt a.M.

ders. (1992), Egoismus und Freiheitsbewegung, in: ders., Traditionelle und kritische Theorie - Fünf Aufsätze, Frankfurt a.M.

ders./Adorno, Theodor W. (1990), Dialektik der Aufklärung, Frankfurt a.M.

Hübner, Kurt (1989), Aufstieg vom Mythos zum Logos?, in: Kemper, Peter (Hg), a.a.o.

Huizinga, Johan (1975), Herbst des Mittelalters, Stuttgart

ders. (1991), Das Problem der Renaissance, Berlin

Jabès, Edmond (1993), Ein Fremder mit einem kleinen Buch unterm Arm, München Wien

Jünger, Ernst (o.J.), In Stahlgewittern, in: ders., Werke Bd.I, Stuttgart

Klemperer, Victor (1991), LTI - Lingua Tertii Imperii. Die Sprache des Dritten Reiches, Leipzig

Krüger, Horst (1946), Vom Irrationalismus zum Nationalsozialismus, in: Das Goldene Tor, Alfred Döblin (Hg), Nr.8/9/1946

Lange, Hartmut (1994), Existenz und Moderne, in: Schwilk/Schacht (Hg.), a.a.o.

Lévi-Strauss, Claude (1980), Mythos und Bedeutung, Frankfurt a.M.

Loewy, Ernst (1990), Literatur unterm Hakenkreuz, Das Dritte Reich und seine Dichtung - Eine Dokumentation, Frankfurt a.M.

Maciejewski, Franz (1994), Das neue Leiden an alten Vorurteilen, in: Faust - bundesweite hochschulzeitung, Nr. 3 + 4/94, Berlin

Massing, Paul W. (1986), Vorgeschichte des politischen Antisemitismus, Frankfurt a.M.

Memmi, Albert (1992), Rassismus, Hamburg

Mosse, George L. (1990), Die Geschichte des Rassismus in Europa, Frankfurt a.M.

ders. (1991), Die völkische Revolution, Frankfurt a.M.

ders. (1993), Der nationalsozialistische Alltag, Meisenheim

Münkler, Herfried (1988), Siegfrieden, in: ders./Storch, Wolfgang, Siegfrieden - Politik mit einem deutschen Mythos, Berlin

ders. (1989), Das Reich als politische Vision, in: Kemper, Peter (Hg), a.a.o.

Oberhammer, Gerhard (1988), Mythos - woher und wozu? Zur Rationalität des Mythos, in: Schmid, Hans Heinrich (Hg), Mythos und Rationalität, Gütersloh

Plessner, Helmuth (1992), Die verspätete Nation, Frankfurt a.M.

Poliakov, Leon (1993), Der arische Mythos: Zu den Quellen von Rassismus und Nationalismus, Hamburg

Poliakov u.a., Leon (1992), Rassismus - Über Fremdenfeindlichkeit und Rassenwahn, Hamburg

Reemtsma, Jan Philipp (1994), Die Wiederkehr der Hobbesschen Frage, in: Mittelweg, Nr.6/94, Hamburg

Rosenberg, Alfred (1943), Der Mythus des 20. Jahrhunderts, München

Safranski, Rüdiger (1994), Destruktion und Lust, in: Schwilk/Schacht (Hg.), a.a.o.

Seebacher-Brandt, Brigitte (1994), Norm und Normalität, in: Schwilk/Schacht (Hg.), a.a.o.

Schmitt, Carl (1987), Der Begriff des Politischen, Berlin

ders. (1993), Politische Theologie, Berlin

Schacht, Ulrich (1994), Stigma und Sorge, in: Schwilk/Schacht (Hg.), a.a.o.

Schwilk, Heimo (1994), Schmerz und Moral, in: Schwilk/Schacht (Hg.), a.a.o.

ders./Schacht, Ulrich (1994), Einleitung, in: Schwilk/Schacht (Hg.), a.a.o.

Simmel, Georg (1992), Soziologie, Frankfurt a.M.

Spengler, Oswald (1923), Der Untergang des Abendlandes, Bd.I, München

Starobinski, Jean (1990), Fabel und Mythologie im 17. und 18. Jahrhundert, in: ders., Das Rettende in der Gefahr, Frankfurt a.M.

Steiner, Franz Baermann (1988), Fluchtvergnüglichkeit, Stuttgart

Straub, Eberhard (1994), Individuum und Gesellschaft, in: Schwilk/Schacht (Hg.), a.a.o.

Strauß, Botho (1994), Anschwellender Bocksgesang, in: Schwilk/Schacht (Hg.), a.a.o.

Vondung, Klaus (1992), Revolution als Ritual. Der Mythos des Nationalsozialismus, in: Dietrich Hart/Jan Assmann (Hg.), Revolution und Mythos, Frankfurt a.M.

Weber, Max (1980), Wirtschaft und Gesellschaft, Tübingen

ders. (1988a), Die protestantische Ethik und der Geist des Kapitalismus, in: ders., Gesammelte Aufsätze zur Religionssoziologie, Bd.I, Tübingen

ders. (1988b), Gesammelte Aufsätze zur Wissenschaftslehre, Tübingen

Hochschulschriften

Astrid Lentz
Ethnizität und Macht
Ethnische Differenzierung als Struktur und Prozeß sozialer Schließung im Kapitalismus
Hochschulschriften 5
206 S., 3-89438-091-8

Uwe Worm
Die Neue Rechte in der Bundesrepublik
Programmatik, Ideologie und Presse
Hochschulschriften 7
142 S., 3-89438-098-5

Gerd Wiegel
Nationalismus und Rassismus
Zum Zusammenhang zweier Ausschließungspraktiken
Hochschulschriften 4
137 S., 3-89438-089-6

Erik Weckel
Schuldenkrise
Das Beispiel Zimbabwe
Hochschulschriften 2
92 S., 3-89438-071-3

Eberhart Schulz
Zwischen Identifikation und Opposition
Künstler und Wissenschaftler der DDR und ihre Organisationen von 1949 bis 1962
Hochschulschriften 6
364 S., 3-89438-092-6

Joachim Vockel
Grundlagen einer neuen Wirtschaftspolitik
Ausgewählte Methoden der Organisation der Wirtschaft
Hochschulschriften 3
120 S., 3-89438-079-9

In dieser Reihe erscheinen Dissertationen und andere Hochschulschriften. Informationen über die Veröffentlichungsbedingungen in unserem Lektorat, tel. Durchwahl 0221 / 446240.

Das politische Buch

Georg Fülberth
Der große Versuch
Geschichte der kommunistischen Bewegung
und der sozialistischen Staaten
Neue Kleine Bibliothek 43, 199 Seiten
ISBN 3-89438-017-3

Diese ganz ausgezeichnete „Geschichte der kommunistischen Bewegung und der sozialistischen" Staaten verdient wahrlich eine große Leserschaft. Sie ist voller kluger Gedanken und zum Nachdenken anregender Fehler. *Jürgen Kuczynski*

Hans Kalt
Stalins langer Schatten
Das Scheitern des sowjetischen Modells
Hardcover, 240 Seiten
ISBN 3-89438-077-2

Der interessierte Leser mag sich die Frage stellen, ob angesichts des reichhaltigen Angebots an einschlägigen Büchern die Behandlung des Themas nicht zunächst weitgehend erschöpft ist. Lohnt es sich, erneut Zeit und Geld aufzuwenden? Um es gleich zu sagen: Es lohnt sich sehr! *Willi Gerns*

Kalt betont die Priorität des Ökonomischen und steuert streitlustig einen durchaus originären Beitrag bei. Nutzbar auch als - übersichtlich strukturiertes - UdSSR-Geschichtsbuch. *ekz-Informationsdienst*

Jürgen Kuczynski
Letzte Gedanken?
Zu Philosophie und Soziologie, Geschichtswissenschaft und Wirtschaftswissenschaft,
schöner Literatur und zum Problem der deutschen Intelligenz
Hardcover, 258 Seiten
ISBN 3-89438-094-2

Gesamtverzeichnis anfordern

PapyRossa Verlag
Petersbergstr. 4, 50939 Köln,
Tel.: 0221/448545 und 446240, Fax 0221/444305